微观清史100日 ①

帝国重构、五行八作与城市摩登
(1644—1780)

刘澍 著

The Micro History of Qing Dynasty in 100 days

Empire Reconstruction,
Various Walks of Life and Modern City

重庆出版集团　重庆出版社

图书在版编目（CIP）数据

微观清史100日：帝国重构、五行八作与城市摩登：
1644—1780 / 刘澍著. —重庆：重庆出版社，2023.3
　　ISBN 978-7-229-17198-8

　　Ⅰ.①微… Ⅱ.①刘… Ⅲ.①中国历史—研究—清
代 Ⅳ.①K249.07

中国版本图书馆CIP数据核字（2022）第195966号

**微观清史100日：帝国重构、五行八作与城市摩登
（1644—1780）**
WEIGUAN QINGSHI 100 RI：DIGUO CHONGGOU、WUHANG
BAZOU YU CHENGSHI MODENG（1644—1780）
刘澍　著

责任编辑：徐　飞
责任校对：刘小燕
装帧设计：苏静宇

重庆出版集团
重庆出版社　出版

重庆市南岸区南滨路162号1幢　邮编：400061　http://www.cqph.com
重庆天旭印务有限责任公司印刷
重庆出版集团图书发行有限公司发行
E-MAIL：fxchu@cqph.com　邮购电话：023-61520646

全国新华书店经销

开本：890mm×1240mm　1/32　印张：9.625　字数：210千
2023年3月第1版　2023年3月第1次印刷
ISBN 978-7-229-17198-8
定价：78.00元

如有印装质量问题，请向本集团图书发行有限公司调换：023-61520678

总　序

　　《微观清史 100 日》即将付梓，作者索序于我。看到年轻学子有新作问世，自然是值得高兴和祝贺的喜事，故不忍推辞。然清史非我专攻，当不可率意阐论。那么说些什么好呢？我想，还是老老实实谈谈我在翻看此书之后的一些感想；同时也谈谈我所了解的刘澍——本书的作者，毕竟他跟我读了 6 年书，我还是有资格对他作一些介绍的。孟子曰："颂其诗，读其书，不知其人，可乎？"所以了解作者，对于大家读刘澍这部新书，或许是有些好处的。

　　《微观清史 100 日》这部书是作者积数年之功辛苦撰成的。在此之前，有关清史著作早已汗牛充栋，有以年份为序的编年体，有以事件为纲的纪事本末体，有以"正史"为本的纪传体，有人物传记，有专题研究，等等。唯独以"日"为时间单位叙事论史的清史著作，一直以来还几乎是个空白。刘澍此书是在清朝日史方面的一个尝试。

　　选 100 天作为透视清史的窗口，这是作者一个巧妙的设计。100 天里，每天都以一件主要的事情作为主题，由此事说开去，论及清史的政治、经济、军事、文化方方面面，涉及地理、名物、典章制度、社会百业、各类人物。每天都有一个论题，因此这种设计又是和"以小见大"的研究方式紧密联系的。比如

"1661 年 11 月 24 日 死刑犯的最后一天"，从康熙下令处斩郑芝龙说起，记死刑犯在最后一天将遭遇的种种事情，从而延伸到对清代的刑法，特别是死刑判定程序等各种制度的考论。又如"1732 年 3 月 28 日 雍正一日"，先爬梳史料，细写雍正一日之所作所为，然后以此时间作息表为框架，延展探讨清代的朝会制度、奏议制度、君臣相见礼仪、皇帝饮食起居的细节等。这是此书的一大特色。

作者在书中引用大量史料，广搜清代各种实录、会典、方志、文集、笔记、日记、报刊等。一方面，从论史的角度上看，它是一部比较严谨的学术著作；另一方面，从表述的形式上看，它又不像专门学术论著那样的高头讲章，密实甚至晦涩，而是具有那种娓娓道来、叙述生动的文采，可读性很强。

至于《微观清史 100 日》的学术水平和学术价值如何，最好由清史专家去评论，读者诸君在阅读中也自然会有自己的判断，就不必我在此赘言了。下边，我还是谈谈作者刘澍吧。

刘澍是从 2014 年跟我念硕士研究生的，此后又攻读了博士学位。他和同龄人相比，我觉得一个最明显的特点，就是有志向，比较自律，刻苦发奋。他潜心史学多年，但他原来却是念理工科大学出身的。上研究生前，他还在一个拖拉机厂实习，上机床、拧螺丝，向着高级钳工的方向发展。然而他酷爱史学，硬是靠着读书自学，在中国史硕士生入学复试时，从十几个科班出身的考生中脱颖而出，录取到北京师范大学的。入学后，他就有在史学领域里深耕深造的志向。为了这个目标，他几乎把所有的课余时间都投入到工作和读书研究中去了。据他的舍友讲，多年来每天只要没有其他外出事务，他的读书、研究的时间能长达14个小时，如果白天有其他事耽误了两个小时，当晚就一定要晚睡两个小时来把读书时间补上，而第二天的起床时间依旧不变。尽管我完全不赞同他这种过分辛劳的奋斗，也曾多次劝说，但他的刻苦精神却是令我感佩的。

刘澍克勤克俭，他一边上学一边要在电视台参加一些节目，争取一些经济收入补贴他母亲的生活。然后，再用节约下来的钱大量购书，目前他已有万余册藏书，这在他这个年龄段的年轻学子来讲，也是不多见的。视野开阔、知识面广是他的学术特点。他对历史、地理、哲学、文学、政治、军事、民族学、宗教学等多学科都有很强的兴趣，一心向学，广泛吸收各方面的知识。陈垣先生说："不管学什么专业，不博就不能全面，对这个专业阅读的范围不广，就很像以管窥天，往往会造成孤陋寡闻，得出片面偏狭的结论。只有得到了宽广的专业知识，才能融会贯通，举一反三，全面解决问题。不专则样样不深，不能得到学问的精华，就很难攀登到这门科学的顶峰，更不要说超过前人了。博和专是辩证的统一，二者要很好地结合，在广博的基础上才能求得专精，在专精的钻研中又能扩大自己的知识面。"①看来刘澍对于陈垣先生关于"博"与"专"的论述能有切实体会。由于他的知识面广，因此在平时的研究和写作中，他能够触类旁通，取得由

①　陈垣：《谈谈我的一些读书经验》，《陈垣全集》第22册，安徽大学出版社2009年版，第742页。

3

此及彼、由表及里的效果。视野开阔和较广的知识面，也使他在学习和研究中有较高的悟性，有时稍加点拨，就能别开生面，这也是他在史学研究中能够得到较快提升的原因。

此外，刘澍的团队协作精神好，容易与人合作，在学校中也能热情帮助别的同学。当然，作者还很年轻，也曾有急躁冒进、心态不稳，或有时因取得一些成绩沾沾自喜等问题，不过相信这些问题在他今后的历练中，都会不断得到解决。

年末杂事繁多，不及深思熟虑，仅就所见所思匆匆写了一些感想。可能言不及义，请方家、读者批评指正。最后，祝刘澍再接再厉，精进不已，在学术上取得更多成就。

周少川*

辛丑岁杪书于北师大珠海校区

---

* 周少川，北京师范大学历史学院教授、博士生导师，中国古代史研究中心副主任，中国历史文献研究会荣誉会长，主持国家重大文化出版工程《中华大典·文献目录典》和国家重大社科基金项目《百年中国古籍整理与古文献学学科发展研究（1911—2011）》。

自 序

从视野而言，历史有两种写法，即宏观历史和微观历史。就清史而言，宏观历史的著作早已汗牛充栋，大脉络的一线宏观清史选题已被无数前辈专家研究探讨，无晚辈后学置喙之余地，以己意重构宏观清史很可能是味同嚼蜡的低水平重复建设。纵然宏观历史没被深层次开垦过，亦不好下笔。潘耒《修明史议》总结修《明史》时的几个标准应该是"搜采欲博、考证欲精、职任欲分、义例欲一、秉笔欲直、持论欲平、岁月欲宽、卷帙欲简"①。北宋曾巩在《南齐书目录序》中说："其明必足以周万事之理，其道必足以适天下之用，其智必足以通难知之意，其文必足以发难显之情。"②这其实就是优秀的宏观历史要达到的标准，显然以笔者之慧根，无能完成此宏观历史，有鉴于此，笔者决意做窥探微观清史的尝试，做一个个能驾驭的"小"题目。

朝廷纵然千间宫殿，还是要分锅吃饭。人生就算百年春秋，还是要按天度日。笔者从1644年清军入关至1912年清帝退位，这268年的历史中选取100天来做显微镜下的解剖，期管中窥豹，从横截面的角度一探清史究竟。

---

① 潘耒：《遂初堂文集》，《续修四库全书》第1417册，上海古籍出版社2002年版，第441页。

② 《曾巩集》，余冠英、周振甫、启功、傅璇琮主编：《唐宋八大家全集》，国际文化出版公司1998年版，第2092页。

1

从微观历史的角度，拙作写了死刑犯、学堂女学生、畅销书出版人等多个角色的一天，希冀以小见大，来研究清朝人生活的方方面面。以本书第三册会写到的一个金矿的一天为例，笔者根据《黑龙江文史资料》、黑龙江地方志的蛛丝马迹，去爬梳中国北极漠河镇一个金矿的一天，不承想居然发现，沙俄为攫取金矿，在1884年年底在漠河建立一个"什都喀"政权。以此为切入点，探研从漠河开采的金矿如何销往圣彼得堡的沙俄宫廷，又如何贡入北京的清朝宫廷，以小见大，看晚清时期中国的黄金交易。此类写作"探秘"过程，在本书不胜枚举。葛兆光认为，许多历史书都是经过意识形态、精英意识、道德伦理、历史编纂原则这四层筛选，使得许多日常生活史的内容被隐去，而笔者此书对15个清代职业的细致描摹就是抽丝剥茧，尽可能还原清代各阶层生活的本来面目。

当然，笔者要强调的一点是，"探秘"微观历史不代表没有宏观内容。只有微观没有宏观，那就是只见树木不见森林。本书也写了29个清朝政治大事的关键日期，试图以此勾勒清朝的大脉络。本书在书写时始终把清帝国看作世界体系的一员，比如在钩沉乾隆"十全武功"中，乾隆之所以能够将新疆重归华夏版图，与普鲁士腓特烈大帝和沙俄的战争有密不可分的关系。七年战争中沙俄要与英国支持下的普鲁士作战，为保障大后方安全，指使阿睦尔撒纳反叛，雄才大略的乾隆反而借此机会平定新疆。写到近代，19世纪60年代中国面临的局势是太平天国在东南，捻军在华北，苗民在贵州起义，两广有天地会，新疆有阿古柏之乱。清政府要想平定起义，必须加税，加税只能导致更多人起义，直到局势无法收拾，那么同治就会变成崇祯，清朝会提前40多年灭亡。然而英国提供大量经济援助给中国组建洋枪队，帮助平定太平天国；支持李鸿章打造北洋水师，让军官们去英国留学；给左宗棠收复新疆出钱出枪；派赫德来负责中国海关，为中国打理税收，"同治中兴"靠的就是英国人的钱。英国之所以这么做，是因为它要在全世界范围内围堵俄国，英国在近东扶植奥斯曼帝国，以遏制俄罗斯的黑海出海口；在中东扶植波斯和阿富汗，以跟俄国对峙；在远东扶持中国。然而甲午战败，让英国意识到大清国是扶不起来的阿斗，这才有了英日同盟。再比如讲到日俄战争旅顺口战役时，会提到芬兰成为世界第一个给女性普选权的国家，同盟会的成立，清朝预备立宪，朝鲜亡国，吴佩孚、张作霖的崛起等等都与日俄战争有密不可分的关系。总之，本书力争草蛇灰线，伏脉千里。

就军事而言，本书写了28场战役的关键日期，从军事史的角度梳理微观清史。看着清军从清初横扫东亚大陆，到乾隆时"十全武功"的胜败参半，再到清末的一触即溃，笔者不禁感到，从斯宾格勒文化形态史观的角度，清朝的盛衰也与一个人的生老病死相仿。人的青春随岁月流逝，知识阅历则随岁月增长，一个人在年轻美丽、容颜未老，且学术功底积累到一定地步的时候，就是他（她）最有魅力、最吸引人的时候。同理，一个民族的战斗力随着时间递减，文明随着时间递增，当其文明发展到一定地步，而其原始的战斗力还没消退的时候，就是这个民族、国家最强大的时候。这也是日中则昃、月盈则食、水满则溢、物极必反的道理。军事战斗力如此，学术研究也是如此，一个民族朝气蓬勃时多出原创性大格局思想，中年时代能拼知识量之广博，暮年时代只能做窄而深的寻章摘句。有清一代，即应作如是观。

除了大的政治事件、军事战役的"一日"外，本书在写社会各界小人物的一天的同时，也借一些特殊时间节点来重温康熙、雍正、乾隆、和珅、胡林翼、曾国藩、慈禧、李鸿章、张之洞、袁世凯、黎元洪等大人物的人生。在这个世界上，命运之神决定了绝大多数人只是千秋过客，如雨一般在历史长河中划过，不留下一丝痕迹。我们每个人这辈子最长也就是一百多年，如果不读历史，你活一辈子只是一个人的人生，如果读历史，每读一个人的传记，就是将书中主人公的人生重新活一遍，这能给自己注入一种强大的内心力量。这也是我对大人物借一日窥一生的目的所在。通过复盘这些大人物的人生，据其成败经验来指导我们的行为事功、为人处世。春冰虎尾之局，可以炼人心性；云谲波诡之势，可以验人德量；艰难险阻之事，可以砺人勇略。韬光养晦，则天下莫有人与我斗智。谦卑谨慎，则天下莫有人与我争强。未雨绸缪，则天下莫有人令我无措。勤以治事，宽以待人，廉以服众，明以应务，则可立于不败之地。这难道不是历史对我们的最大功用吗？

在接近历史人物的同时我们要有理解之同情，正如钱穆所说，我们一定要设身处地温情看待历史。英国史学家巴特菲尔德说："我们如果不从历史人物的内心来看他们，不像一个演员感受他所扮演的角色来感受他们——把他们的想法再想一遍，坐在行动者而不是观察者的位置上——就不可能正确地讲述故事……无论如何，历史学家必须把自己置于历史人物的位置上，必须感受其处境，必须像那个人一样思想。如果没有这种艺术，不仅不可能正确地讲述故事，而且也不可能解读那些重构历史所依靠的文件。"①

就写作的方法而言，本书在内容上分为"帝国重构""金戈铁马""五行八作""城市摩登""清宫生活""中国第一"六个门类，行文结构也是因类而别，本书的总目录即按六大门类来分，以便读者了解此书结构，不过为读者阅读方便，行文编排还是按照事件发生的时间顺序，从1644年到1912年来推衍。写帝国重构、金戈铁马时，是以一天为坐标轴，来讲述这一天此前此后的该事件来龙去脉。写五行八作时是以一天为切入点，来讲这个职业的方方面面，从社会史的角度来解析。写城市摩登时，是以一天为场域，从空间的角度来看西风东渐下的城市百态。写清宫生活时，是以一天为时刻表，根据《起居注》《大清会典则例》《清实录》等资料，来复盘清宫的一天。写中国第一时，是以一天为逻辑起点，来看中国走向现代化过程中的阵痛与启蒙、躁动与茫然。总之，虽名为"一天"，但许多篇章写的绝不只是一天的内容，有时这"一天"可能会写到几十年之事，这是要向读者说明的。此外，由于时间越近，史料越多，所以本书厚今薄古，大量着墨于晚清，清前期则着墨较少，毕竟史料有限，清前期的许多"一天"根本无法写出，这是要向您提前汇报的。

就这六类的比例而言，清政权的体制就是在承袭明制的基础上进行重构，1840年后的政治体制则是在西方列强的军事冲击下进行重构。清朝的中世体制到乾隆时期建构"完备"，此后就是

---

① 李剑鸣：《历史学家的修养和技艺》，上海三联书店2007年版，第298页。

不断解构的过程；清朝的近世体制从 1860 年开始建构，到清末新政建构到高潮。所以笔者将本书政治军事重大事件的"一日"都归入"帝国重构"这一题目下，此类内容论数量在本书中排在第一，计 58 个"一天"。就具体章节而言，剃发是以人头部面貌来对身份认同进行重构，修《四库全书》是文化重构，乾隆接见马戛尔尼是外交格局的重构，康熙、胡林翼、曾国藩、李鸿章、慈禧的去世都产生了巨大权力真空，使得政治格局发生裂变与重构。只要与原先不同，都可以叫重构，因此"帝国重构"这一门类看起来最为庞杂。"金戈铁马"的每场战争都会导致版图重构或政治势力重构，在目录当中单独分类，但实则属于"帝国重构"的范畴。"五行八作"最早出自南宋吴自牧《梦粱录》，本来是指车行、船行、店铺行、脚行、衙役行，金匠、银匠、铜匠、铁匠、锡匠、木匠、瓦匠、石匠，现在则指各行各业。本书写了 15 个民间职业，再加上太监这个宫廷职业，共 16 个职业的"一天"。此外，本书还写了北京、上海、成都、拉萨等 10 座城市在晚清西风东渐下的"一天"，故名"城市摩登"，这一门类只在本书第四册、第五册出现，前三册并无。至于"清宫生活""中国第一"，因为书名篇幅原因，故未在副标题体现。

有读者看过此书后或许会问，为何许多很关键的日子你没写？我想说的是：如果说清朝历史是一片大海，我只写出一汪水的几滴水珠；如果说清朝历史是一片森林，我只写出一棵树的几片叶子。因为清朝历史承载了太多春花秋月，太多冷雨风霜，太多物换星移，太多阴晴圆缺，以 100 天来横截面 268 年，岂能面面俱到？德国哲学家叔本华说：期望一个人记住读过的全部书籍，恰如期望在体内储存吃过的全部食物。①这个比方打得有点极端，因为谁都不能、即使能也不愿在体内储存吃过的全部食物。我这一部5册书逾百万字，也不可能储存全部清史。

任何题材的书都是层累构建的产物，都不会是无源之水，以N个一天为单位来解剖历史，绝非笔者的发明，彼得·弗塔多《塑造世界的1001天》就以1001天来看人类6000年历史。茅盾主编的《中国的一日》收录了469个人在1936年5月21日这一天的经历，覆盖全国各地、三教九流。除了这些一本书表现多个一天的佳作外，也有微观历史以一日而写一书的，比如吴十洲的《乾隆一日》就是以乾隆三十年正月初八这个平凡的日子为研究对象，将其做显微镜下的解剖。除此之外，亦有以一日来开篇的，蔡石山《永乐大帝：一个中国帝王的精神肖像》以《永乐朝廷生活的一天》为开篇章节深入描摹了1423年2月23日这一天的永乐生活。笔者在写作时也借鉴了以上各书的写法，这是要予以说明的。

清代申居郧《西岩赘语》说："好说己长便是短，自知己短便是长。"②梁漱溟说："在人格上不轻于怀疑别人，在见识上不过于相信自己。"③笔者亦不敢相信自己的见识，笔者水平有限，史学界远胜过我者车载斗量，不可胜计，若与史学英才相比，无异于以蠡测海、以筵撞钟、以管窥天。虽尚在史苑学步阶段，但

①　［德］叔本华：《叔本华：怎样读书才有效》，杨春时译，中国画报出版社2012年版，第17页。

②　申居郧：《西岩赘语》，王云五主编：《丛书集成初编》，商务印书馆1937年版，第23页。

③　中国文化书院学术委员会编：《梁漱溟全集》第6卷，山东人民出版社2005年版，第6页。

写此书时也是尽己所能，颇有江郎才尽之感，多有不足之处，请读者朋友们多批评指正。本书大多以页下注形式注释，如有个别疏漏，敬祈海涵。

我 9 岁的时候父亲因尿毒症去世，做肾透析负债累累，母亲也从造纸厂下岗了，那时候我家一个月收入只有 300 元钱，住着 20 平米的房子，下雨天阳台还会漏雨。那个时候我几乎买不起任何消遣品，我家门口就是市图书馆，办借书证看一年才花 20 元。于是我就把自己每天钉在图书馆，进行地毯式阅读，就这样一步步读到现在，有了此书的出版。2019 年，我的母亲得了肠系膜脂膜炎，需要人照顾，2020 年，多年一直为我付出的姥爷安装了心脏起搏器，可以说在此书写作过程中我也备尝家庭的艰辛。尼采说："人类的生命，不能以时间长短来衡量，心中充满爱时，刹那即为永恒。""但凡不能杀死你的力量，都能使你更加强大！"[1]与 20 年前相比，我一直不变的是一事不知、深以为耻的求知欲，是在黑夜里梦想着光、在坚忍中享受孤独的状态！我想在书上市的此时此刻，我的父亲应该在天堂微笑着看着我！

如果我这一生能有一两部经得起时光检验的代表作，如果大家觉得我这部书中有一两章写得颇为精彩，如果您认为我一篇文章中有几行字写得让您愿与我隔空击掌，就是对我的最大鼓励。是为序。

---

[1] 林郁主编：《尼采的智慧——尼采语录》，新潮社文化事业有限公司 2001 年版，第 11、12 页。

目　录

Part 1 京师易主：甲申国殇的三重维度

24 日
1644年4月

关键词 明亡清兴　现代小冰川期　明清宇宙期　资本主义萌芽　灾荒史

　　1644年4月24日，李自成攻破北京，崇祯殉国，虽曰人事，亦为天命。从气象学角度看，明亡清兴时期属于"现代小冰川期"下的"明清宇宙期"，太阳黑子减少导致气候严寒，粮食减产，引发欧洲30年战争、开辟美洲大陆和中国明清鼎革，以往不结冰的黄河河南段冰坚如石，钱塘江潮汛之日水不及马腹，极端天气使得流民蜂起，农民军和清军联手终结明朝，也终结了资本主义萌芽。不过，纵然没有清朝，资本主义萌芽也终会被崛起于西北的准噶尔汗国扼杀。此文最后讨论了民族革命、阶级革命、王朝周期律、近代化、灾荒史这五种明亡清兴的解释范式，并给出结论。

崇祯十七年正月初一（1644年2月8日），北京。往年的大年初一，旗手卫会在午门外设置金鼓，御马监会牵来听训的马匹列阵，锦衣卫会在御道两旁布置驯象，大象会友好地把鼻子卷起来，绝不会伤人。一通鼓后，百官身着朝服齐集午门外；二通鼓后，引班官带着文武百官和朝鲜、安南（越南）、琉球等国使臣从左右掖门进入；三通鼓后，文武百官站定自己的位置。根据规矩，明朝文官住在西城，上朝要站在殿廷东侧，武将住在东城，上朝要站在殿廷西侧。站好位置后，朝贺正式开始。伴随着庄严的中和乐和圣安曲，崇祯登上皇极殿（今太和殿）升座。中和乐停止后，鸣鞭三响，经过驯化的负责报时的大公鸡叫三声，文武百官下跪，对崇祯行礼，内阁大臣中出一人代替皇帝在丹陛中道致新年献词。献词无非是一些套话，"三阳开泰，万物咸新，恭惟皇帝陛下膺乾纳祐，奉天永昌"等等，然后皇帝赐宴，大家大吃一顿。①

从洪武年间到崇祯十六年，都是满朝文武到齐后，皇帝最后一个来，升座后就接受叩拜了。今天崇祯却成为第一个来的，满朝文武大臣一个没来，就锦衣卫来了一个人。这个锦衣卫为了给崇祯打圆场，便说："估计是群臣没听到钟鼓声，以为圣驾未出，所以来晚了。"崇祯让锦衣卫鸣钟，开启紫禁城东西各门，"久之，仍无至者，帝颇不怿"。文武大臣在家都能听到不停的钟声，从这钟声中感受到崇祯的愤怒，于是大家赶忙来朝贺。因为时间匆忙，多有"文官入武班、武官入文班"的错乱景象，按部就班

---

① 《明会典》卷42《朝贺·正旦冬至百官朝贺仪》，《影印文渊阁四库全书》第617册，北京出版社2012年版，第488、489页。

这个词已经跟崇祯无缘了。今天马匹、大象都没来，只能上演朝贺仪式的"精减版"。①

与往年正月初一的喜庆祥和不同，今天大风声震屋瓦，飞沙走石，天日无光。②朝贺仪式勉强结束后，内阁辅臣单独来找崇祯，提出国库几乎空了，没有军费，请求崇祯用内帑来接济，舍家为国。结果坐拥3700万两白银内帑的崇祯却说："今日内帑难以告先生！"说罢，潸然泪下。坐以待毙的崇祯知道在经验世界自己已经一败涂地了，于是求助于超验世界，他让道士为他扶乩，道士扶乩后得出的乩语是："帝问天下事，官贪吏要钱。八方七处乱，十炊九无烟。黎民苦中苦，乾坤颠倒颠。干戈从此起，休想太平年。"③联想到崇祯于两个多月后煤山殉国，这天的乩语可谓百分之百应验了。

就在崇祯愁肠满腹的同日，距离北京大约700公里的盛京（沈阳），7岁的顺治皇帝来到萨满教祭祀场所皇堂子行礼，行礼后回宫，在大政殿接受诸王、贝勒、文武百官、外藩蒙古、朝鲜使臣的朝拜。因为皇太极刚死不久，今天没有任何娱乐庆祝活动。朝拜结束后，多尔衮对郑亲王济尔哈朗等人说："我收到了朝鲜国王的新年礼物，我等辅政，与外藩不应有私交，如果人人都收受外国贿赂的话，将会对各国造成滋扰，从今以后，永远禁

---

① 徐鼒：《小腆纪年附考》卷一，中华书局1957年版，第2页。

② 钱士馨：《甲申传信录》卷一《睿谟留憾》，《中国历史研究资料丛书》，上海书店出版社1982年版，第7页。

③ 计六奇：《明季北略》卷20《降乩》，中华书局1984年版，第415页。

止外国送给诸王贝勒礼物。"多尔衮的话被大家采纳。崇祯如守财奴般不愿贡献出一丝一毫，多尔衮不愿多取外国一针一线，单从对于财物的态度就可见明清兴亡之由了。①

崇祯坐以待毙，顺治甫经国丧，只有西安的李自成可以开心过新年。正月初一这天，李自成建立大顺政权，年号永昌，因为明朝在五行上属火，李自成的大顺朝便以水自居（水能灭火），所以大顺朝的官服都是蓝色的。李自成任命牛金星为丞相，宋献策为军师，构建一套与明朝不同的制度。建立大顺政权后，李自成兵分两路进军北京，刘芳亮率大军经山西平阳越过太行山，而后经真定（河北正定）从南面进攻北京；李自成亲率主力十几万人作为北路军，从河南洛阳龙门渡过黄河，北上攻克太原，而后继续北进，拿下大同、宣府，之后东进从居庸关杀到北京城下。此后的两个多月时间，李自成两路大军连战连胜，三月十五日李自成北路军抵达居庸关，唐通率8000人不战而降。

三月十六日，崇祯开会讨论剿寇生财的问题，大臣黄国琦说："当今之计首先是收拾人心，其次是用人。"

崇祯："如何安人心？"

黄国琦："安人心不难，只要皇上心安，人心自安。"

崇祯："如何生财？"

黄国琦："言生财者大多是加税，这样断不可行，陛下应该从内库拨出钱来以救急。"

谈话至此，还看不出有什么亡国之象，就在此时，内侍送

---

① 《清世祖章皇帝实录》卷3，《清实录》第3册，中华书局1985年版，第41页。

来一份急报，崇祯看后脸色骤变，原来李自成已经攻破昌平，将明十二陵的享殿全都毁掉了。①

一、血渍衣襟：明朝在北京最后一天的全息图景

三月十七日（4月23日），李自成的北路军抵达西直门外，从始至终都几乎没遇到什么像样抵抗的刘芳亮南路军抵达高碑店，两路大军一起炮轰北京城。崇祯照例上早朝，开会讨论，大臣一个个相对而泣，束手无策，崇祯在御案上写了12个字给太监王之心看，日后王之心说，其中6个字是"文臣个个可杀"。②

守城士兵都是老弱病残和太监，毫无战斗力，连烧火做饭的人都跑了，守军一个个饥饿不堪，哪里挡得住李自成大军排山倒海般的攻势。守将李国桢对崇祯说："现在守军根本不卖力气，用鞭子抽一个士兵，士兵才起来，但周围的士兵还是躺在地上，用鞭子抽下一个士兵，刚被抽的这个士兵又躺下了，奈何？"③

北京城军队此时全由太监指挥，为了讨好公公们，国之将亡的崇祯帝竟然下令礼葬魏忠贤，原因只为司礼太监曹化淳一句话："[魏]忠贤若在时，事必不如此！"④太监们在阵地上布满了

---

① 谈迁：《国榷》卷100，中华书局1958年版，第6041页。

② 许重熙：《明季甲乙两年汇略》，《续修四库全书》第441册，上海古籍出版社1996年版，第9页。徐鼒：《小腆纪年附考》卷四作"文武官个个可杀，百姓不可杀"，中华书局1957年版，第92页。

③ 徐鼒：《小腆纪年附考》卷四，中华书局1957年版，第92页。

④ 冯梦龙：《甲申纪事》卷六《燕都日纪》，《冯梦龙全集》第15册，凤凰出版社2007年版，第104页。

巨炮、铁蒺藜、鹿角等障碍物，但是身穿黄色衣甲的李自成造反大军势如潮涌，志在必得，明军的一切抵抗都是徒劳，一切防守在实战中都被李自成大军视若无物。[1]

崇祯十七年三月十八日（1644年4月24日），北京内外狂风裹着草木，卷着尘上，夹着碎石，盘旋冲突于大街小巷，呼呼山响，黄沙弥漫，天昏地暗，使整个京城笼罩在一片飞沙走石的迷茫中。忽然，一道闪电刺穿压城的黑云，片刻，一声炸雷，天降暴雨，俄而，强劲的雨点变成密集的冰雹，冰雹接着风势，沉重、急骤地砸下来。[2]

大顺军见到城上要火炮齐射，便对城高呼："快开城门，否则屠城！"守军高呼："城下放心，我们放的都是空炮，不信你听。"随后，"炮空响而已"。此时守军已经与大顺军达成默契，只等破城。大顺军驱赶着北京城外的百姓背着木石，填埋壕沟，准备攻城。守城炮兵在守将催逼之下，只能打实弹射击，结果炸死的都是百姓，城上守军人心益丧，大家此时已不知为何而战。正在城内坐以待毙之时，救命稻草来了。李自成毕竟出身驿站小吏，他深知自己根基不稳，即便是兵临城下，内心还是希望已经存在了276年的大明朝能承认自己，于是他提出两个条件：明朝割让西北给自己，封自己为国王；用100万两白银犒赏自己的大军。只要答应这两个条件，李自成就退守河南，不染指华北，并

---

[1]　计六奇：《明季北略》卷20，中华书局1984年版，第451页。

[2]　计六奇：《明季北略》卷20，中华书局1984年版，第452页。

为朝廷镇压其他贼寇，且可以抗清。[1]

李自成派在宣府投降自己的明朝太监杜勋作为信使，前来谈判。崇祯在平台（保和殿东侧）接见杜勋，杜勋把李自成的条件报知崇祯。对于城下之盟，李自成提出的条件再优厚不过。这几乎是中国历史上条件最优厚的城下之盟了。崇祯自然是很想答应，他对魏藻德说："事已急，可一言决之。"崇祯的意思是，朕作为皇帝，不好直接答应城下之盟，只要你说句话，议和就成了。可老奸巨猾的魏藻德就是不说话，他知道，今后崇祯一旦反悔，就会拿自己开刀。崇祯"忧惑不能坐，倚龙椅后立，再四询"，魏藻德最后还是不答应议和。最终崇祯彻底绝望，他让杜勋答复李自成说"朕定计，另有旨"。崇祯气得把龙椅都推倒了，他亲自写了一道御驾亲征的诏书，说了一堆自己也不相信的梦话，什么"朕今亲率六师以往，国家重务悉委太子"等等。大明就这样错过了免于灭亡的机会。[2]

崇祯怒斥了杜勋一顿，关死了谈判的大门。杜勋知道崇祯杀人不眨眼，他赶忙跪下说："奴才愚昧无知，哪里知道天理大义，只是唯恐圣上有个三长两短，所以刚才跟您胡说八道。今闻圣谕，豁然开朗，奴才回去后就跟闯贼说城中还有精兵十万，各地勤王军队指日可待，届时内外夹攻不在话下。料想闯贼闻听此言，肯定会吓个半死，到时必然退兵，凭奴才这张嘴，保证可让

---

① 徐鼒：《小腆纪年附考》卷四，中华书局1957年版，第93页。

② 戴笠：《怀陵流寇始终录》（又名《流寇长编》）卷17，《续修四库全书》第442册，上海古籍出版社1996年版，第138页。

京城转危为安。"崇祯听了杜勋的话，仿佛抓住了救命稻草，他说："尔等尽力去办，倘能吓退贼兵，将来援军抵达，社稷转危为安，尔功在国家，朕必封尔为侯。"最忠于崇祯的大太监王承恩知道杜勋不靠谱，主张把他扣下，但是崇祯还是把最后一线希望寄托在杜勋身上，下令放他回去。杜勋临下城前，京城内几个早已跟李自成约定好开城门的太监问他，情况如何。杜勋说："我们的富贵跑不了。"说罢就匆匆缒城而出。太监们心中的石头落地，就等着李自成攻城时打开城门了。①

杜勋回到李自成大营，迅速变卦，把城内的空虚和不堪一击跟李自成汇报，还添油加醋地说了崇祯拒绝条件的事，李自成看自己提了那么优厚的条件都被崇祯拒绝，于是下令继续攻城。守城太监曹化淳事先已经与李自成有密约，他开广宁门（今广安门）投降。这是北京城被打开的第一座城门，随后德胜门也被开启，李自成大军蜂拥而入，北京外城全部沦陷。

王世德《崇祯遗录》记载："外城西南隅，地名烟阁，皆回回所居。十八日，贼攻广宁门②急，群回倡乱开门，外城遂陷。次日，贼自东直门角楼缘城而上，大城遂陷。"③现在这段话被网上一些文章引用，以挑拨汉族与回族的关系，说北京城破是回族开城门导致，而事实上，征诸明亡清兴时记载北京被李自成攻陷

---

① 计六奇：《明季北略》卷20，中华书局1984年版，第453页。

② 即彰义门，道光皇帝时为避讳道光的名讳旻宁，改名广安门。

③ 王世德：《崇祯遗录》，《明史资料丛刊》第四辑，江苏人民出版社1984年版，第21页。

的所有史料，都说是宦官献城，《国榷》卷100、《甲申传信录》等书都说是曹化淳献城，只有《甲申纪闻》说是太监王相尧献城。总之不管是谁，肯定是太监献城，与回民无关，《崇祯遗录》此说为孤证，孤证不立。

得知外城沦陷的消息后，崇祯最后一次召开会议，此时能来的大臣已经没几个了，众臣作鸟兽散，崇祯问："诸位爱卿知道外城已经被攻破了吗？"

魏藻德："不知。"

崇祯："事情已急，现在该怎么办？"

魏藻德的回答自欺欺人："陛下洪福齐天自可无虞，如有不测，臣等巷战抗敌，一定报效国家。"[1] 事实上"臣等巷战"成了一句空话，守卫宣武门的太监王相尧、守卫正阳门（前门）的兵部尚书张缙彦都不战而降，整个过程没有发生任何巷战。

在崇祯绝望之际，宦官张殷说："皇帝陛下不要愁，奴才有一妙计。"崇祯忙问何计。张殷说："贼军果真入城，自可投降，肯定就没事了！"闻言，崇祯差点气死，从案上抽出一剑，把张殷公公捅死在当场。这也是崇祯平生第一次亲手杀人。[2]

三月十八日夜，北京内外所有城门都被攻破，炮声顿时停息，李自成大军已经控制了北京城多地。崇祯此时身边只有大太监王承恩了。他带着王承恩来到煤山四处瞭望，只见城下火光冲

---

[1] 计六奇：《明季北略》卷20，中华书局1984年版，第453页。

[2] 王世德：《崇祯遗录》，《明史资料丛刊》第四辑，江苏人民出版社1984年版，第20页。

天，他知道内城已经陷落，一切都晚了，也一切都完了。崇祯远眺从北京通往辽东的官道在一片莽林中消失，天际飘动的浮云也在悠悠游弋后散去，留下一个空落落的浩天广宇。崇祯明白，吴三桂的关宁铁骑不会来了，大明的最后希望破灭了，含泪的惨笑浮现在崇祯瘦削的脸上……

崇祯绝望地回到乾清宫，寒风凄冷，一阵阵啼哭声从宫中传来，崇祯召来周皇后、田贵妃等一起饮酒，这是最后的晚餐！北京城外忽而黄沙遮天，忽而凄风苦雨，忽而冰雹雷电。崇祯早有预感，早晚会有农民军打进来的灾难的一天。灾难，也许谁都不可抗拒，然而那未至的灾难所带来的恐惧，则足以摧垮你，让你疯狂而又无望，正因如此，当灾难降临时崇祯反而感到无限轻松、快慰。崇祯说："事已至此，只有一死！"看到崇祯眼中的凶光，美丽的袁贵妃心中感到了恐惧，她知道自己没有生还的可能，于是她自缢了。一会儿，白绫断了，她没死，从树上掉下来，崇祯上去一剑就砍伤她左臂，袁贵妃倒在血泊中，崇祯以为她死了，就走了，去找周皇后。实际上袁贵妃没死，10年后才去世。

崇祯来到周皇后的寝殿，对周皇后说："大势已去，你是天下之母，应当死！"周皇后伤心痛哭："臣妾跟随陛下18年了，可是我说的话没有一句你能听进去，要是早南迁的话何以至此？今日同死社稷，亦复何恨？"[①]

---

① 吴伟业：《绥寇纪略》补遗中《虞渊沉下》，《丛书集成初编》，中华书局1985年版，第326页。

崇祯听了凄怆不已，他下令将太子、三子定王、四子永王召来，让他们把皇子的衣服脱掉，自己亲自为他们穿上平民的旧衣服，告诫道："你等过去是太子，现在城破，你们就是小民了，各自逃生去吧！不必想我，朕必死社稷，时到今日还有何面目见祖宗于地下？尔等且要谨慎小心，遇到当官的，老者当称呼老爷，年轻的当称呼相公，若遇到平民，老者当称呼老爹，年轻的当称呼老兄，或叫做兄长，见文人当称呼先生，见军人当称呼长官。万一你们得以生还，别忘了为父母报仇，别忘了朕今日的告诫！"临别时崇祯大声说道："你们三人为何不幸生在我家？"说到此崇祯已经泣不成声，周围的所有侍从都被这生离死别的场景感动得失声痛哭，此时能留在崇祯身边的，都是对大明朝、对崇祯最忠心耿耿的忠臣义士。人之将死其言也善，崇祯对几个儿子的临终遗言说的都是对各种人如何称呼的做人最基本道理，崇祯让孩子们无论见到任何人都要嘴甜，由此可见，崇祯对自己也有反省。他的失败很大程度上就在于他对于自己的臣子太不尊重了，动不动就大开杀戒，最终导致无人愿意与自己共甘苦。①

正因此，崇祯才会众叛亲离，死前仅有一个王承恩在身边。李自成大军围城，崇祯穷途末路之际，让王承恩带路，自己和三个皇子去周皇后的父亲家暂避，走到门前，听到里面的奏乐声，敲门半晌，出来一个人对崇祯说："今日国丈八十大寿，任何人

---

① 郑达：《野史无文》卷4，《晚明史料丛书》，中华书局1960年版，第27页。吴伟业：《绥寇纪略》补遗中《虞渊沉下》，《丛书集成初编》，中华书局1985年版，第326页。

不得入内，任何事不得通报！"要是放在平时，敢这么跟崇祯说话，崇祯早就叫刀斧手了，但现在崇祯的威权彻底丧尽，最后只好把三个儿子托付给田贵妃的父亲，让他带他们出城，崇祯则与王承恩返回紫禁城。

与此同时，33岁的周皇后与三个儿子诀别后，便痛哭着返回坤宁宫，在此自缢。[1]16岁的女儿长平公主在一旁痛哭不已，崇祯见状，说："你何故生在我家？"说罢挥剑砍向女儿，公主用胳膊挡了一下，被砍掉一只胳膊，血流不止而昏厥，崇祯以为她死了，便匆匆离去。其实公主没死，她5天后醒过来，日后清军入关，长平公主向多尔衮提出出家为尼，多尔衮不许，命她与崇祯生前选定的驸马结婚，转年长平公主病死，年仅18岁。崇祯有两个女儿，长平公主被砍后，崇祯来到乾清宫去找自己的小女儿昭仁公主，他拔出剑来手起刀落，小公主来不及哭喊一声，就倒在血泊中死了。[2]

崇祯怕女人成为自己逃跑的累赘，所以将其一个个杀死。他在看着亲人都死后，还是抱着侥幸心理要逃生。他手持三眼铳（有三个枪管的火枪，三眼无法同时射击，但是可轮番射击），后面跟着几十个太监，每个太监都骑在马上，手持板斧。崇祯一行出东华门，来到齐化门（朝阳门），想从此突围。守门者以为宫中有变，便用火炮和弓箭来射杀崇祯一行。王承恩对守门官史呈

---

① 赵士锦：《甲申纪事》，《晚明史料丛书》，中华书局1959年版，第8页。

② 抱阳生：《甲申朝事小纪》二编卷十《崇祯宫词》，书目文献出版社1987年版，第470页。

度说："这是当今圣上，还不快开城门？"史呈度不认识崇祯，说："皇上有令，无令箭者一律不得出入！"崇祯无奈，于是带着王承恩一行向北来到安定门，想从此突围。可是安定门"坚不可启，天将曙矣，乃回"①。

崇祯从安定门向南来到煤山，一个晚上过去了，此时已经是三月十九日凌晨，每日凌晨五鼓，正是鸣钟上朝时，崇祯亲手执钟杵，使劲将景阳钟敲了一场，又拿起鼓槌，将旁边的大鼓打得震天响。崇祯左等右等，满朝文武没有一个人前来，身边还一直都是王承恩一个人。想到万历皇帝20年不上朝，却依旧在享尽荣华富贵后得以善终，自己17年来每天上朝，却得到这个下场，崇祯不禁悲从中来。

突然，崇祯看到，南面紫禁城白家巷墙头上已经悬挂起三盏白色信号灯笼，如果只挂一盏白灯笼，说明流寇进攻幅度不大；挂两盏，说明危险；挂三盏，说明要完了。白色在古代为丧服之色，三盏白灯笼，意味着崇祯死期已到。②崇祯咬破手指，用血写成遗诏，遗诏中说："朕自登极十有七年，东人三侵内地，逆贼直逼京师。虽朕薄德匪躬，上干天咎，然皆诸臣之误朕也。朕死无面目见祖宗于地下，去朕冠冕，披发覆面，任贼分裂朕尸，勿伤百姓。"③他认为是众臣误了自己，"君非亡国之君，臣皆亡国之臣"，就这样使明朝亡在自己手里，写罢遗诏，崇祯清醒地

---

① 计六奇：《明季北略》卷20，中华书局1984年版，第454页。

② 计六奇：《明季北略》卷20，中华书局1984年版，第454页。

③ 谈迁：《国榷》卷100，中华书局1958年版，第6044页。

意识到大势已去，然而他似乎又不甘心，他没想到，这个堂堂276年的王朝竟如此轻而易举地落到李自成这个"草寇"手里。他不禁扪心自问，自己登基以来，日理万机，励精图治，无一日敢懈怠。可是他越呕心沥血，越奋发图强，就越事与愿违。他所做的一切似乎都是在给明朝这头骆驼加稻草。自己的父亲泰昌帝和哥哥天启帝是那样荒淫无度、骄奢淫逸，可他们都没成为亡国之君，自己如此勤俭节约，如此盼望国家富强，却亡国了，这究竟是为什么？17年来他一次次试图扑灭李自成烧起的烈焰，可这烈焰就像挥之不去的鬼火一般，越扑火越旺，终成燎原之势，并最终烧毁了存在276年的明王朝，这究竟是为什么？为什么？崇祯怕是到死也想不明白了，局势已经不容他多想了，崇祯走到寿皇亭边的一棵大树下，解下身上的鸾带，连凳子都来不及找了，崇祯毕竟才34岁，身手矫健的他爬上栏杆把鸾带系在粗树杈上，临自缢前他说了人生的最后一句话："吾待士亦不薄，今日至此，群臣何无一人相从？"说罢，自缢而死，随后王承恩也在一旁吊死。①

崇祯和全家女眷殉国，三个儿子命运如何呢？多尔衮进入北京城后，他最着急的便是找到太子。太监高起潜将朱慈烺交出，多尔衮将其处死。崇祯四子永王朱慈炤（一说为朱慈灿）在多尔衮进北京后一路南逃，在湖南出家当了和尚，康熙十八年（1679）被抓获，此时，他已经流亡36年了，康熙朱批说："朕曾

---

① 崇祯的最后时刻据文秉：《烈皇小识》卷8，《中国近代内乱外祸历史故事丛书》，广文书局1967年版，第233、235页；戴笠：《怀陵流寇始终录》卷17，《续修四库全书》第442册，上海古籍出版社1996年版，第141、142页。

以此事问之在内旧太监。据云，彼时年甚小，必不能逸出，今安得尚存？大约是假。朕思历年已久，至今始出，自然近伪。"①康熙以"伪皇子"名义将其处死。

崇祯三子后来的命运最为扑朔迷离。在他身上有著名的朱三太子案，清朝时共有10起。朱三太子是谁主要有两种说法，朱慈炯或朱慈焕，朱慈炯是崇祯妃子生下来的第三个儿子，朱慈焕则是把早夭未序齿的儿子排除后的第三个儿子。究竟这10人哪一个是真正的"朱三太子"，学界难有定论，在此只说最后一个"朱三太子"。康熙四十七年（1708）四月初三，"朱三太子"被抓获，他说："我乃先朝皇子定王朱慈焕。崇祯十七年流贼破北京，先帝把我交给王内官。城破后，王内官把我交与闯贼领赏。不久，吴三桂与清兵杀败流贼，乱军之中，我被贼军中一姓毛的将军带往河南。不久，由于大清捕查流贼很紧，毛将军弃我而逃。当时我13岁，自己就往南走，行至安徽凤阳，遇见一王姓乡绅，我一开始隐姓埋名，但还是被他看破。我把自己的情况和盘托出后，他就收留我在家，我遂改姓王。过了几年，王先生病故，我就出家了。后来我云游至浙江，在古刹中遇见一位姓胡的人，他叹赏我的才学，就把我请回家中，让我还俗，并把女儿嫁给我。再后来，我又改姓张，以逃祸患。"最终，此案由康熙定夺，康熙下令将其斩杀，彻底终结朱三太子疑案的悬念。②

---

① 《清圣祖仁皇帝实录》卷87，《清实录》第4册，中华书局1985年版，第1101页。

② 中国第一历史档案馆编：《康熙朝汉文朱批奏折汇编》第一册，档案出版社1985年版，第964至975页。

以上就是崇祯及其家人的最后结局。值得一提的是，正是在甲申年，在世界另一端的英国，克伦威尔率领着国会军在马斯顿荒原战役中取得决定性胜利，这次战役是英国资产阶级革命走向成功的转折点，5年后，英国斯图亚特王朝的查理一世走上了断头台。5年之内，东方老大帝国和西方老大帝国的君主都走向死亡，可他们的死亡却带来了截然不同的结果：西方资产阶级以崭新的面貌登上世界历史舞台，中国却又无非是一个专制政权取代了另一个专制政权。

二、灾荒亡国："小冰期"下的"明清宇宙期"

"冰川向前推进时，前端会将经过之处的所有东西推到移动的冰块前方。冰川'退去'时，其实冰块并没有后退。冰流仍在继续向前移动，但在较为温暖的时期，前端融化的速度比冰向前推进的速度快。"[1]当冰川结冰速度大于融化速度时，就是"小冰期"，就是全球气候变冷的时代。英国气象学家兰姆（Lamb）注意到欧洲1400年至1900年气候比此前此后都要寒冷，故而将其命名为"现代小冰川期"[2]。

地球各地要想一年同期温度控制在一定合理值，主要靠两大因素：太阳辐射与大气恒温效应，前者控制温度增量，后者保证

---

[1] ［瑞士］许靖华：《气候创造历史》，甘锡安译，《新知文库》，生活·读书·新知三联书店2014年版，第18页。

[2] 陈国达、陈述彭主编：《中国地学大事典》，山东科学技术出版社1992年版，第854页。

温度存量。在工业革命导致大气臭氧空洞之前，人类活动对于大气层的影响几乎可以忽略不计，因此能改变地球温度的就是太阳辐射。"太阳活动强时……可见光和热辐射线减少，从而温度降低约1500℃成为黑子。"[1]太阳黑子多时，黑暗区即意味着太阳光辐射减弱，到达地球的热辐射减少，大气环流缓慢，这就会产生厄尔尼诺现象，即太平洋海水温度偏高，地球降水猛增。太阳黑子少时，太阳表面光明区增多，太阳光对地球的辐射增强，加快大气环流，这就会形成拉尼娜现象，即太平洋海水温度降低，地球降水锐减。美国天文学家艾迪（Eddy）对太阳黑子进行研究，得出结论，在"现代小冰川期"之内，1645年至1715年太阳活动极度衰弱，太阳黑子减少，地球降水锐减，全世界都趋向干旱，这一时段被称作"蒙德极小期"。[2]

这个"蒙德极小期"就是欧洲发生巨变的时候，气候干旱，降水锐减。在其他条件不变的情况下，年均气温每下降1℃，单位面积粮食产量就会比常年下降10%。同样，年降水量每下降100毫米，单位面积粮食产量也会下降10%。[3]粮食减产，欧洲大陆无法养活欧洲人，大批欧洲人来到美洲去开发新大陆，1620年的"五月花"号就是这一产物。1663年卡罗莱纳州，1664年宾夕

---

[1]　陈健等：《太阳活动对天气气候的影响》，《河南师范大学学报（自然科学版）》2001年第4期，第44页。

[2]　陈国达、陈述彭主编：《中国地学大事典》，山东科学技术出版社1992年版，第854页。

[3]　张家诚：《气候变化对中国农业生产的影响初探》，《地理研究》1982年第2期，第10页。

法尼亚州，1670年弗吉尼亚州，1681年罗德岛州，1682年路易斯安那州，这一系列殖民地的建立时间很能说明问题。1618年至1648年的30年战争之所以能打30年，让大半个欧洲卷入战争，与"现代小冰川期"内欧洲干旱，民不聊生，于是铤而走险有很大关系。[①]

正是这个国际的大气候，催生了中国国内的小气候，李树菁《明清宇宙期宏观异常自然现象分析》[②]将1500年至1700年命名为"明清宇宙期"。这一时段，因为太阳黑子大幅减少，地球降水锐减，北方长期干旱，灾害不断，游牧民族、渔猎民族不断南侵。竺可桢《中国近五千年来气候变迁的初步研究》[③]总结中国有4个温暖期，4个寒冷期。温暖期为商、东周至西汉、隋唐、元朝前期，寒冷期为西周、东汉魏晋南北朝、宋、元朝后期和明清。除蒙元是在温暖期崛起外，其他内亚强大民族都是在寒冷期南侵，给中原以重创。凡是气候温暖时代，都是中国政权强大的时候，一旦气候寒冷，北方游牧民族的牛羊就会大量死亡，游牧民族就必须南侵才能生存。气候寒冷也导致中原王朝土地日照时间不足，粮食减产，发生饥荒，内部发生饥荒，外部敌人入侵，魏晋南北朝、宋明等多个朝代就是这样改朝换代的。

在"明清宇宙期"下，中国连年夏秋旱灾，冬春严寒，于是

---

① ［瑞士］许靖华：《气候创造历史》，甘锡安译，《新知文库》，生活·读书·新知三联书店2014年版，第24页。

② 载于《历史自然学进展》，海洋出版社1988年版。

③ 竺可桢：《竺可桢全集》第4卷，上海科技教育出版社2004年版，第444至473页。

发生了一幕幕人间惨剧，且一年比一年严重。崇祯二年（1629）马懋才《备陈大饥疏》中说："陕西安塞城外有一个粪场，每天早晨都有婴儿被抛弃在此，他们有哭泣的、有哀号的、有呼叫父母的、有吃粪的，但到第二天早晨被抛弃的婴儿已无一生还。而且孩子和单独出行的成人，只要一出城便失踪了，直到看见城外有人拿人骨头当柴烧，煮人肉来吃，才知道那些孩子和独行者都被吃了。那些每天吃人肉的人在吃了数日后也不免两眼红肿，身体燥热而死，然后他们再被别人吃掉，于是死者枕藉。城外挖了几十个大坑，每个坑可容纳几百人，用来掩埋吃剩的尸体。"[1]

南京兵部尚书吕维祺在《中原生灵疏》中说，崇祯三年（1630）开始连年大旱，"秋既无收，麦又难种，野无青草，十室九空，于是有斗米值银五钱者，有工作一日不得升米者，有采草根树叶充饥者，有夫弃其妻、母弃其子者，有卖一子女不足数餐者，有自缢空林、甘填沟壑者，有饿死路侧者，有鹑衣菜色而行乞者，有仗比而毙者……村无吠犬，尚敲催呼之门；树有啼鹃，尽洒鞭扑之血。黄埃赤地，乡乡几断人烟，白骨青磷，夜夜尝闻鬼哭。触耳有风鹤之声，满目皆荒惨之色"。[2]

张明弼《人啖人歌》写道："饥儿语父，饥媳语姑，我死他人定我剐[3]，余骨乌鸦相欢嚛。他人何亲，父姑何疏，愿以吾肉存尔躯……父姑若念我，愿将残骨沉沟渠，勿令人磨碎供夕糊。

①　计六奇：《明季北略》卷5，中华书局1984年版，第105、106页。

②　吕明月主编：《兵部尚书吕维祺》，新安县吕氏族务委员会2010年版，第66、67页。

③　从身上剐肉。

前时流贼杀人三千,一烀一燿忽尔尽焉。昨来土寇掠人作粮,朝炊肋胁,暮脍膀胱,桁间悬头发到地,碟底断指如葱长。……槁人怯食如针枪,凶人惯食如牛羊。天下太平好异味,烹男炮女请君尝。……人食百物还食人,相生相啖谁能躲?……但恐寂寞天地悲,高山大泽盈狐狸。"[①]

"明清宇宙期"不仅使得饿殍遍野,农民军所过之处随处扩编,还直接影响到明末农民战争的军事胜负,让李自成死里逃生。崇祯六年（1633）,明朝左良玉等各部将李自成各军包围在河南怀庆、济源、涉县、林县等地,此时农民军东西北三面是明朝大军,南面是黄河天险,本来农民军必死无疑,要遭遇石达开在大渡河边的结果。往年河南境内的黄河是不会冻冰的,而这年冬天一反常态,河面冰坚如石,农民军纵马狂奔,整部突破黄河天险,冲出明军包围圈,一下子出现在中原大地,李自成各部死里逃生。由于河南地方官员没有作战经验,中原四战之地又便于驰骋,农民军以河南为中心,向东杀进安徽,向南杀进湖广,向西杀进四川。由此,局部农民战争,一下子变成了全面战争,明朝糜烂自此始。这一事件史称"渑池渡",郑廉《豫变纪略》感叹道:"黄河,水最悍者也,自龙门而下,其流湍急,虽严冬不能结。是岁自冬历春,冰坚如石,流贼二十余支乘冰竞渡,若不知有黄河者。"[②]

---

① 《古今图书集成·历象汇编·庶征典》卷112《丰歉部》,总第45册,中华书局1934年版,第27页a面。

② 郑廉:《豫变纪略》卷二,《明末清初史料选刊》,浙江古籍出版社1984年版,第30页。

黄河河南段冬季结冰厚度可以纵马驰骋，钱塘江则干涸到"浅草才能没马蹄"的状态。顺治三年五月二十七日（1646年7月9日）清军大将博洛率军从杭州向南明鲁王朱以海的部队进攻，来到钱塘江边，清军无船，可是"夏旱，水不及马腹，数日潮不至"①。一向水深浪急的钱塘江都快干了，于是清军骑兵直接冲过钱塘江。鱼米之乡杭州的钱塘江深水都干涸到这个地步，中原大地人吃人的情况自然就不足为奇了。

民谣曰："老天爷，你年纪大，耳又聋来眼又花。为非作歹的享尽荣华，持斋行善的活活饿煞。老天爷，你年纪大，你不会作天，你塌了罢！"②此时"明清宇宙期"造成的灾荒已经使人民到了愿与汝偕亡的境地，如是，甲申国殇作为天灾人祸互相作用的惨剧就是命中劫数了。

读者或许会有一个问题，"明清宇宙期"到1700年才结束，1644年清军入关后天象物候并没朝着对清朝有利的局势发展，那为什么清政权能站稳脚跟，并且开创"盛世"呢？这一点马克思在1881年2月19日写给丹尼尔逊的一封信中的话可以看作答案，"有利的气候条件迅速地消耗土壤中还保有的矿物质肥料，从而就为荒年铺平道路；反之，一个荒年，尤其是随之而来的一连串的歉收年，使土壤中含有的矿物质重新积聚起来，并在有利的气候条件再出现的时候，有成效地发挥作用"。③明朝末期的荒年使

---

① 徐鼒：《小腆纪年附考》卷十二，中华书局1957年版，第478页。

② 萧一山：《清代通史》第一册，华东师范大学出版社2006年版，第229页。

③ 《马克思恩格斯全集》第35卷，人民出版社1971年版，第149页。

得土壤中含有的矿物质重新积聚起来，到顺治时期，由于战乱、饥荒、瘟疫，中国人口从崇祯三年（1630）饥荒刚开始时的19251万人减少到崇祯十七年（1644）的15247万人[①]，少了4000万人，并在顺治时期的战争中继续锐减。人多地少变成了人少地多，与土壤肥力累积结合起来，这就有了清初不错的局面，清朝也因此走出了"明清宇宙期"的阴影。

三、明清易代：没有清朝，资本主义萌芽就能壮大？

一部分人认为，清军入关扼杀了资本主义萌芽的发展，如果没有清军入关，明朝的资本主义萌芽会发展壮大，中国会自发产生资本主义，完成中国从古代到近代的转型，那么这种说法正确吗？首先我们要推衍一点，如果没有清军入关，历史会如何发展？搞清楚这一点，才能搞清资本主义萌芽的走向。

17世纪东亚大陆明朝、清朝、李自成、张献忠、林丹汗、叶尔羌汗国、准噶尔蒙古、土尔扈特蒙古等各方角逐，历史发展的结果是：李自成推翻了明朝，清朝攻灭了林丹汗、李自成、张献忠，与喀尔喀蒙古和亲并雇用其骑兵，准噶尔蒙古赶走了土尔扈特蒙古，攻灭了叶尔羌汗国，最后在与清朝的交战中覆灭，土尔扈特蒙古在准噶尔汗国灭亡后东归，成为清朝治下藩部。如果没有清朝的崛起，历史有许多种可能。强大的准噶尔部在与康雍乾

---

① 曹树基：《中国人口史》第四卷《明时期》，复旦大学出版社2000年版，第452页。

三代人战争后才被攻灭，其鼎盛时期幅员达到400多万平方公里，具有帖木儿死后蒙古部落最强的扩张性，灭掉明朝崩盘后的后继政权是完全没问题的。准噶尔汗国的执政模式极有可能会沿用忽必烈蒙古帝国的模式，那么中国的17世纪、18世纪就会变成元朝的翻版。参考元朝的腐化程度，至迟不超过1800年准噶尔汗国必然解体，中国会重现元末明初时的战乱，这种大动乱与西方列强东来的时间重合，大一统专制国家天生具有故步自封的特点，而多国动荡体系则会学习先进的外来文明。那么中国的近代化历程会是另一种路径，但是这种可能被清朝扼杀了。

如果没有清军像洪水一般迅速横扫中国大陆，明朝被李自成推翻后，以李自成的政治德行，也是必垮无疑，张献忠只会更差，而南明君臣的水平更是能保住半壁江山就不错了，那么中国很有可能变成东晋历史的翻版，南方是南明君臣领导着小华夏，北方是碎片化小农的乱战，近似于五胡十六国一样的丛林法则。因为有北方强敌，加之明朝中后期资本主义的发展，南明一定不会闭关锁国，看南明在抗清过程中屡次借助澳门葡萄牙人，且派人去欧洲找教皇搬救兵的事就知道了。南明不会闭关锁国，会继续维持资本主义萌芽是确定的，那么中国南方的资本主义萌芽就会长成参天大树吗？让我们从以下几个方面来分析一下。

第一，有资产阶级才会有资本主义，中国的科举制度使得社会扁平化，无法产生资产阶级。钱穆《国史新论》对科举制有精辟的评价："由有科举制度，遂使政府与社会紧密联系，畅遂交流。不断由规定的公开考试中，选拔社会优秀智识分子，加进政府组织。政府亦由此常获新陈代谢，永不再有世袭贵族与大门第出现。而科举制度又规定不许商人应考，又因官吏不许经商，因此官僚子弟仍必回到农村去。那一批参加科举竞选的智识分子，遂大部出身农村，因此也抱有传统的防止商业资本过度发展，及加意保护下层民众最低限度水平生活的政治意识。这一种社会之最大缺点，则在平铺散漫，无组织，无力量。既无世袭贵族，又无工商大资本大企业出现，全社会比较能往平等之路前进。但社会不平等固是一弊，而组织与力量，则有时需从不平等带来。直到现在，人类智慧尚未发现一个既属平等，而又能有组织有力量的社会。那种平等性的社会，若范围较小，弊害亦可较轻。不幸中国又是一个绝大范型的社会，而时时处处用心在裁抑特殊势力上。封建贵族社会崩溃了，资本主义的社会始终未产生。门第社会消灭了，军权社会也难得势。终于走到科举制的社会上，而停滞不前。这是中国社会在其以往演变中的一个客观历史的真相。"①

钱穆所言便是科举制对于阻碍国家现代化转型的正解。因为人人都以科举为正途，从而导致百业凋敝；因每个考取功名之人皆凭借十几年甚至几十年之奋斗，且不能传给子孙，故而多借助权位而疯狂贪污，导致吏治败坏；因为科举以儒家经典为教科书，故而导致道教、佛教由此衰微。在民主制度产生前，贵族和宗教是制约皇权的最有效的两大法宝，因科举使得社会阶级扁平

---

① 钱穆：《国史新论》，《钱宾四先生全集》第30册，联经出版事业公司1998年版，第31、32页。

化，贵族无法产生；因科举导致宗教衰落，于是皇权越发强大，中央集权越发强大，强国家弱社会，社会无法充当国家遭遇大洪水（deluge）后的蓄水池，无法做好国家的调节器，改朝换代时社会的总崩溃，便不可避免。每次改朝换代许多地方财富清零，财富不能逐代积累，自然无法产生资产阶级。

第二，科举制度已经把社会各界精英吸引过来，中国精英阶层鲜有发展资本主义的欲望，此外，专制体制还用尽各种手段打击商业，遏制市民阶层的扩大。商业财富的增加必然导致人民生活水平的普遍提高，这就会有市民资产阶级的发展壮大，资产阶级本能地会有对更加独立的个人权利的渴望，官官相护的体制必然与崇尚利润的商人有矛盾，等到资产阶级发展壮大到一定程度，最终必然威胁皇权。此外，专制帝国时代国家最有效的管理方式是集中制，商人为获取商机和信息，采购货物，便会长途奔波，四处分散，这是不利于专制帝国管理的。再者，专制帝国最倡导的是朴素的社会风气，让人没有欲望，不愿意改善贫穷的生活，才不愿意造反，而商人见多识广，追逐利益，老于世故，这样的人如果多了，皇帝的宝座怎能坐得踏实？

第三，只有先进生产力的发展，才能推动资本主义萌芽成长为资本主义，中国传统技术无法自发转化为现代科学，更无法带动先进生产力的发展。中国古代科学注重记录，有直觉猜测，但缺少古希腊那样的逻辑推理、数理分析和实验验证，导致知其然而不知其所以然。中国从公元前1057年开始几乎记录了历次哈雷彗星①接近地球的天文现象，但没有一个人像哈雷那样总结一下这颗彗星的出现规律，没有一个人发现这颗彗星每76年左右就会出现一次。《黄帝内经》就论述了血液循环理论的一些概念，但中国一直没建立血液循环学说，直到哈维1628年发表《动物心血管运动的解剖研究》，才确立了血液循环学说。徐光启可谓科学造诣深厚，但他谈到勾股定理时就说："旧《九章》中亦有之，弟能言其法，不能言其义。"②美国物理学家亨利·罗兰（1848—1901）在1883年8月15日的演讲中忠告美国科学界说："如果我们停止科学进步，仅关注科学的应用，那么，我们很快就会堕落为与中国人一样的民族，他们一连好几代都没有进步，因为他们满足于科学的应用，从不探寻其深层原因。"③

东汉全能科学家张衡与古希腊天文学家托勒密是同时代人，张衡在《灵宪》中提出可以用行星运动的快慢来测算它们与地球的距离，现代科学家根据张衡的假说画了一张图，结果跟托勒密的地心说非常相似，而张衡制造的浑象简直就是托勒密的地心说模型。按理说从浑象到地心说只有一步之遥，有了地心说才能有日心说，最终有现代天文学，但是这一步的迈出中国用了1600年，直到明末地心说、日心说才随着传教士东来而传到中国。这是为什么？张衡虽然理解日月星辰做圆周运动，但没有古希腊那

---

① 《淮南子·兵略训》："武王伐纣，东面而迎岁，至汜而水，至共头而坠。彗星出，而授殷人其柄。时有彗星，柄在东方，可以扫西人也！"这是中国最早的哈雷彗星记载。

② 徐光启：《历书总目表》，《徐光启集》，上海古籍出版社1984年版，第85页。

③ ［美］亨利·罗兰：《呼吁纯科学》，《科学文化评论》第13卷，2016年，第8页。

样的科学逻辑构造理论框架的示范，从而无法深入。中国古代天文学家都是在做抽取行星运动的代数特征，即周期大小来建立天文学理论。天文学变成了取周期数量公倍数和公约数的运算，这样中国的天文计算虽然很精确，但理论上是幼稚的，根本不可能发展成现代天文学。其他各自然科学也遭遇类似天文学的瓶颈，没有科技革命，就没有产业革命，资本主义萌芽自然不可能长成参天大树。

第四，中国商人如果停留在小商人水准，无法推动资本主义发展；如果成为大商人，则必须与官府勾结，官商勾结，商转化为官，即不再从商，亦无法推动资本主义发展。这样中国资本主义萌芽就陷入了死循环。明朝中后期，虽然表面上看起来商业繁荣，实则危机四伏。富商与官府勾结垄断市场，官僚插手商业贸易，他们从商业资本中捞取的资金不断投入土地兼并，变为大地主。那些没有官位的富商和大地主，也可以通过卖官鬻爵制度成为名义上的官僚，获得政治地位、社会地位。从表面看来，商人、市民阶级与官僚联合，并通过商业利润购置田产，这一过程和欧洲资本主义发展的情况有类似之处。至于卖官鬻爵，这也不是中国封建社会特有的。16世纪法国王室也实行过这种制度，不少暴发户买到了官职和贵族头衔，这种挤进贵族行列的人被称为穿袍贵族，这在威廉·多伊尔《捐官制度：十八世纪法国的卖官鬻爵》一书中有详细体现。他们以雄厚的经济实力支持王权对地方封建割据势力进行抑制，操纵国会，大大促进了资本主义的发展和社会进步。

在西方卖官也能促进社会进步，在中国古代呢？商人买官，与官僚联合，其结果是政治结构中的贪官污吏和经济结构中腐败成分的结合，进一步造成了政治上的腐败和土地兼并的加剧，商人转化为地主后，再耕读传家，从此让自己的孩子走仕途，"走正路"，更不可能再去想发展商业了。说到最后，与其这样，真不如汉朝的规定，刘邦规定商人子孙后代都不得为官，这样的话商人反倒能安心发展商业了。

中国无论是士大夫还是百姓都对商人当官嗤之以鼻。在中国历朝历代，大商业资本的发展总是和经济、政治结构中的腐朽力量的恶性膨胀一致的。所以，当王朝崩溃时，农民大起义所过之处，一定要把官僚、地主、商人都扫荡干净，明朝中后期的资本主义萌芽就在李自成、张献忠的战争中被扫荡了不少，元气大伤。综上，就算没有清军入关，明朝的资本主义萌芽也不可能长成参天大树。

1644年4月24日京师易主，甲申国殇，对此学界主要有五种解释模式[①]：

一是民族革命，清取代明是满洲部族政权取代中原王朝政权，这是中国内部各族的战争，绝非国与国的战争。因为努尔哈赤自从其六世祖猛哥帖木儿开始就是明朝建州左卫都指挥使，级别为正三品，此后世代皆为华夏子民，努尔哈赤本人也当过大明正二品龙虎将军。明清易代是中国境内一个民族取代了另一个民

---

① 参考刘志刚：《天人之际：灾害、生态与明清易代》，中南大学出版社2013年版，第209至232页。

族的统治地位。

二是阶级革命，李自成领导的农民阶级战胜了崇祯领导下的地主阶级政权。农民阶级自身的局限性，使其上层蜕化为地主，最终失去政权。

三是王朝周期律，中国历朝历代，一开始无非是轻徭薄赋、与民休息，就这样，国力日渐恢复，国家由此进入治世。治世一直发展，统治者殚精竭虑，使得国泰民安、国富民足，这就使国家进入了盛世。盛世之下，特权集团利用发达的经济来贪图腐败，官僚体系效率日渐因为安于现状而低下，社会风气走向骄奢淫逸，贫富差距逐渐拉大，做好的大蛋糕在分配的时候越发不均衡。社会的大量财富逐渐掌控在极少数人手里，而这极少数人就成为了既得利益者，他们为了维护自己的利益，想方设法操控国家的政策制定权，从而逐步堵死了下层社会的人爬上去的通路，下层人民被迫铤而走险，到处都是陈胜吴广，最终王朝崩溃。明清易代与历次改朝换代一样，逃不脱王朝周期律。

四是近代化解释模式。明朝本来有资本主义萌芽，中国在走向现代化，清军入关打断了这一进程，海禁等政策扼杀了资本主义萌芽。不过这一派观点，笔者在本文中已经给出了自己的答案。

五是灾荒史视角。把明清易代看作"小冰期"中"明清宇宙期"影响下的朝代更迭，从环境史、灾荒史角度来解释明清易代。

每一种解释模式都有道理，但每一种解释模式可能都不太全面。综上所述，明亡清兴似可如此定位：明朝中后期中国资本主义萌芽已经有了一定发展，但在此时，"小冰期"中"明清宇宙期"导致灾荒频仍，天怒人怨，李自成等人揭竿而起发动农民起义，努尔哈赤、皇太极起兵反抗明朝统治。在这一内忧外患的情况下，如果明朝正值崛起期、中间期，不是不可能将各方势力平定，但明朝正处于王朝周期律的末期，正赶上崇祯这样具备亡国之君性格特点集大成者来领导，最终明朝灭亡。

1655年12月

18日

关键词 圣彼得大教堂　亚历山大七世
卜弥格　永历帝

南明永历皇帝通过全家受洗礼的方式向教皇搬救兵以抗清，传教士将永历帝之子教名定为君士坦丁，暗中希望他成为东方的君士坦丁大帝。永历帝派波兰传教士和一个福建人一起来到梵蒂冈，求其解救东方的善男信女。与此同时，与传教士汤若望甚笃的顺治皇帝也派人来到梵蒂冈，告知他中国实情，现在清朝已经控制全国大多数地区，清政府保护天主教合法活动，最终老教皇英诺森十世拒绝接见永历帝信使，新教皇亚历山大七世虚与委蛇的回信，等待永历君臣的最终命运是芭蕉椰林血泪流，被俘缅甸死荒丘。

100 days 🔍

顺治十二年十一月二十一日（南明永历九年十一月二十一日，1655年12月18日），梵蒂冈，南明永历帝派出的漳州人陈安德和波兰传教士卜弥格携带着中国第一位接受洗礼的太后王太后和第一批信天主教的太监庞天寿的亲笔信来到了圣彼得大教堂门口。教皇卫队都是清一色的瑞士人，原因在于16世纪神圣罗马帝国进攻教皇国时，100多个瑞士军人为了保卫教皇而献出生命，从此教皇只招募瑞士人为卫队。卜弥格和陈安德看着瑞士士兵身穿红黄蓝三色条纹的古代骑士服装，威风凛凛，他们多么期盼教皇能派出这样的一支军队去解救东方的天主教信徒呀！

对于从小受耶稣会培训的卜弥格而言，教皇宫内陈设并不稀奇，对于漳州人陈安德而言，拱形的殿顶，色彩艳丽的图案令他眼花缭乱，一束阳光从圆穹照进殿堂，给肃穆幽暗的教堂增添了一种神秘的色彩，那圆穹仿佛是通向天堂的大门。

教皇亚历山大七世端坐在御座上，他身穿全白色法衣，罩在法衣外面的是大红色肩衣，脚穿红色鞋子，这一切都是教皇特定服饰，几百年不易。亚历山大七世带着好奇的目光审视着陈安德，这是见多识广的教皇平生第一次见到中国人，他惊讶地发现陈安德居然可以用拉丁语跟自己对话。

几句寒暄后，卜弥格用拉丁语将王太后的信读给教皇听，"大明宁圣慈肃皇太后烈纳（王太后的教名，Helena）致英诺森十世，代天主耶稣在世总师，烈纳本中国女子，忝处皇宫，本来只知闺中礼节，不谙域外圣教，幸有耶稣会士瞿纱微，在我皇朝，宣扬圣教，予始知之。于是我接受了洗礼，皇太后玛利亚（永历帝生母马太后）、中宫皇后亚纳（永历帝王皇后）及皇太子当定（朱慈煊，亦作朱慈炫，Constantine，现译为君士坦丁）也一并接受了洗礼，到现在已经三年。虽然我们呕心沥血地努力，但未足以报答上帝恩情之点滴……我每每希冀着来到教皇御座前聆听教诲，然而道路艰险，难以亲临，恳请教皇代替我们祷告上帝，让上帝可怜我等罪人，更祈求我主保佑中国中兴太平。俾我大明第十八代皇帝，太祖第十二世孙，主臣等悉知敬真主耶稣，更冀圣父多遣耶稣会士来，广传圣教。……伏望圣慈，特谕，永历四年，十月十一日"[1]。那么教皇究竟发兵了吗？一切都要从头说起。

南明政权早在弘光帝时就曾向葡萄牙搬救兵。弘光帝与意大利传教士毕方济（Francois Sambiasi）在河南藩邸时即熟识，弘光帝登基后派毕方济去澳门找葡萄牙人搬救兵，毕方济刚抵达澳门，南京即失守，此次借兵遂胎死腹中。[2]弘光帝被俘后，继立的隆武帝、绍武帝先后被清军俘杀，朱由榔于肇庆继位，是为永历帝。顺治四年（永历元年，1647年）正月，清军李成栋攻陷肇庆，朱由榔逃到广西桂林。朱由榔派太监庞天寿和传教士毕方济去澳门找葡萄牙人搬兵求援，澳门葡萄牙当局发兵300人，携大炮数门前来助战，击退了清军[3]。其实这已经不是葡萄牙第一次助明军抗清了，大学士陈子壮于顺治三年（隆武二年，1646年）

① 张星烺编注：《中西交通史料汇编》第一册，中华书局1977年版，第445页。

② 罗光：《教廷与中国使节史》，《罗光全书》第27册之一，台湾学生书局1996年版，第55页。

③ 萧静山：《圣教史略》，张家庄胜世堂1917年版，第92页。

十二月在广东端州起义抗清时，"衣甲器械，无不精绝，部伍士卒，皆疍户、番鬼，其人敢勇，善发西洋铳，故杀敌不下数万计"①。葡萄牙人因为掌握先进的火炮技术，多次参与17世纪东亚、东南亚海域的战争，他们曾为暹罗统治者创建过御林军，也用自己的火枪支援过安南国王战争。②

为了感谢传教士，永历帝全家多人接受洗礼，包括永历帝圣母马太后（德国传教士瞿纱微为其取教名玛利亚，即取圣母玛利亚之意）、永历帝之子朱慈炫（瞿纱微之所以将其教名定为君士坦丁，是希望他能像君士坦丁一世把基督教定为罗马帝国国教一样，把基督教定为中国国教）、永历帝之父的正妻王太后、永历帝的王皇后、司礼监大太监庞天寿等人。永历帝因为无法完全遵守摩西十诫，无法做到基督徒必须的一夫一妻，所以没有入教。

就在永历帝家人受洗当年，南明政权局面迅速扭转，江西总兵金声桓和江西副将王得仁反正，江西归于南明版图；两广提督李成栋反正，广东归于南明版图；负责大同、汾州、泌州、泽州、太古防御的大同总兵姜瓖反正，山西部分地区归于南明版图，本已岌岌可危的永历政权起死回生。清军实际上的最高统帅多尔衮兵分三路镇压反正明军：济尔哈朗和孔有德进攻湘潭；尚可喜、耿仲明杀向金声桓控制的江西南昌；阿济格进攻大同，最终三路南明军队被各个击破，此次反正浪潮竹篮打水一场空，上

---

① 瞿共美：《粤游见闻》，《明季稗史初编》，商务印书馆1936年版，第371页。

② ［波］爱德华·卡伊丹斯基：《中国的使臣——卜弥格》，《国际汉学研究书系》，大象出版社2001年版，第90页。

帝在给永历帝一线希望后，并没能真的挽救他。

顺治七年（永历四年，1650年），永历朝王太后派使臣陈安德与传教士卜弥格去梵蒂冈找罗马教皇搬救兵。两年后，顺治九年（永历六年，1652年），使者陈安德与传教士卜弥格抵达威尼斯，却发现总督弗朗西斯科·莫林想在中国明清交战双方间保持中立，一直不予接见二人。后来通过法国大使帮忙，终于得以传递消息。可是，正因为卜弥格是找法国大使帮忙，这才适得其反。在1648年刚结束的30年战争中，信仰天主教的法国出于反对奥地利哈布斯堡王朝的需要，与信仰基督新教的丹麦、瑞典、荷兰、英国站在了一条战线上，一起与以罗马教皇为最高精神领袖的天主教徒作战。卜弥格通过法国人来找教皇，显然欲益反损。

两位使者在意大利等了3年，罗马教廷也就此问题召开过三次会议，均无结果。在此期间，顺治八年（永历五年，1651年），被清廷任用的耶稣会士卫匡国以顺治皇帝代表身份出发，前往梵蒂冈。顺治十年（永历七年，1653年）七月卫匡国抵达欧洲，他把中国的实情告知教皇当局，表明现在清政权已经控制中国大部分地区，南明已然无法与清朝抗衡，为了便于耶稣会传教，教皇应该支持清政府，卫匡国的到来使得卜弥格的局面更加不利。

顺治十二年（永历九年，1655年）老教皇英诺森十世去世，新教皇亚历山大七世比较同情南明朝廷，于是答应接见卜弥格和陈安德，这就出现了开头的一幕。教皇写了封回信给王太后：

> 可爱信女，谨候安好，赐予宗座遐福。展读来函，
> 词美情切，具悉天主之慈善，无量无限，出太后于暗昧

之幽谷，登之于真理光明之坦途，教之以圣道之真谛，俾识至理之真原。此至理之真原，乃造物之天主。……此绝域之邦［指中国］，与吾人远隔重洋，波涛汹涌，高山重重，沙漠无垠；旅途既遥，危险何堪胜计？天光晨辰，恍若别一天地。此天地于重洋广漠之尽头，复高树禁门，严禁外人走入国境，……又念来日［中国］信主之人必日增月盛，皇帝可使全国弃邪神之教，余心之乐，更增万倍。兹以慈父之情，祝福太后及皇太子。且如太后所请，代祷天主，赐太后之国土，重归一统，永享和平，归依信仰，能与余一心一德焉。发自罗马圣伯多禄殿侧。一六五五年十二月十八日，登基第一年。[①]

总之，教皇回信的意思就是，听说你们信基督了，我心甚慰，祝你们好运！卜弥格和陈安德知道教皇不会发救兵了，于是打道回府。在此期间，清军继续攻城略地，顺治十五年（永历十二年，1658年）十二月洪承畴兵分三路进攻云南，昆明失守，永历帝逃往永昌（云南保山）。顺治十六年（永历十三年，1659年）二月初一，永历帝进入缅甸，中国大陆几乎全境皆在清军掌握。七月初五（8月22日），卜弥格因得知清朝几乎征服全中国的消息，在安南与广西交界处去世。顺治十八年（永历十五年，1661年）七月十九日咒水之难后，缅甸将永历帝交给吴三桂。康熙元年（1662）四月十五日南明永历帝和太子被吴三桂用弓弦勒死，至此，南明除郑成功一部外，皆退出历史舞台。

---

① 罗光：《教廷与中国使节史》，《罗光全书》第27册之一，台湾学生书局1996年版，第71、72页。

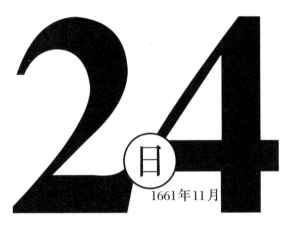

3 ^{Part} 死刑犯的最后一天：规训与惩罚

24 日

1661年11月

关键词 死刑犯　规训与惩罚　刑部　菜市口　提牢备考

此文以刑部官方史料、清代笔记、刑部官员文集等资料为基础还原清代死刑犯生活。死刑犯行刑当天早晨都吃火锅，押赴菜市口途中随便点菜，刑部报销，行刑时刽子手都姓姜。菜市口附近卖的毛笔和笔架是朱笔勾绝之子遗，考生用后易金榜题名。刽子手杀人前用猴脖子练习，监斩官在嘉庆以后监斩是戴墨镜来看杀头，菜市口旁虎坊桥的虎坊是要吃死刑犯的魂魄的，以免游魂害人。清朝以律法来规训一个臣民的政治生活，以酷刑来惩罚一个臣民的肉体生命，以监狱来锁定一个臣民的活动场域，死刑犯的身体就是警示"不明真相的群众"的场域。

顺治十八年十月初三（1661年11月24日），索尼、苏克萨哈、鳌拜、遏必隆辅政四大臣以康熙名义，下令对郑芝龙处斩，让我们借助各方史料，还原郑芝龙人生的最后一天。郑芝龙等人被关押在刑部大牢，即今人民大会堂南部区域。今天人民大会堂的位置在清朝时从北向南依次是銮仪卫、太常寺、都察院、刑部、大理寺，在明朝时这里从北向南依次是后军都督府、太常寺、通政司、锦衣卫。天安门广场西部区域在清朝时是各种胡同，在明朝时是国防部所在地，从北向南依次是中军都督府、左军都督府、右军都督府、前军都督府所在地。天安门广场东部区域从北向南依次是宗人府、吏部、户部、礼部，在明朝时也是如此。中国国家博物馆的位置在清朝从北向南依次是兵部、工部、鸿胪寺、钦天监、太医院，也沿袭明朝的布局。今天来到中国国家博物馆参观的游人恐怕很少有人意识到，明清时期中国的军事执行、工程建设、天文检测机构就在自己徜徉文物间的脚下之地。[①]

一、罪与罚：清朝对监狱的空间建构

刑部监狱作为中国最高级别监狱，自然戒备森严，许多地方监狱的戒备也丝毫不逊于中央。台湾恒春的监狱"男女监及天井

---

① 除明确标注的参考文献外，本文亦参考张世明：《法律、资源与时空建构》第三卷第十一章，广东人民出版社 2012 年版；曹强新：《清代监狱研究》，湖北人民出版社 2011 年版；胡兴东：《中国古代死刑制度史》，法律出版社 2008 年版；中华人民共和国司法部编：《中国监狱史料汇编》上册，群众出版社 1988 年版；潘君明编著：《中国历代监狱大观》，法律出版社 2003 年版。

上下四面，均用杉木椽柱为栅，加造天罗地网"①。监狱院落天井以铁丝网覆盖，网上缀以响铃，一旦有人越狱，铃铛就会响，可以说这就是现代监狱电网报警系统的前身，这类布置在其他许多地方也有，比如山西洪洞县苏三监狱。②

刑部大牢南北监各有监房4所，每所5间牢房，每房关押20人，换言之，清代中央监狱最多可同时关押400人。其中有专门的女子监狱，《福惠全书》卷13《监禁》记载："妇人非犯死罪不入监，然女监不可不备。亦于外监之侧，另置一所，高其墙垣，旁曰女监，毋与男监相比门。内留一隙地，以为便溺之处。门早晚封锁，专令老成狱卒司之。于门旁壁上作一小转桶，饮食令狱卒传递送。"③女监设二道门，长期上锁，不许外人窥视，男吏役非公事不得入内。门的中间特开一洞，用来传递所需之物，洞口上加木板，并随时关上。选择年老诚实的吏役管理女监钥匙，以免发生猥亵之事。清代规定，妇女犯罪轻易不逮捕，在家服刑即可，《大清律例》卷37《刑律断狱下》："凡妇人犯罪，除犯奸及死罪收禁外，其余杂犯责付本夫收管。如无夫者，责付有服亲属邻里保管。随衙听候，不许一概监禁，违者笞四十。"④ 如果女犯既没有丈夫，也没有家人，且犯罪程度达不到送监狱，那就给"官媒"，现代官媒指的是官方媒体，而在清代，官媒指官府允许

① 陈文伟修、屠善继纂：《恒春县志》卷二，《中国地方志集成·台湾府县志辑》第5册，上海书店出版社1999年版，第162页。

② 王晓山编著：《图说中国监狱建筑》，法律出版社2008年版，第44页。

③ 黄六鸿：《福惠全书》，《四库未收书辑刊》第三辑第19册，北京出版社2000年版，第152页。

④ 《大清律例》，天津古籍出版社1993年版，第650页。

的买卖人口中介机构。

官媒对女犯的管理非常粗鲁，被关押的女犯一来就要先饿两天，再挨顿打，晚上也不许睡觉。对于因为偷东西而被关押的女子，更是白天拴在床腿上，让她看马桶，到晚上，将其捆在一扇门板上，让其无法动弹。"当然，这些都还算是幸运的，一旦哪个女犯被衙门里的书办、衙役们看上，最终都难逃被凌辱的命运。"①

罪犯被关押后，无论男女，都要抽签来决定自己住哪个牢房，以免牢头徇私舞弊，给犯人"开小灶"。赵舒翘《提牢备考》卷三《章程考》记载，刑部大牢南北监各设一个签筒，里面放木签4支，分别写着"头监""二监""三监""四监"，每次收新犯人时，令犯人本人从筒内抽签来决定自己住在哪个囚室，以避免官员舞弊。对于因同一案件入狱者，为防其关在同一囚室后组织越狱，先让一犯抽签，另一犯如果抽签抽到同一个囚室，那就让他再抽其他签，这样可以避免同案犯关在一起。②不过，郑芝龙这样的要犯自然不用抽签，而是单独关押，以免生事端。

二、生与死：清朝判处死刑的八重手续

郑芝龙最终以"谋叛"罪被杀。清朝可以说是死刑罪名非常多的朝代，胡兴东曾对历代死刑罪名数列表如下：③

---

① 曹强新：《清代监狱研究》，湖北人民出版社2011年版，第112页。

② 张秀夫主编：《提牢备考译注》，法律出版社1997年版，第93页。

③ 胡兴东：《中国古代死刑制度史》，法律出版社2008年版，第6页。

朝代	夏朝	西周	西汉	东汉	北魏	唐朝	宋朝	元朝	明朝（大明律）	清前期（大清律例）	清末	平均数
数量	200	500	1882	610	235	247	355	159	262	441	840	503

如以清末来计，中国历朝历代比清朝死刑罪名更多者只有西汉了，足见清朝法令之严酷。不过，死刑罪名数量与最后实际执行时处决人数是两回事，清代严格的死刑复核制度，使得每年执行死刑人数并不多。"清朝从乾隆十九年（1754）到六十年（1795）共41年间，每年秋审新增案件的数量一般在2400—3000件，每件所涉及人数平均约为1.022人，每年秋审中被归为情实的案件在1000件左右，而最后被执行的大约在750件。"①可见哪怕被判死刑，最后执行死刑的也就不到三分之一，照这样计算，乾隆年间一年执行死刑也就不足800人。乾隆皇帝在乾隆十三年（1748）富察皇后去世后性格乖张，大开杀戒，加之施行文字狱，其所处时代为康熙至道光间处决人数最多时期，其他时段每年执行死刑者则远不如此数。

在刑部大牢关押数日的郑芝龙等待着朝审的结果，等待着命运的判决。他的案件属于中央钦定，如果在地方，死刑案要先报到省布政司，道台官们复查，写出勘语，然后报给总督巡抚，由总督巡抚再报给刑部。刑部秋审处工作人员都是精通大清律法者，他们看完卷宗后用蓝笔写成"司看"，而后再转给其他秋审人员，用紫色笔写成"覆看"，再由提调官汇集本处人员进行"总看"。中央刑部秋审处包括汉族提调、汉族坐办、满族提调、

---

① 胡兴东：《中国古代死刑制度史》，法律出版社2008年版，第10页。

满族坐办各4人，共16人。他们对死刑案分为情实、缓决、可矜三类，可矜就是不再处死，缓决就是等一段再议，只有情实才是要杀头的。判定情实者，由刑部尚书2人、刑部侍郎4人，再加上这16个人，共22人进行"堂议"，采取少数服从多数的表决，不能由刑部尚书一言堂，这样给出刑部的最终死刑意见。①这还不算完，下一步要由金水桥西的刑部、大理寺、督察院这三法司，加上科道官等复核，每年八月的几天在金水桥西朝房内举行，采取唱名形式，把两三千个名字和刑部堂议意见念一遍，与前几步不同的是，因为时间有限，这一步只是走过场了。之后将所有死刑案件的案由、各省督抚按语、刑部堂议结果缮写在黄册上进呈皇帝。

勾决要由皇帝身着素服亲自进行，表明"杀伐大权操诸在朕，雷霆雨露俱是天恩"，皇帝勾决时，大学士、内阁学士、刑部尚书、刑部侍郎等人在场跪听。大学士简要宣读每个案件的案由，由皇帝做出勾决或免于处决的决定，皇帝每下令勾决一个人，就由秉笔大学士在犯人名字上画钩，有时也可皇帝亲自打钩。②至此，经过省布政司、省督抚、刑部司看、刑部覆看、刑部总看、刑部堂议、金水桥西唱名、皇帝勾决8次复核后，一个人的死刑这才最终核准，足见清政府在人命关天问题上之严谨。确定被勾决后，在北京者由刑部执行，在地方者由刑部转给各省行刑。陈

---

① 《清秋审条例》，《董康法学文集》，中国政法大学出版社2005年版，第424、428、434页。

② 赵尔巽等纂：《清史稿》卷144《刑法三》，总第15册，中华书局1976年版，第4209页。

恒庆《谏书稀庵笔记》和朱友实《菜市口刑场》记载，被勾决的犯人就要先押入死牢，再等待日子去菜市口行刑。没有被勾决的则坐着囚车先出长安门，等候在长安右门外的犯人家属们预先买好用麻绳贯穿的山里红，见到自己的亲人，就说："您大喜啦！"然后把山里红挂在犯人脖子上。[1]郑芝龙等人显然不可能再在脖子上挂山里红了。

一个死刑犯，从被省部定为死罪开始，到皇帝勾决，这期间均可上诉，这就是民间所说"登闻鼓"。"其有冤抑赴督察院、通政司或步军统领衙门呈诉者，名曰京控。登闻鼓，顺治初立诸督察院。十三年，改设右长安门外。"[2]有冤案可以上告，但对于告御状，清政府是不鼓励的，"遇乘舆出郊，迎驾申诉者，名曰叩阍"。一旦冲撞了皇帝的仪仗队，可罪至充军。清朝对上诉处理有三种：发回原省，由督抚重审；交给刑部提审；派钦差大臣到案发地再审。这样的制度可以很大程度避免冤案，清代司法也远不是电视剧表现的那样一团漆黑。

中国古代执行死刑都是在夏至以后，冬至前，因而叫秋决，春夏不杀生，朝廷杀人要与万物生长时间相配，执行死刑北京人俗称"出大差"。清朝规定每年正月、六月、八月，3个月不执行死刑，哪怕是斩立决的人都不杀，顺治十八年（1661）规定如果在这3个月处决人犯，责任人要杖刑80下。除罪大恶极者，每年

---

① 陈恒庆：《谏书稀庵笔记》，沈云龙主编：《近代中国史料丛刊》，文海出版社1969年版，第59、60页。

② 赵尔巽等纂：《清史稿》卷144《刑法三》，总第15册，中华书局1976年版，第4211、4212页。

在二月至五月、七月、九月至腊月斩立决外，到康熙时期明确规定斩监候仅在霜降以后，冬至以前执行[1]，霜降是每年公历10月23日或24日，冬至是每年12月21日、22日或23日，换言之，每年只有两个月可以处决人犯，这也在很大程度上减少了死刑数量。

三、严与宽：清朝对死刑犯的临终关怀

对于郑芝龙等人，在执行前一天，监狱看守人员会对他们说："你大喜啦，官司今天完了！"这就是要执行了。当天佩带武器的看守加紧戒备，防止有人劫狱，由专人给囚犯洗脸梳头，把家属送来的新衣服穿上，由监狱发给囚犯清油大饼一斤，酱肘子一包，俗称"烙饼卷盒子菜"。[2]

清末在刑部任职的董康写道：对于死刑犯，监狱看守会为他们摆酒席，每次执行死刑都是一批人，每6个死刑犯一桌酒席，死刑犯吃着喝着的同时，监狱会找杂耍大鼓艺人来演唱，给死刑犯表演，让他们度过这最后的一晚。到第二天早晨，给死刑犯吃火锅。[3]而今北京也没有人在早晨起来吃火锅，火锅店也没有经营早餐的，这也与死刑犯行刑日早晨吃火锅有关，当然，开火锅店的人是绝对想不到这一层的。

在清朝，不只是死刑犯会有这样的临终关怀，对于其他普通

---

[1] 席裕福、沈师徐：《皇朝政事类纂》卷411《断狱·有司决囚等第》，文海出版社1983年版，第9237页。

[2] 朱友实：《菜市口刑场》，《北京往事谈》，北京出版社1986年版，第424页。

[3] 董康：《前清司法制度》，《董康法学文集》，中国政法大学出版社2005年版，第354页。

罪犯，待遇也比此前多个朝代要好。赵舒翘《提牢备考》记载，夏季刑部会给犯人准备苍术、大黄、红枣等物，早晚吃饭时间在各囚室熏烧，以避免瘟疫。菜中加盐，以增强抵抗力。睡觉的床板也会经常更换，屋顶糊上浆子以防臭虫和跳蚤。每到节日"每屋给肉数斤，人给面一斤，或给饼谓之放汤"[①]。囚犯也会有专人给剃头，女囚会发梳子来梳头。冬天刑部会给犯人铺厚草席，夏天会给犯人茶叶和甜水喝。"天气炎热，责成头役传知各监牢头及更夫人等，将各属各床逐日打扫洁净，水坑内不准缺水，所有囚犯须勤加梳洗，以保平安。"[②]"夏给扇，而早启封，而迟固之。"[③]夏天还要发给囚犯扇子，早一些开牢门，晚一些关牢房，以保证凉爽。囚犯大小便也不会在囚室解决，而是"屋外隅皆多设厕，日必一净"。[④]

除了这些优待外，清朝也允许犯人亲属来探监。"刑部在监现审人犯，除未结各案及监禁待质官常各犯，均不准亲属探视外，其已结各案，许令犯人祖父母、父母、伯叔、兄弟、妻妾、子孙一月两次入视。"[⑤] 此外还有为犯人续香火的制度，这一制度自东汉以来就有[⑥]，行于非谋反罪的人（对谋反者必须斩草除根），这就是"听妻入狱"制度。死囚入狱后，与家人后会无期，

①　张秀夫主编：《提牢备考译注》，法律出版社1997年版，第124页。

②　张秀夫主编：《提牢备考译注》，法律出版社1997年版，第107页。

③　张秀夫主编：《提牢备考译注》，法律出版社1997年版，第181页。

④　张秀夫主编：《提牢备考译注》，法律出版社1997年版，第178页。

⑤　张秀夫主编：《提牢备考译注》，法律出版社1997年版，第57页。

⑥　范晔：《后汉书》卷64，中华书局1965年版，第2101页。

监狱会允许其妻妾入狱住宿,使之怀孕以有子嗣续香火。赵舒翘《提牢备考》载:"圣朝旷典恤茕独,犴狱犹盟尘与灰。好把幽情托明月,生明生魂正初哉。"[①]

对于郑芝龙这样的高级死刑犯,清朝通常会允许其家人在临刑前来探监,但具体到郑芝龙行刑这一次,史无记载。行刑之日要把死刑犯从刑部大牢提出来,刑部从监狱东门提犯人就死不了,从西门是提死刑犯,犯人被从西门洞提出来,到菜市口受刑。监狱大门只为活人打开,囚徒收监、提审、释放、执行死刑都可以从大门进出。如果囚徒在监狱中被打死或者病死,那尸体是不能从大门出去的,只能从监狱院落西侧墙上挖的一个拖尸洞拉出去。拖尸洞平时关闭,在有人死去后,用门板抬着尸体,对准洞口将尸体推出去,死者的亲属在洞外用门板接住抬走。没有亲属的尸体就直接拖到城外烧掉。有身份的囚犯如果在监狱里快死了,就要贿赂长官,长官再允许其家人将奄奄一息的囚徒抬回家里等死。[②]

如果囚犯已经死了,囚犯家属不愿意尸体受到侮辱,就要贿赂狱卒,用"天秤"把尸体吊出来。死者的家属先在监狱围墙外竖立一根高杆子,高杆子绑着一根两头垂着绳索的横杆,把横杆的一头转到围墙里面。狱卒拉下横杆,把捆扎停当、裹上红被子的尸体吊在横杆上,墙外的人再用力把横杆拉下,转动横杆,把吊在横杆上的尸体转到墙外,再解下来用门板抬走。

---

① 张秀夫主编:《提牢备考译注》,法律出版社1997年版,第155页。

② 郭建:《帝国缩影:中国历史上的衙门》,学林出版社1999年版,第17、18页。

《燕京访古录》记载，宣武门外箭楼下的吊桥以西立着一块石头，写着"后悔迟"三个大字。犯人们出宣武门到菜市口，所以只要见到"后悔迟"三个字，就是马上要到菜市口了。宣武门在城西，西方属金，金在五行中主死，故而宣武门属于死门。[①]

因犯出刑部监狱后，可以沿途点名要哪个店铺的饭菜来吃，由刑部报销，也可以点名要某个绸缎店的衣服穿在身上上路。死囚临死前，准许家人来送饭，这顿饭叫"归阴酒""长休饭"。囚车走到宣武门东一家叫破碗居的酒铺，囚犯照例要在这里喝酒，这家店铺专门为死囚准备了一种黄酒和白酒掺在一起的混合酒，称为迷魂汤，也叫金银汁。破碗居在门前放着长板凳，板凳上有大木盆，木盆里有酒，犯人来后，把木盆里的酒倒入大碗里喝。喝完，押解人员把碗一扔，碗当时破碎，这样才算吉利，否则杀人就不顺。因此，北京城所有出售酒的酒铺绝不敢给客人使用有裂痕或者破口的碗，因为这些碗有可能是给死刑犯喝过，喝完没摔碎的。倘若喝酒的客人看到碗有破口，不但可以一文不给，还可以破口大骂，保证纵然像蒋门神一样的酒铺掌柜都不敢还嘴。[②]

四、刑与杀：菜市口的行刑场域

郑芝龙等人即将行刑的菜市口设在老药铺鹤年堂东侧。鹤年堂是严嵩的花园，牌匾"鹤年堂"三个字就是严嵩的书法。北京

---

① 张次溪：《燕京访古录》，中华印书局1934年版，第5页。中华印书局在民国时的北京，中华书局在上海，二者并非一家。

② 朱友实：《菜市口刑场》，《北京往事谈》，北京出版社1986年版，第425页。

城是不会天天杀人的，会等凑多点犯人再一起行刑，赶上转天要杀人，刑部会来通知鹤年堂，明天就无法做生意了。鹤年堂要在门前的骑楼搭好席棚，摆好案几作监斩台，案头设朱笔、锡制笔架。老北京有句骂人的话叫"西鹤年堂去讨刀伤药"说的就是咒人去死。此外，鹤年堂也的确自制一种药叫鹤顶血，这是一种麻醉药，服用后会减轻死者的疼痛，当然，鹤顶血与鹤顶红没有任何关系。

郑芝龙等人被押到菜市口，监斩官在此之前就带着决囚队戎服佩刀、骑着大马，鸣锣开道抵达刑场，衣服上绣着"勇"字的士兵追随而来。监斩官升座之前，要进入鹤年堂喝一壶茶，临刑时，监斩官坐在席棚内，在官帽上罩着大红缎质风帽。从清中期开始，菜市口监斩官会戴着茶色墨镜监斩，表示不忍看。[①]此时中国已有眼镜，但还没有墨镜，电视剧《雍正王朝》中雍正经常戴着眼镜批奏折，当时许多观众认为不严谨，其实眼镜在明朝就已经比较常见，明朝人仇英绘制的《南都繁会图》中，永乐年间的南京人就已经有几个戴眼镜的了。张宁《方洲杂言》记载了明朝眼镜的情况："尝于指挥胡缵寓所，见其父宗伯公，所得宣庙赐物，如钱大者二，其形色绝似云母石，类世之硝子，而质甚薄，以金相轮廓而衍之为柄。组制其末，合则为一，歧则为二，如市肆中等子匣。老人目昏，不辨细字，张此物于双目，字明大加倍。近者，又于孙景章参政所，再见一具，试之复然。景章

---

① 朱友实：《菜市口刑场》，《北京往事谈》，北京出版社1986年版，第425页。

云: '以良马易得于西域贾胡满剌, 似闻其名为偄逮。'"①

明朝的眼镜是双镜片的, 大如铜钱, 有镜架, 可折叠, 眼镜以老花镜为主, 近视镜比较少。明朝时眼镜价格昂贵, 张宁听人说用良马才能从西域商贩那里买到。到清初, 眼镜的成本大为降低。清初叶梦珠《阅世编·食货七》记载, 眼镜"制自西洋者最佳, 每副值银四五两……顺治以后价渐贱, 每副值银不过五六钱。近来苏杭人多制造之, 遍地贩卖, 人人可得, 每副值银最贵者不过七八分, 甚而四五分, 直有二三分一副者, 皆堪明目, 一般用也。惟西洋有一种质厚于皮, 能使近视者秋毫皆晰, 每副尚值银二两, 若远视而年高者带之则反不明, 市间尚未有贩卖者, 恐再更几年, 此地巧工亦多能制"②。此时中国人还不能自制近视镜, 到了雍正时期, 近视镜也好买了, 雍正就是戴的近视镜。

监斩官要在清中期才能戴着洋人从澳门传来的墨镜监斩, 此时只能眼睁睁看着郑芝龙受刑。郑芝龙等人需面向东跪着受刑, 因为东面有虎坊桥, 意思是把死囚送入虎口。不过判处凌迟的人则要面向西下跪, 因为这种人罪大恶极, 连老虎都不吃他的魂魄。行刑的刽子手都忌讳别人叫自己刽子手, 明清时期一般都叫他们刑部执事, 就是给刑部执行死刑之事的人。③

台湾民俗学家唐鲁孙说, 明清时期在菜市口行刑的刽子手都姓姜, 其中一个活到民国的刽子手曾对他说了缘故, 燕王朱棣麾

① 张宁:《方洲杂言》, 王云五主编:《丛书集成初编》, 中华书局1985年版, 第8页。

② 叶梦珠:《阅世编》,《清代史料笔记丛刊》, 中华书局2007年版, 第185页。

③ 朱友实:《菜市口刑场》,《北京往事谈》, 北京出版社1986年版, 第425页。

下有5个姓姜的侍卫，朱棣迁都北京后，这5个人专门负责在西市①执行死刑，他们的后人到清朝时则迁到菜市口执行死刑。②这些刽子手每杀一个死刑犯，就能得到三两六的工资，此外死刑犯家属还要给"孝敬"，一给就是三五十两。

刽子手用的是鬼头刀。鬼头刀在刀柄上雕刻一个鬼头，刀前端又宽又重，刀后端又窄又轻。砍头时刽子手反手握刀柄，刀背跟小臂平行，把刀口对准死刑犯脊骨软门地方，以腕肘的力量把刀向前一推，就把人头砍下了。这种功夫必须要经过学习。明清时期，实习刽子手要从"推豆腐"练起，用鬼头刀来把豆腐推成一块块薄片，等推熟了，在豆腐上再画墨迹，用鬼头刀切有墨迹的地方练刀功。这种刀功跟文思豆腐的刀功正好相反，文思豆腐切的是细密巧致，而鬼头刀刀功切的是力度，文思豆腐要切一千条丝，鬼头刀则是必须一刀两断。等准头练熟了，再在豆腐上加10个铜钱，一直练到一刀切过墨迹之地，豆腐片切好，而豆腐上的铜钱不动，就算练成了。③

刽子手在实习期每天白天练切豆腐，晚上摸猴脖子，专门找猴子的第一和第二颈椎，因为人和猴子的骨骼很接近，搞清楚猴子的，就可以类推人的。不知明朝刽子手是否能意识到人是猴子变的。当然，因为当时在北京不好找猴子，所以刽子手师傅是决不允许徒弟们通过砍猴子的脖子来练习的，这些猴子大多能活到

---

① 北京在元朝时执行死刑在柴市，即今东城区交道口，在明朝时是在西市，即今西四牌楼。

② 唐鲁孙：《南北看》，《唐鲁孙系列》，广西师范大学出版社2004年版，第18页。

③ 唐鲁孙：《南北看》，《唐鲁孙系列》，广西师范大学出版社2004年版，第18页。

自然死亡。明清时期如果在北京看见猴子，不是要猴演杂技的，那可能就是刽子手用来给徒弟熟悉人体结构的。

行刑时，犯人跪下，刽子手在犯人右肩膀一蹬，再一揪辫子，脖子立刻拉长，有经验的刽子手一刀下去，正好是颈椎骨的骨缝。因此清朝被斩决的死刑犯，所受的痛苦往往比历代要小。

郑芝龙的家人都在金门、厦门，没法打点，而其他死刑犯家属如果花重金请最有经验的刽子手行刑，刽子手可以一刀切到喉管已断时就收刀，使喉管前面还能皮肉相连，头不落地，照中国人的解释，这就算是留全尸了。但一般行刑者，都做不到这一点。人头落地后，有专门负责把死尸首级和尸身缝在一起的人，缝一个需要几十两银子。这些人每次缝完后两手都是血。刽子手其实通常不愿意身上溅血，他们每一刀落下后就用脚朝死刑犯身上一踢，使血向前溅，然后让人用剥了皮的馒头蘸血，这就是鲁迅《药》中的人血馒头。鲁迅的《药》流传很广，蒋介石和冯玉祥估计都看过。冯玉祥在《我所认识的蒋介石》中写道，中原大战后，一次冯玉祥和蒋介石在一起吃饭，冯玉祥只剥馒头皮吃，蒋介石好奇，问为什么，冯玉祥说："馒头瓤给你的弟子吃。"蒋介石再问，才知道黄埔子弟有人吃馒头不吃馒头皮，蒋介石为此下令，今后吃馒头必须连皮一起吃，否则枪毙。蒋介石之所以如此大发雷霆，原因一是痛恨浪费，二是只有蘸人血的馒头才没有馒头皮，故而有此忌讳。

近水楼台先得月，近菜市口先得血。每次行刑后，鹤年堂可以获得头茬人血馒头，此外勾决犯人用的朱笔、笔架也归鹤年堂。在刑场监斩官每勾决一个人,便把毛笔一扔,不再用第二次。这天要杀几个人,就带来几支毛笔,因此鹤年堂除了卖药,也卖毛笔。坊间传说这些毛笔和笔架可以用来驱魔镇邪,屡试不第的学子用这些毛笔来答科举考卷时,可以高中。因此,鹤年堂的毛笔生意也很火。

每次杀完人后,所有参与和目睹杀人的官员、刽子手都要做一些仪式活动来驱邪。陈恒庆《谏书稀庵笔记》记载,刑部的李司员每次在参与行刑工作(不是当刽子手,而是刑场服务)后,他的夫人都嫌弃其不吉利,不让他当天回家,而是给他钱让他出去随便玩一晚上,再回来。这也是妻管严的李司员仅有的可以自主的时候,他平时工资都要上交妻子,自然出去这一晚上的钱还要妻子"畀以资",这样才能"冶游一夜,明日再归"。[1]至于行刑的刽子手,就更有祖辈相传的习俗了。刽子手行刑时会高呼"恶煞都来",意思是让死者记住是恶煞取了自己的性命,不要记刽子手的仇,更不要死后不久就把刽子手带走。行刑结束后,要有一批帮闲的朋友来给刽子手披红挂彩,弄点鼓乐吹吹打打,到城中热闹的酒店喝酒,以赶走可能跟随的鬼魂。[2]在北京刽子手行刑后就如此这般,而在广西,刽子手行刑后还会挨打。沈樾《清末民初广西县政概况》记载,在广西省每次行刑完毕,"在城隍庙设临时公案,县官坐上,喝令将刽子手打二十板屁股,并赏银一两,谓之驱凶。此乃照例文章,履行完毕,即摆驾回衙,马

---

① 陈恒庆:《谏书稀庵笔记》,沈云龙主编:《近代中国史料丛刊》,文海出版社1969年版,第60页。

② 郭建:《帝国缩影:中国历史上的衙门》,学林出版社1999年版,第117页。

上升座大堂，随大老爷回来戴红黑帽的差役，手执红黑棍，在大老爷公案前跑三个圈，另有差役击动大堂之鼓与跑圈成节奏，跑完三圈鼓停；差役们向大老爷对面站成一列请安，口唱大老爷禄位高升，谓之驱邪"①。广西的刽子手杀完人后还要挨板子，也是一奇。

以上就是清朝执行死刑的全过程，足见杀一个人有多麻烦。当然，主要是从顺治到道光执行如此严格的死刑复核制度，待太平天国运动爆发后，清政府允许各地行"就地正法"之制，曾国藩因为"就地正法"杀人太多，被称为"曾剃头"，此后清朝杀一个人就很容易了。

清朝以律法来规训臣民的政治生活，以酷刑来惩罚臣民的肉体精神，以监狱来锁定臣民的活动场域。在死刑犯被处决这一仪式上，死刑犯的身体成为了警示"不明真相的群众"的场域，群众虽不明真相，但是残酷血腥的杀戮让民众也成为了这一仪式的参与者和见证者。群众虽不明死刑犯所犯何罪，但专制国家机器通过这一暴戾恣睢的场面引起群众对违反秩序后遭受惩罚的恐怖感，这就足矣。不过"公开惩罚在展示专制权力的强大和神圣之余有着削弱权力之虞，也具有自我悖逆的解构后果，因为在许多公开刑罚的观众眼中，这种惩罚方式，其野蛮程度不亚于、甚至超过犯罪本身，它使观众习惯于本来想让他们厌恶的暴行。它经常地向他们展示犯罪，使刽子手变得像罪犯，使法官变得像谋杀犯，从而在最后一刻调换了各种角色，使受刑的罪犯变

---

① 中国人民政治协商会议广西壮族自治区委员会编：《老桂系纪实》，广西人民出版社2003年版，第175页。

成怜悯或赞颂的对象"①。平定三藩之乱后康熙将吴三桂的头盖骨传示各省，表明叛逆者虽死亦会被挫骨扬灰，表面上是让人畏服，实际上徒增人反感。按照福柯《规训与惩罚》的观点，正是被消灭的敌人、受到直接强制的个人、受折磨的肉体、具有被操纵表象的灵魂等一系列因素，构成了国家机器对个人的惩罚机制。公开处决往往存在于专制社会，因为专制帝国时代需要的不是臣民发自内心的认同，而是臣民畏惧权力的服从。到了民主社会，公开处决变成郊区行刑，酷刑斩杀变成了注射死刑，夺走犯人生命，但不让他有所感觉，加以刑罚训诫，但不让他有痛苦。惩恶扬善的目的达到了，具体惩恶的手段文明了，这就是现代国家刑罚的特点。

德国布鲁诺·赖德尔《死刑的文化史》说："死刑的历史是无辜流淌的鲜血的故事。它是与正义或人民福祉没有共同之处的、要以制度化的形式使共同社会中难以忍受的紧张感得以爆发的、杀人妄想体系的历史。是社会对个人施以各种暴力的历史。这种暴力虽然往往冠有高尚的概念。它最终是理性被误用的历史，是把赤裸裸的杀人伪装成公正的赎罪，但理性往往被迫卖身的故事。"②这无疑是对死刑的最好注脚，以此结尾。

---

① 张世明：《法律、资源与时空建构》第三卷《军事战争》，广东人民出版社 2012 年版，第 644 页。

② ［德］布鲁诺·赖德尔：《死刑的文化史》，郭二民编译，生活·读书·新知三联书店 1992 年版，第 183 页。

4 Part 郑成功击败荷兰：华夏扬威西太平洋的时刻

9㊐

1662年2月

关键词 郑成功　棱堡　热兰遮
荷兰　台湾

郑成功以切割舰队和围困棱堡方式击败荷兰海陆军，多角形塔楼棱堡防御无死角，但荷兰粮草有尽期，巴达维亚援兵不至，荷兰人只得向郑成功投降。依据明清、荷兰等多方史料还原了17世纪欧洲军队的投降仪式，这一在中世纪骑士时代与近代民族国家的过渡时期的欧洲军队如何向华夏军队投降。"郑成功"这一贬称最后却成为常用表述，国姓爷这一尊称由于国体屡易，终无人提。

顺治十八年十二月二十一日（延平王永历十六年十二月二十一日，1662年2月9日），台湾热兰遮城铁门缓缓打开，荷兰东印度公司台湾总督弗里德里希·揆一（Frederick Coyett）带领荷兰官员走出来。受降仪式在热兰遮西南、乌得勒支堡东北的开阔地举行，中央设一宽大的灰色天幕，为了便于观瞻，帐幕四面敞开。郑成功①部下将士们刀光闪烁，戒备在帐幕周围。出城的揆一贪婪地吸了几口气，一股清凉而又新鲜的空气沁人肺腑。之前8个月时间揆一都躲在早已超饱和的热兰遮棱堡中，无论教堂还是蔗糖仓库都到处停放着病人，揆一庆幸的是，自己还活着。

热兰遮棱堡四周有壕沟围绕，墙面乃红砖砌成，用糖水、糯米、蚵壳灰、砂捣和黏在一起。内城为方形，有上下两层，长宽皆为115米，城壁高约9米，厚1.2米，四角棱堡厚1.8米。地下室为仓库，为储存弹药、粮食及杂物之用，上层设有长官公署、教堂、瞭望台、士兵营房等设施。外城（四角附城）为长方形，长160米，宽77米，较内城稍低，内有长官及职员宿舍、办公室、会议厅、医院、仓库等公共建筑。"在古代筑城中，城墙是用圆形塔楼或方形塔楼从侧面防守的，当强攻的敌人遇到护城壕被迫停止前进时，被围者可以从塔楼向敌人射箭，并利用军用器械发射投掷物。欧洲出现炮兵以后，这种塔楼开始建造得相当

---

① 实际上"郑成功"这个名字是清朝的贬称，南明一般称呼他为朱成功，他自称"国姓成功"，文书中自称"招讨大将军罪臣国姓"，南明辖境一般称他为"国姓爷""延平王"。"郑成功"的叫法始于清代官方文书中的"海贼郑成功"（《清世祖实录》卷87）、"逆贼郑成功"（《清世祖实录》卷120）、"海寇郑成功"（《清世祖实录》卷136）。清朝翦灭郑氏之后，时间一久，就无人知道这叫法最初是贬称了。

大。16世纪初，意大利工程师们终于将圆形或方形塔楼改为多角形塔楼，这样就建成了棱堡。棱堡是不等边的五角形工事，它的一边面向要塞内部，因此对面的凸角向开阔地突出。形成凸角的两条长边称为正面，而把两条长边同城墙或垒墙连接起来的两条短边称为侧面。正面对付敌人的远程火力，而侧面以自己的火力掩护护城壕。"①

荷兰人就凭借着防御无死角的棱堡坚守了8个月。今天，郑成功部下满怀戒心地看着500多名荷兰士兵列队出城，他们火枪的引线燃烧着，每个人口中都咬着一颗子弹。到约定的位置后，荷兰军队停下脚步，每个士兵用手把嘴里的子弹塞进枪膛，将金属弯钩往火门里推压，进而将枪膛内装的弹丸发射出去，而后熄灭引线，把枪支转交给中国军人保管，以示缴械。在缴械前打最后一枪，就是中世纪欧洲军人的投降仪式，表明自己对武器的最后掌控权，即有尊严的投降。

看着荷兰人灰溜溜的样子，郑成功得意地笑了，郑成功是明亡清兴时期的风云儿，正是他的死敌荷兰人为我们留下了有关郑成功的相貌记载。荷兰人菲利普·梅在日记中这样记载郑成功的相貌："他皮肤略白，面貌端正，眼睛又大又黑，那对眼睛很少静止的时候，不断到处闪现。嘴巴常常张开，嘴里有四五颗很长、磨得很圆、间隔大大的牙齿。胡子不多，长及胸部。他说话声音非常严厉，咆哮又激昂，说话时动作古怪，好像要用双手和双脚飞起来。中等身材，有条腿略为笨重，右手拇指戴着一个大

---

① 《马克思恩格斯全集》第14卷上册，人民出版社1974年版，第88页。

的骨制指环，用以拉弓。"①通过荷兰人绘声绘色的记载，我们可以看出，郑成功其人锋芒毕露，个性张扬，急躁冲动，这一点可以与中国的历史记载完全印证。

今天，郑成功身披甲胄，头戴兜鍪，迎接着这场胜利仪式。不过，让人不安的是，他看似健康的身躯隐隐约约能感觉到病态。郑成功强撑着喊道："鸣放礼炮！"

郑成功大将马信步出帐外，向远处阵地令旗一展，顿时礼炮轰鸣，与此同时荷兰人的脸色也越发难看，自己就像犯了错的孩子一样，感觉时间过得真慢。投降书在2月1日就已经签订，今天只搞城堡钥匙交接仪式。揆一闷声不响地从韦恩·利普伦手中接过一把象征着城堡的钥匙，双手恭恭敬敬地交给郑成功。接着他又从小比德尔手中接过一柄象征着荷兰军队的西洋利剑献给郑成功，这意味着荷兰军队解除武装。而后荷兰人降下城堡中的荷兰国旗，那面在台湾上空飘扬了38年的三色旗，仿佛也已经知晓在此地飘扬的末日到了，再无猎猎作响的威风，而是垂头丧气地耷拉了下来，像一块破布一般，取而代之的是一面象征着投降的白旗升起。再然后，入城的郑军升起了大明旗帜。郑成功在城堡里走了一圈，参观一下，但他没有多待，因为他害怕里面暗藏地雷。②记住这个日子，开辟荆榛逐荷夷，十年始克复先基。田横尚有三千客，茹苦间关不忍离！③

---

①　[荷]菲利普·梅：《梅氏日记》，江树生译注，台湾汉声杂志社，无页码。

②　[美]欧阳泰：《1661，决战热兰遮，中国对西方的第一次胜利》，陈信宏译，九州出版社2014年版，第243页。

③　郑成功、郑经：《延平二王遗集》，郑振铎辑：《玄览堂丛书续集》第120册，国立中央图书馆影印1947年版，第3页a面。

顺治十六年（1659）清军攻占云南全境，永历帝只得在缅甸苟延残喘，中国大陆仅剩福建厦门、金门还在南明手中，郑成功控制着大陆的最后明朝基地。顺治十八年正月初七（1661年2月5日）顺治驾崩，仅金门、厦门不足以支撑郑成功的庞大部队，于是他把目光对准了台湾。

明末台湾由三股势力控制。台北由西班牙控制，西班牙在此建立圣多明哥城和圣萨尔瓦多城，即今基隆一带；台中西部是台湾高山族建立的大肚王国；台南是由荷兰人控制。1642年荷兰人赶走台北的西班牙人后，台湾只剩下荷兰政权和大肚王国。大肚王国并不是国王肚子大，而是当地人对这一地区称呼的音译。黄叔璥在他的《台海使槎录》一书中，有这样的记载："大肚山形，远望如百雉高城，昔有番长名大眉。"[①]寥寥数语，说明17世纪的台湾中部确实有一个超部落的大肚王国。荷兰殖民者于1644年进攻大肚王国，这一带雨林密布，荷兰人战败，于是就将其作为化外之地。

此时台湾对岸的福建，郑成功的军队已规模空前，有大小战船5000艘，士兵24万人[②]，具备了收复台湾的实力，加之清军大军压境，他无路可退，为有安身之地，郑成功决心出兵台湾。郑成功考虑台湾以"澎湖为门户，鹿角为咽喉"，决定先收复澎湖，然后在台南安平镇鹿耳门登陆。顺治十八年（1661）三月初十，

① 黄叔璥：《台海使槎录》，沈云龙主编：《近代中国史料丛刊》，文海出版社1978年版，第128页。

② 施渡桥等撰：《中国军事通史》第16卷《清代前期军事史》，军事科学出版社1998年版，第207、229页。

郑成功的25000人、战舰400艘在福建金门东南料罗湾集结完毕，只待顺风时便传令向台湾进军。三月二十三日（4月21日）①午刻，天时霁静，郑成功率领舰队出发。三月二十四日（4月22日）郑成功舰队跨越台湾海峡，抵达荷兰人没有设防的澎湖，并派兵驻守澎湖。

四月初一（4月29日）拂晓郑成功的舰队抵达鹿耳门港外，鹿耳门出口两山对峙，状如鹿耳，南面是北线尾岛，北面是沙洲，有南北两航道，南航道有荷军防守，难以通过，北航道水浅，需涨潮时才能通过。许多写郑成功收复台湾的书都说郑成功来此时本来未到涨潮时，但天助中华，突然涨潮了，郑成功乘机冲入内海，登陆的郑军自北向南包围城堡。其实，这只不过是一次普通的涨潮罢了。郑家几代熟悉大海，了解潮汐时间，是必要的本事。士兵们并不了解潮汐，郑成功深知此点，因此，他没有浪费这么一个激励士气的机会，故意选即将涨潮的时间出发。

郑成功主力舰队在穿过鹿耳门后驶向东南，抵达位于北线尾岛南面的台湾城（今台南安平古堡，被荷兰人称作热兰遮，Fort Zeelandia）东部海面。现在安平古堡已经与台湾本岛连为一体，在当时热兰遮属于大员岛，与台湾本岛的赤嵌城隔海相望，并不接壤。大员岛的荷兰驻军呈品字形布防，北面是热兰遮棱堡，西南是乌得勒支堡（即1700年西班牙王位继承战争《乌德勒支和

---

① 郑成功离开金门时间，江日升《台湾外记》卷五作二月初三，杨英《先王实录》作三月二十三日，按照荷兰人的记载，四月初一（4月29日）即在鹿耳门见到郑成功舰队，如按江日升所记，中间2个月郑成功舰队莫非掉进海沟里了？故而采纳杨英的时间。

约》之名），东南是大员市镇。

面对郑成功舰队，荷兰守将苗南实丁（Valentijn）信心满满，因为此前荷兰人在与中国人作战的过程中已经积累了足够的心理优势。荷兰人C.E.S.（Coyett et socei，意思是揆一及其同僚）著《被忽视的福摩萨》记载："1652年……我方二三百名战士竟能压倒大约七八千名武装的中国人，把他们击溃。从此以后，在福摩萨的中国人就被荷兰人看作不堪一击，以为他们都是文弱怯懦，不能打仗的。据荷兰人估计，25个中国人和在一起还抵不上一个荷兰兵，他们对整个中国民族都是这样的看法：不分农民和士兵，只要是中国人，没有一个不是胆小而不耐久战的。这已经成为我方战士不可推翻的结论……他们认为，国姓爷士兵只不过同可怜的鞑靼人（清军）交过锋，还没有同荷兰人较量过；一旦和荷兰人交战，他们便会被打得落花流水，把笑脸变成哭脸。"[1]

然而四月三日（5月1日）在热兰遮西北的北线尾沙洲真打起来，荷兰人发现自己遇到的中国人跟此前所遇截然不同。对于这场战斗，《被忽视的福摩萨》记载如下："这些士兵低头弯腰，躲在盾牌后面，不顾死活地冲入敌阵，十分凶猛而大胆，仿佛每个人家里还另外存放着一个身体似的。尽管许多人被打死，他们还是不停地前进，从不犹豫，而只是像疯狗似的向前猛冲，甚至不回头看一看自己的战友有没有跟上来。"[2]

---

[1] 厦门大学郑成功历史调查研究组编：《郑成功收复台湾史料选编》，福建人民出版社1982年版，第145页。

[2] 厦门大学郑成功历史调查研究组编：《郑成功收复台湾史料选编》，福建人民出版社1982年版，第150页。

陆战荷兰惨败，再看海上，荷军赫克托号（Hector of Troy）、克里夫兰号（Gravenlande）、白鹭号、玛丽亚号（Maria）前来迎战。郑军装备虽不如荷军，但60艘船打荷兰人4艘船，兵力是敌人的15倍，所以将敌舰包围。古代的海战主要有两种打法，一是舰首冲撞、相撞后打接舷战，甲方海军跳到乙方海军船上，在船上肉搏，直到把一方船员杀尽为止；二是火攻，像赤壁之战那样派出火船顺风漂至敌舰，引燃敌舰，使之焚毁或丧失战斗力。1633年郑成功之父郑芝龙指挥的料罗湾海战就是靠火攻击败的荷兰人。荷兰人的火炮无论是口径、射速还是杀伤力，均在郑军之上，荷兰大型战舰采用重炮为主要武器，在战斗时通常排成一线，以使自己的大炮能够侧舷齐放。在此情况下，郑成功的应对阵法是"五点梅花阵法"，每五艘船包围敌人一艘船，将对方线形队列分成几段，形成局部围攻以后，大船用轻巧的快船架设重炮进行舷射，小船则以巨大的牺牲为代价抵消荷兰的炮火优势，一旦穿过炮火靠近敌舰，便以"自杀式爆炸"重创荷舰，以达到削弱敌方火力的目的。

陆海大战首战告捷后，郑成功率军进攻赤嵌城（普罗文查堡，Provinta），荷兰守军仅400余人①，郑成功围城军有1.2万人②，四月初六（5月4日）守将苗南实丁投降，赤嵌城为郑军收复。就在围困赤嵌城期间，郑成功于顺治十八年四月初三（1661

---

① 施渡桥等撰：《中国军事通史》第16卷《清代前期军事史》，军事科学出版社1998年版，第229页。

② 厦门大学郑成功历史调查研究组编：《郑成功收复台湾史料选编》，福建人民出版社1982年版，第150页。

年5月1日）致书荷兰台湾总督揆一：

> 执事率数百之众，困守城中，何足以抗我军？而余尤怪执事之不智也。夫天下之人固不乐死于非命，余之数告执事者，盖为贵国人民之性命，不忍陷之疮痍尔。今再命使者前往致意，愿执事熟思之。执事若知不敌，献城降，则余当以诚意相待。否则我军攻城，而执事始揭白旗，则余亦止战，以待后命。我军入城之时，余严饬将士，秋毫无犯，一听贵国人民之去。若有愿留者，余亦保卫之，与华人同。夫战败而和，古有明训，临事不断，智者所讥。贵国人民远渡重洋，经营台岛，至势不得已，而谋自卫之道，固余之所壮也。然台湾者，中国之土地也，久为贵国所踞。今余既来索，则地当归我，珍瑶不急之物，悉听而归。若执事不听，可揭红旗请战，余亦立马以观，毋游移而不决也。生死之权，在余掌中，见机而作，不俟终日。唯执事图之！①

而后揆一派两名代表与郑成功谈判，荷兰人要求保留热兰遮炮台和赤嵌城，郑军则可以"不受阻碍地进入全岛的其余部分"。这实际上是一种缓兵之计，其意图是在兵力不足的情况下迷惑郑成功，先行保住在台的两个重要军事据点，等待荷占巴达维亚（雅加达）东印度公司的援军，再重整旗鼓，霸占台湾。郑成功

---

① 连横：《台湾通史》卷一《开辟纪》，《台湾文献丛刊》第128册，台湾银行1962年版，第22页。《台湾通史》对此封信时间作永历十五年四月二十六日（1661年5月28日），然《台湾通史》多有讹误，故此时间据邓孔昭：《台湾通史辨误》，江西人民出版社1990年版，第12、13页。

一眼识破荷兰人的意图，赤嵌城已为我大军收复，岂能再给你们，于是他对谈判代表说："如果你们一意孤行，自取灭亡，那么我将立即当你们二人面前，下令攻取你方城堡……我大军一动，可以翻天覆地，我军所向无敌，可以攻无不克，战无不胜。你们要听从我的警告，对此好好加以考虑。"[1]

谈判破裂，郑成功进攻热兰遮城东南的大员市镇，四月初八（5月6日）将其攻下，随后郑成功将矛头指向了荷兰人在台湾的最后两个据点——热兰遮城和乌得勒支堡。首战损兵折将后，郑成功开始对热兰遮实行围而不打的封锁战术。城内，荷兰士兵每天都能有0.5磅（0.227千克）鹿肉干食用，不过鹿肉又咸又腥，膻味重，不如培根和腌猪肉口感好，但猪肉只配发给军官和病人食用。荷兰士兵每天吃的米和鹿肉无法提供人体所需维生素和微量元素，于是坏血病横行，许多人牙齿动摇。[2]

为了吃上水果，补充维生素，荷兰人不惜冒着生命危险去偷西瓜。"一个水手勇敢地去了市场与医院之间的地方两次，并顺路去到那市政厅附近，去摘西瓜，每次都摘到几个西瓜回来，虽然他也沿着那条窄街大炮前面的那条砖头步道行走，敌人都没向他射击。"[3]

猪肉毕竟是少数人才能吃到的，有的荷兰士兵不惜代价也要

---

[1] 厦门大学郑成功历史调查研究组编：《郑成功收复台湾史料选编》，福建人民出版社1982年版，第154页。

[2] ［美］欧阳泰：《1661，决战热兰遮，中国对西方的第一次胜利》，陈信宏译，九州出版社2014年版，第156页。

[3] 江树生译注：《热兰遮城日志》第四册《1655—1662》，1661年7月23日，台南市政府2011年版，第557页。

生擒猪，一个士兵"在那附近看到一头猪，被那头猪引诱垂涎，就去伺机捉那头猪，但是每当他以为逮到机会，用他携带的火石枪向它射击时，那头猪总是逃过射击。虽然如此，他要捉这头猪的渴望，使他不肯让它溜走，……细心瞄准，击中那头猪，使那头猪立刻倒在那里"①。螳螂捕蝉黄雀在后，荷兰捕猪郑军在射，郑军士兵一箭射中这个荷兰人，荷兰士兵忍痛拖着猪和身上的箭镞回到本军军营。

荷兰士兵除了吃饭困难外，上厕所也很困难。"厕所位于城墙外面。由于国姓爷的大炮在北线尾沙洲上虎视眈眈，……大多数人都干脆裤子一褪，上衣一掀，就在邻近的角落小便，完全不理会为了禁止这种随地便溺的行为而设的高额罚金。"②更危险的是，"有时中国人会射击那些上'大号'的人"③。

如此数月下来，荷兰人撑不住了，顺治十八年六月初十（1661年7月5日），不甘心失败的荷兰人从巴达维亚调集700士兵和10艘船，由考乌率领，前来增援，因为赶上飓风，被刮散了，考乌带领的荷舰远泊海外达28日之久。考乌出身律师，从无作战经验，最讲规则的律师碰到不讲规则的"海盗"，自然难以战而胜之。等援军漂到热兰遮附近都9月份了，"厄克"号触礁沉没，船上士兵被郑军俘虏。闰七月二十三日（9月16日）双方海战，

---

① 江树生译注：《热兰遮城日志》第四册《1655—1662》，1661年6月2日，台南市政府2011年版，第498页。

② ［美］欧阳泰：《1661，决战热兰遮，中国对西方的第一次胜利》，陈信宏译，九州出版社2014年版，第222页。

③ ［美］欧阳泰：《从丹药到枪炮 世界史上的中国军事格局》，张孝铎译，中信出版社2019年版，第177页。

仅一个小时，荷军被击败。

郑军士气高涨的同时，士气低落的荷军无心再战，并有士兵出城投降，军营笼罩着绝望的气氛，此时郑军抓紧休整，架设巨炮，切断荷军水源。在郑军开始围城时，热兰遮城内有1733人，其中905名官兵，63名已婚男子，218名妇女儿童，547名奴隶[①]，而城外郑军有1.2万人左右，实力悬殊，到此时，城内减员严重，实力对比更悬殊了。顺治十八年十二月六日（1662年1月25日）郑军三面猛轰乌得勒支堡，堡垒屋顶被掀落。十二月七日郑军破城，城内荷兰军队撤向热兰遮，鲁尔上尉临走前点燃了4个火药桶，率先攻入堡垒的50名郑军被炸死，本来郑成功要来视察，因故未到，幸免于难。此战后荷兰人在台湾仅剩孤城热兰遮，十二月十三日（2月1日）荷兰人在投降书上签字[②]，十二月二十一日（2月9日）荷兰人开城出降，于是有了篇头一幕。至此台湾回归祖国。

在郑成功走进热兰遮的那一刻，意味着中国完成了东西半球大规模海上对抗中东方取得的最后一次大胜利。当时从非洲到南洋所向披靡的海上马车夫就这样被郑成功击败了，他以自己的实力在东亚海洋史上写下了浓重一笔。

[①] 此为1661年5月16日数据，厦门大学郑成功历史调查研究组编：《郑成功收复台湾史料选编》，福建人民出版社1982年版，第276页。

[②] 投降签字时间据《被忽视的福摩萨》，《郑成功收复台湾史料选编》，福建人民出版社1982年版，第182页。此外，《台湾外记》说是永历十五年十二月初三（1662年1月22日），阿布列特·赫波特《爪哇、福摩萨、前印度及锡金旅行记》作2月10日，因《被忽视的福摩萨》是揆一及其同僚所写，最为可信，故从之。

5
Part

郑成功去世：
多重身份人物的形象建构困局

23
日

1662年6月

关键词 郑成功　荷兰　台湾
形象建构

　　郑成功收复台湾后欲征讨菲律宾，为被西班牙屠杀的华人报仇，奈何暴卒，大仇未报。暴卒原因有风寒、梅毒、中毒等多种说法，郑成功之死中断华人称雄南洋的可能路径，华人、倭寇、东南亚国家的战舰在东海、南海、西太平洋的海域各逞兵锋的时代最终被西方殖民者终结。此文最后探析了郑成功形象的建构，探讨他如何成为唯一被明清中日各方认可的历史人物的原因。

一、郑成功死因小考："咬尽手指死"抑或"手抓其面而逝"？

收复台湾后，郑成功让在菲律宾的西班牙人给自己纳贡，他写信给马尼拉最高司令曼利克："你小国与荷夷（荷兰人）无别，凌迫我商船，开争乱之基，予今平定台湾，拥精兵数十万，战船数千艘，原拟率师亲伐，况自台（台湾）至你国，水路近捷，朝发夕至，惟念你等迩来稍有悔意，遣使前来，乞商贸易条款，是则较之荷夷已不可等视，决意姑赦你等之罪。暂留师台湾，先遣神甫奉致宣谕。倘你及早醒悟，每年俯首来朝纳贡，则交由神甫复命，予当示恩于你，赦你旧罚，保你王位威严，并命我商民至你邦贸易；倘或你仍一味狡诈，则我舰立至，凡你城池库藏与金宝，立焚无遗，彼时悔莫及矣。"[①]西班牙人怕菲律宾的华人与郑成功里应外合，于是便在菲律宾杀了2万华侨，郑成功得知西班牙人大杀华人后怒发冲冠，要派兵去打西班牙人，可惜他还没出兵就已病重。

康熙元年（1662）四月十五日，南明永历帝被吴三桂绞杀于昆明，消息传来，郑成功大为悲痛。郑成功名叫成功，实际上却一事无成，戎马一生，现在就剩下台湾、金门、厦门了，1658年第一次问鼎中原赶上飓风，1659年第二次长江之役也功亏一篑。母亲早已自杀，父亲一家被清朝灭族。一开始跟随隆武帝，没几个月隆武帝就死了，此后一直遥奉永历帝为君，现在永历帝也死

---

① 此信的中文原文已散佚，此为据西班牙文转译，据赖永祥：《明郑征菲企图》，《台湾风物》1954年第1期。

了。事已至此，想做孝子，父母都遇害，想做忠臣，君主也遇害，想做开国之君，靠三个岛屿何能成事？郑成功意识到，自己一生事业总成空，半世功名在梦中。

康熙元年五月初八（1662年6月23日），38岁的郑成功突然去世，郑成功悲痛长叹："自国家飘零以来，枕戈泣血，十有七年，进退无据，罪案日增，今又屏迹遐荒，遽捐人世，忠孝两亏，死不瞑目，天乎天乎！何使孤臣至于此极也？"①说罢"以两手抓其面而逝"②。郑成功之子郑经继承延平王之位。郑成功就这样走了，这只是他死的一种说法，明郑官方记载他是得风寒而亡，一直履涛踏浪的郑成功怎么可能被风寒夺去生命呢？而且郑成功死前的状况根本不像得了风寒，还有人说他是被毒死的，那么郑成功究竟是怎么死的呢？让我们从以下四点来分析。

第一，郑成功死前状况与中毒十分相似。林时对《荷牐丛谈》说郑成功"骤发癫狂……咬尽手指死"③。夏琳《闽海纪要》说郑成功临终前都督洪秉承端药给他吃，他将药打翻在地，然后"顿足抚膺，大呼而殂"④。郑成功大概察觉出有人想谋害自己，但为时已晚。

第二，郑成功用法极严，包括他的叔叔郑联都被他杀了，因此众将人心惶惶，其中很多人在清廷高官厚禄诱惑下叛逃，

---

① 夏琳：《闽海纪要》，《台湾文献丛刊》第11册，台湾银行1958年版，第30页。

② 江日升：《台湾外记》卷5，《台湾文献丛刊》第60册，台湾银行1960年版，第211页。

③ 林时对：《荷牐丛谈》卷4，《台湾文献丛刊》第153册，台湾银行1962年版，第159页。

④ 夏琳：《闽海纪要》，《台湾文献丛刊》第11册，台湾银行1958年版，第30页。

郑氏内部关系十分紧张复杂。《台湾外记》说清廷派一高级军官张应熊携带孔雀胆混入郑军，用重金买通郑成功的厨师张德，让他趁郑成功与部下议事时毒死他和他的部下。这个厨师虽贪财，但他害怕事情败露，不敢下手，于是把此事交给他的徒弟王四办，王四每次要下毒时浑身颤抖，最终他把此事告诉了他父亲。他父亲带他们到郑成功处自首，郑成功非但没处罚他们，反而奖励他们，郑成功说："吾乃天生，岂能人害？"[①]此后郑成功加强了保卫措施，但也不排除又有其他人被策反后，将郑成功毒死的可能。

第三，郑成功的亲信马信突然暴毙。郑成功去世当天，是他建议大夫给郑成功抓的药，夜里郑成功去世，马信也突然无病而卒。李光地《榕村语录续集》说马信在郑成功去世第二天就死去，江日升《台湾外记》说马信在郑成功去世5天后死了。因此马信极有可能参与谋害郑成功的活动，被人灭口了。

第四，郑成功可能是得梅毒而死。1654年荷兰医生白耶尔（Beyer）曾在厦门为郑成功治病，他看见了郑成功"左臂上的几个肿块，国姓爷声称是寒冷与刮风造成的"，他却不这么认为。白耶尔没有明说，他是怀疑郑成功得梅毒了，"国姓爷在死前撕抓眼睛与脸庞的行为，可能符合梅毒第三期的诊断"。[②]

荷兰人与郑成功有深仇大恨，不排除故意丑化郑成功的嫌

① 江日升：《台湾外记》卷5，《台湾文献丛刊》第60册，台湾银行1960年版，第185、186页。

② ［美］欧阳泰：《1661，决战热兰遮，中国对西方的第一次胜利》，陈信宏译，九州出版社2014年版，第247页。

疑，因此梅毒说不见得可信，但看来郑成功应该是被人害死的，那么害他的人是谁呢？郑成功的兄弟郑泰嫌疑最大。他对郑成功早有异心，极力反对出兵台湾，收复台湾初期，财政赤字，他却在日本存了30多万银元以备他用。郑成功去世后郑泰迫不及待地伪造郑成功遗命来讨伐郑成功之子郑经，最后郑泰兵败而亡。郑泰早有反心，还可能与清廷勾结，他们趁郑成功患风寒时行动。夏琳和江日升的记载都说郑成功病情开始不严重，常登台观望，看书喝酒，他们极有可能在酒里下毒，将郑成功毒死。

看来郑成功之死有鬼是必然的了，那么郑经即位后为什么不追查真凶呢？郑经在杀郑泰后忙于追讨其在日本的赃款，而他自己也曾犯法险些被郑成功杀死，或许正是这各种原因使得他没有追查郑成功死因。看来民族英雄之死已成为千古之谜了。

郑成功的突然死亡打断了一种可能的历史发展轨迹。17世纪是欧亚大陆东部的陆地与海洋都剧烈动荡的时期。就海洋而言，郑芝龙海盗武装集团、倭寇、东南亚穆斯林、荷兰殖民者、西班牙殖民者的战舰在东海、南海、西太平洋的海域进行乱战。伊斯兰教一路向东传播，到达孟加拉，再在陆地上推进时因为缅甸东吁王朝（1531—1752）的强大，被缅甸的佛教徒击退，于是转而在海上东扩。印度尼西亚的各岛屿佛国相继退出历史舞台，满者伯夷等佛教国家被毁灭，亚齐苏丹国、万丹苏丹国、巴章苏丹国等国家相继建立，到17世纪初，菲律宾的棉兰老岛也建立了苏丹国。就在"五功"的信徒对菲律宾各岛屿展开同化时，西班牙和荷兰殖民者东来，中断了这种历史进程。1602年荷属东印度公司成立，几十年时间荷兰征服了印度尼西亚全境，因为荷兰的统治模式近似于英国模式，故而没有对当地的宗教进行改变。而西班牙殖民者是与法国相同的中央集权制度，故而西班牙人在菲律宾强制推行天主教，时至今日菲律宾也是东南亚天主教徒最多的国家。在西班牙与荷兰殖民者一路凯歌高奏的时候，郑芝龙海盗集团崛起，通过1633年料罗湾海战直至1662年郑成功收复台湾，30年时间的多次碰撞，荷兰殖民者在与郑氏海盗集团的作战中完败，使得其在东亚海洋的扩张势头被终止。当时在东南亚，西班牙殖民者的实力是不如荷兰强大的，郑成功能打得过荷兰，肯定更能打得过西班牙，如果1662年郑成功不死，向南对菲律宾的进攻成功，那么日后的历史发展将会是另一种模式。可是因为郑成功之死，后继乏人，这种可能被终结，华人称雄东南亚海洋的可能也不复存在。此后由于清朝对整个东亚大陆的征服，1683年对台湾郑氏海盗集团的攻灭，及其后实行海禁，将东亚制海权拱手相让，最终南海、东海全部成为西方列强战舰的天下。

郑成功之死终结了一种可能的历史发展进程。郑成功生于荷兰侵占台湾的1624年，去世于荷兰被赶出台湾的1662年，他一生可以说与台湾相始终。

二、高丰饶度人物的困局：郑成功形象的选择性重构

郑成功是历史上唯一一个同时得到南明、清朝、国民党、共产党、日本人五方认可的历史人物。康熙为郑成功这个死敌写挽联曰："四镇多二心，两岛屯师，敢向东南争半壁；诸王无寸

土，一隅抗志，方知海外有孤忠。"康熙表彰郑成功的孤忠，希望大清臣民都像郑成功忠于南明一样忠于自己。有了康熙的表态，台湾、福建为郑成功建祠庙之事就层出不穷，于是郑氏祭祀香火不断。

到了近代，由于不同的政治考虑，国共两党对于郑成功都有微妙的态度，1947年"二二八"事件后，中华民国国防部长白崇禧前往延平郡王祠祭祀，赋对联："孤臣秉孤忠，五马奔江，留取汗青垂宇宙；正人扶正义，七鲲拓土，莫教成败论英雄。"①蒋介石也为郑成功的祠庙题写了"振兴中华"的匾额。国民党之所以推崇郑成功，是因为郑成功和国民党从某种程度上讲类似，都是大陆被自己的敌对者占领，自己被赶到台湾，但是依旧心中抱有反攻大陆的想法。由于郑成功长期以来的"民族英雄""忠于领袖""传统文化美德"形象已深入人心，正好可以作为国民政府宣传的榜样。

郑成功成功赶走荷兰殖民者，是反帝国主义的民族英雄。中国人民解放军萧克上将作诗道："孽子孤臣一片忠，凤凰飞舞应时雄。毁家纾难定盟典，大义灭亲诚至公。秣马厉兵同扫北，扬帆渡海复征东。台澎收复教耕战，华夏千秋仰大风。"②

郑成功出生在日本，他母亲就是日本人，自然日本人对郑成功评价很高。台南的延平郡王祠在1896年被改为日式之"开山神社"，并整修为神社样式。日本人稻叶君山《清朝全史》说："郑

---

① 福建省泉州市委员会文史资料委员会编：《泉州文史资料》第24辑，政协福建省泉州市委员会文史资料研究委员会2005年版，第187页。

② 萧克：《萧克诗稿》，湖南文艺出版社1991年版，第66页。

成功雄图英展，壮志未酬，至今遗恨还有如海潮一般涌来，郑成功虽出身海盗，但不能把他看做海盗，他的权谋术来自他父亲，他的勇敢刚毅来自他母亲。在那样一个年代郑成功怀着伟大的希望，是一个有魄力、有组织、有奇能的大英雄。如果他要是南明君主一定能在明清之际大放异彩，他在台湾的经营有经纶、有希望，真不愧创业英才！"①

郑成功到底是什么人？不顾父亲死活的逆子？坚守一隅的忠臣？杀人不眨眼的海贼王？诗文清新文武双全的儒将？抗击侵略者的民族英雄？日本女人的孩子？任何人的形象都是可以根据相应史料进行文本的再阐释和历史图像的再构筑的，郑成功的形象也是如此。短短38年人生，却有着惊人的丰饶度，究竟是留下来的郑成功相关史料塑造了他的形象，还是人们在传播有关他的事迹时重构了他的故事？也许，二者都有，从历史编纂学的角度郑成功是客观存在，从历史书写的角度郑成功就是被各方势力带有主观色彩的书写。历史编纂学在西方产生于15世纪，编纂历史时要割裂现在与过去，尽量在编纂过程中去除当代时代感，这样才能更客观，编纂历史时最好要与被编纂的这段历史隔一段时间。历史书写则起源于20世纪一战后的法国，比如米歇尔·塞尔托就有题为《历史书写》的专著。对于郑成功这样极具政治利用价值的人而言，几百年来，有关他的历史书写言人人殊，有关他的客观的历史编纂却并不多见。这究竟是郑成功之福，还是历史研究之祸，就都要留待历史检验了。

---

① ［日］稻叶君山：《清朝全史》第二册，中华书局1915年版，第83页。

Part 6 清军收复雅克萨：
康熙与彼得大帝之比较研究（上）

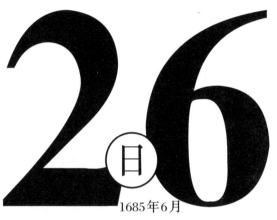

26日

1685年6月

关键词 康熙　彼得大帝　雅克萨之战
福建藤牌兵

　　雅克萨之战，清军八旗兵、索伦特种兵、福建藤牌兵联合战胜俄军后，刚经历三藩之乱，靡费1亿多两白银的康熙不愿再战，有瑞典和奥斯曼帝国掣肘的彼得大帝也无力东侵，纵然日本人也认为此时沙俄尚不是大清敌手，双方终战。雅克萨之战双方康熙与彼得大帝为东西两大雄主，康熙所做一切都是构建自己在蒙藏世俗与精神界的地位，是内陆帝国天下共主战略，而彼得大帝定都圣彼得堡，探险白令海峡，则是在冲破陆地岛链的围墙，二者目标南辕北辙，国运自判然而分。

　　康熙与彼得大帝，同样是刚继位时就大权旁落，康熙受制于鳌拜，彼得大帝受制于姐姐索菲娅公主，二人夺回权力的方式都是一样的。康熙找了几十个孩子充当"布库"（摔跤手），组建"善扑营"，每天陪自己玩，来麻痹鳌拜；彼得组建了"娃娃兵团"，每天陪自己做军事游戏。最终"布库"们把鳌拜摁倒在地，康熙在隐忍 7 年后大权独揽；"娃娃兵团"击败了索菲娅，彼得在隐忍 7 年后大权独揽[①]。康熙在位期间准噶尔部是头号敌人，三次御驾亲征噶尔丹，他觉得单靠北京无法控驭蒙古各部，于是 1703 年他开始修建避暑山庄，1711 年定名避暑山庄，是为清朝夏都；同样是 1703 年[②]，彼得大帝觉得瑞典是头号敌人，在位 43 年有 21 年是与瑞典作战，他多次御驾亲征与瑞典作战，为威慑瑞典，彼得大帝在圣彼得堡开始营建首都，1712 年他把俄国首都从莫斯科迁至圣彼得堡。康熙与彼得大帝都对未知世界满怀好奇心，康熙 1704 年派拉锡考察黄河源头，探明扎曲、约古宗列曲、卡日曲是黄河三大源头，这是中国人第一次知道自己母亲河的准确源头；彼得大帝 1725 年派丹麦籍航海家白令探察亚洲与北美洲分界线，这是俄国人第一次搞清俄罗斯与北美之间海峡的轮廓，后人以白令的名字命名白令海峡。然而，康熙大帝与彼得大帝的身后事判然而分。"彼得使俄罗斯迅速走上近代化道路，雄踞欧亚，傲视全球；康熙最终没能跨越封建体制雷池半步，他所开创的盛世王朝与工业革命失之交臂，很快步入落日辉煌，盛极而衰，由一个

---

① 康熙 1662 年继位，1669 年扳倒鳌拜，彼得大帝 1682 年继位，1689 年扳倒索菲娅。

② 也在本年度，英国开建白金汉宫。

洋洋自得的天朝大国急剧坠入落后挨打的悲惨境地。"①为什么会这样？其实从营建新都和探险这两件事即可知二人国本之异，康熙在承德大兴土木的目标还是控驭内亚，搞清黄河源头也是廓清藏传佛教全境地理概貌的一项，以此来巩固自己在蒙藏世俗与精神界的地位，这一切都是内陆帝国的战略，与17、18世纪进军海洋的欧洲国家的路径南辕北辙。而彼得大帝定都海边，探险海峡，一切都是要把浩瀚大洋做赌场，他是在冲破陆地岛链的围墙，与此同时，康熙是在陆地为自己的臣民构建围墙。一保守内向，一制内拓外，自然，两国命运截然不同。

黑龙江流域本为满族等民族祖居之地，清军入关，黑龙江流域空虚，俄国乘虚而入，占领黑龙江流域多地。康熙欲收复失地，奈何三藩之乱，导致行动搁浅，康熙二十年（1681）三藩之乱平定，康熙终于把收复雅克萨（今俄罗斯阿穆尔州阿尔巴津）等黑龙江流域之地摆上日程。经过两年多的外交谈判和军事准备，康熙先进行前哨战，收复多林禅、西林穆宾斯克、杜吉根斯克、图古尔斯克、聂米伦斯克等几个俄军据点。到康熙二十三年（1684）年初，黑龙江流域除尼布楚（今俄罗斯外贝加尔边疆区涅尔琴斯克）、雅克萨外，其余领土皆被收复。康熙知雅克萨不容易攻取，遂开展外交攻势，希望俄国人退却，但俄国拒绝撤出，使得康熙下定决心攻城。

黑龙江冬天太冷，滴水成冰，只能夏天进军。康熙二十四年

---

① 王龙：《天朝向左，世界向右：近代中西交锋的十字路口》，华文出版社2010年版，第3页。

四月二十八日（1685年5月30日）都统彭春、副都统郎坦、黑龙江将军萨布素率水陆军3000人自黑龙江城（瑷珲）①出发，这里面包括宁古塔等地调来的满洲兵1500人，福建藤牌兵420人，索伦兵②500人，北京调来的八旗兵500人，除此之外盛京还调来500人来此屯田，保证大军军粮供应。俄军在雅克萨城内大约有1000人。

五月二十二日（6月23日）清军进围雅克萨。五月二十三日清军对城内守军下达最后通牒，守军拒绝投降。五月二十四日得到俄国援军哥萨克骑兵从水路前来的消息后，清军林兴珠（原吴三桂水军将领）率藤牌兵参加对援军的堵截。藤牌兵由郑成功组建，在郑成功进攻南京、镇江城时曾经大显神威，这支部队在施琅攻取台湾后并入清军。该部队每人左手持盾，右手持刀，作战时用盾牌掩护身体，快速到敌人面前，专门砍对方人马的脚。他们用的藤牌在制作前先用油漆浸泡，这样制成盾牌后既坚韧又光滑，不但能挡住敌人的箭射刀砍，还能减缓子弹的冲击力。林兴珠让手下的藤牌兵脱衣入水，将藤牌举过头顶，带刀泅水前进到俄军木筏前。起初俄军不知江上浮的是什么东西，等到看清时已经晚了，俄军火器因太近而无法射击，刀剑又砍不透盾牌，俄军

---

① 黑龙江将军驻地1683至1684年在瑷珲（黑龙江东岸筑城），1684至1690年为瑷珲（黑龙江西岸筑城），1690至1699年为墨尔根（嫩江），1699至1907年为齐齐哈尔。1907年黑龙江建省，黑龙江省会为齐齐哈尔。伪满以来东北行政区划多有调整，1954年方确定哈尔滨为黑龙江省会。

② 此时索伦人包括鄂伦春族、达斡尔族、鄂温克族，到清后期，索伦人一般专指鄂温克人。

此时惊呼："鞑子来啦，天哪，我们从未见过这样的军队！"藤牌兵将俄军的脚砍下，被砍俄军纷纷落水，就这样这股援军被全歼。[1]当夜，清军用声东击西之计，在城南修筑土山，用弓弩作佯攻之势，俄军于是将主要兵力调往城南，与此同时清军主力来到城北架设红衣大炮，在城东西两翼架设轻型火炮，准备攻城。

五月二十五日（6月26日）清军战船上的舰炮和陆军的火炮在城北、城东、城西同时向俄军开炮，打了俄军一个措手不及。炮击历时一天，城内塔楼、教堂、仓库、钟楼都被不同程度摧毁。而后郎坦下令在城三面堆柴草，扬言要火攻，俄军守将托尔布津乞降，得到清军许可，在发誓"绝不再来雅克萨"后，托尔布津率城内残存的700名俄国人撤出雅克萨，逃到尼布楚，清军烧毁城堡后班师。

同年冬俄军重占雅克萨，筑城据守。康熙二十五年（1686）五月康熙派郎坦、萨布素率军从瑷珲出发，欲再次收复雅克萨，彻底解决问题。五月二十九日（7月18日）清军水陆两军会师逼近雅克萨城。为表仁至义尽，清军写信给城内俄军劝降："你们休要触怒我大军，速速投降，否则将沦为俘虏。凡有愿返回者，可取道诺斯，或到勒拿河，返回本土，即在该地安居。若不然，试图较量，继续顽抗，则我方也绝不善罢甘休。"[2]

俄国人负隅顽抗，拒绝投降，六月初四（7月23日）2000名

---

[1] 刘献廷：《广阳杂记》卷二，中华书局1997年版，第86页。

[2] 苏联科学院远东研究所等编：《十七世纪俄中关系》第二卷，黑龙江大学俄语系翻译组、黑龙江省哲学社会科学研究所第三室合译，商务印书馆1975年版，第769页。

黑龙江清军、400名福建藤牌兵①开始攻城，城内只有826名俄军②，12门火炮，兵力对比为3:1。郎坦在城北用火炮攻城，班达尔善在城内与出城俄军交战。六月初八（7月27日）一颗炮弹击中俄军塔楼的炮眼，托尔布津正在塔楼里观察战况，右腿被炸断，4天后托尔布津毙命，由拜顿（Beiton，普鲁士人）接替他。

几天下来，近200名俄军丧命，与此同时清军虽有火炮，但只有50支火枪，大多数士兵用弓箭刀矛作战，其装备远不如郑成功包围热兰遮时的装备，硬攻伤亡太大，于是改为围而不打。

雅克萨的东南北三面都被壕堑土垒包围着，清军在此安设木桩鹿角，西边临小河，清军水师船只在这里停泊把守，离城六七里的黑龙江上游的港湾成了清军过冬的船坞，清军在雅克萨城对面的岛上筑起指挥部和过冬营寨。此外清军还在城外挖壕沟，截断城内俄军水源。

此时的俄军比热兰遮围城战时的荷兰人遭遇的局面还要惨，热兰遮之战中，尽管郑成功对城池布下天罗地网，但是台湾这种亚热带地区有各种蔬菜水果生长，还能打海鸟来吃，雅克萨就不一样了，冻土带寸草不生，城内已经快人相食了。除了饥荒外，瘟疫是最让俄国守军头痛的，与热兰遮不同，雅克萨不可能有码头，排泄物只能自产自销，想就地掩埋，但是冻土根本挖不动。

---

① 《清圣祖仁皇帝实录》卷124，《清实录》第5册，中华书局1985年版，第319页。

② 苏联科学院远东研究所等编：《十七世纪俄中关系》第二卷，黑龙江大学俄语系翻译组、黑龙江省哲学社会科学研究所第三室合译，商务印书馆1975年版，第84页。

俄国人"整晚都要处理尿盆和弄脏的毯子"①。排泄物污染了城内不多的水源，俄军减员严重，到年底只剩下150人。

莫斯科也是知道雅克萨战况的，1685年11月沙皇彼得大帝在莫斯科得知了第一次雅克萨之战的详细情况，可见在17世纪末，从中国黑龙江到莫斯科，信息传递大约需要4个多月。康熙二十四年十二月初五（1685年12月30日），俄国使臣文纽科夫、法沃罗夫一行从莫斯科出发，奉彼得大帝之命与康熙交涉。他们1686年8月从中国北部边境入境，中国喀尔喀蒙古地方当局立即奏报清政府，清政府派人往喀尔喀地区迎接。九月二十五日（11月10日），文纽科夫等到达北京。

九月二十七日（11月12日）俄使在午门前呈递了彼得大帝给康熙的书信，康熙派大学士明珠及尚书科尔坤、佛伦等与文纽科夫会谈。俄方谈判代表宣读了彼得大帝写给康熙的信件："你们应停止冲突，将新占的地方退还和割让给我国。我手下人并未作恶滋事，是中国皇帝的军队侵犯我边界，试问中国皇帝为何缘故，不顾先前友好，事先未通告就出兵，我已派无数精兵来抵挡贵军，我忠勇将士愿与贵军一战。"②

---

① ［美］欧阳泰：《从丹药到枪炮：世界史上的中国军事格局》，张孝铎译，中信出版社2019年版，第177页。

② 《俄皇彼得为请解雅克萨围遣使会议事致康熙帝国书》，中国第一历史档案馆编：《清代中俄关系档案史料选编》第一编上册，中华书局1981年版，第71、72页。此信签署日期为俄历7194年12月10日，俄国人按照《圣经》换算，定公元前5508年为"创世纪"元年（犹太人则算出前3760年为"创世纪"元年，故而2020年是犹太希伯来历5780年），俄历与儒略历有误差，此日换算成公历为1685年12月20日。俄历7208年12月31日时，彼得大帝下令将此日改为1700年1月1日，至此俄国年份用国际通用的儒略历，日期仍然按照俄历。

明珠当即就说:"中国从来没有侵犯你们国家的地方,你国贼人却无故施放枪炮,杀害我国在雅克萨的平民,并窝藏我国逃亡的罪人,窜入黑龙江下游挑事,如今你们说我国先行进犯,然而越过雅克萨两千里来我国挑事的正是你们俄罗斯人,其中有的被抓住的至今尚在,问他们在何地被捕事实就明白了,这到底是我国先下手,还是你国先下手?"[1]俄国人无言以对。

无言以对的下一步就是胡搅蛮缠了,清朝提出就地停战,文纽科夫则要求清军直接从雅克萨撤回内地,俄军永久霸占雅克萨。他一会儿说自己无权下达停战令,一会儿说"本使臣等穿戴均甚单薄,于此寒冷时节前去,途中恐致冻死",一会儿又说先遣使团"一二人尚有少许货物"[2],要求在北京贸易,销售带来的私货,用在北京卖货的钱来买去东北的衣服。他节外生枝地提出这些奇葩要求,不肯派人到雅克萨去下达停战命令。

以康熙之精明,岂能看不出文纽科夫的小算盘,康熙先下令允许俄国人在北京卖货,给俄国人10天时间,卖多少都归俄人,清朝不收税,堵塞俄国人的缺钱理由。然后康熙下令赐给俄国人衣服、帽子、靴子、厚袜子等,堵塞俄国人没衣服穿的理由。再然后,康熙表态,黑龙江已经封冻,中国的战船已经在雅克萨城旁的江湾里冻住了,无法撤军,必须明年开春解冻后再撤军。如

---

[1] 《大学士明珠等为俄使奏仪式及撤围雅克萨与文纽科夫交涉记事》,中国第一历史档案馆编:《清代中俄关系档案史料选编》第一编上册,中华书局1981年版,第66、67页。

[2] 中国第一历史档案馆编:《清代中俄关系档案史料选编》第一编上册,中华书局1981年版,第69页。

此，文纽科夫的一切坏主意都被堵死，他只得答应派人去前线通知停战。康熙之所以如此退让，是因为清朝刚经历三藩之乱的重创，半壁江山罹兵燹，平三藩之乱耗费白银1亿两到1.5亿两，[1]他不愿再劳师糜饷。康熙二十五年（1686）十二月御前侍卫马武和俄国使者抵达雅克萨，向前线清军晓谕，解除对雅克萨的围困，也告诉俄国人，停止抵抗。此时，雅克萨的826名俄军只剩下66人了。[2]清军给城内俄军送去粮食，还派人给他们看病，可以说是仁至义尽。康熙二十六年四月初六（1687年5月16日）清军退至查克丹，七月清军全部撤回瑷珲，与此同时俄国人卷土重来，又派新兵进驻雅克萨，到康熙二十七年（1688）秋季，雅克萨俄军又增至300人。[3]与此同时中俄在尼布楚谈判，双方最终罢兵言和。

日本人稻叶君山在《清朝全史》中说：清国与俄国冲突几十年，怨愤很深，为什么能很快达成和议呢？从俄国角度看，17世纪初俄国各种弊端层出不穷，田园荒芜，商业衰颓，财源枯竭，百姓流离，权臣当道，作威作福，加之列强虎视眈眈，伺机而动，稍一不慎俄国就可能被吞并，且此时俄国当权派横征暴敛，老百姓怨愤嗟叹，在此情况下1654—1660年俄国与波兰交战，国

① 陈锋：《清代军费研究》，武汉大学出版社1992年版，第248页。

② 北京师范大学清史研究小组：《一六八九年的中俄尼布楚条约》，人民出版社1977年版，第219页。

③ 苏联科学院远东研究所等编：《十七世纪俄中关系》第二卷，黑龙江大学俄语系翻译组、黑龙江省哲学社会科学研究所第三室合译，商务印书馆1975年版，第353、354页。

家满目疮痍。1668年俄国国内分为两派，独立党以奥斯曼帝国和波兰为外援，王党则支持莫斯科政府。1682年彼得大帝即位，他统一俄罗斯，为俄国的富强打下最初的基业，然而国内纷争年年不绝，他无暇对西方用武，只得把目光对准东方。彼得大帝不是不想吞并黑龙江，而是力所不及，他只能让西伯利亚政府自己想办法，结果与清国发生冲突。俄国如果与清国一决雌雄的话显然无论是勇气还是实力都不是清国的对手，因此只能议和。①

---

① [日]稻叶君山：《清朝全史》第二册，中华书局1915年版，第124页。

7 Part

《尼布楚条约》签订：
康熙与彼得大帝之比较研究（下）

27 ⊙日

1689年8月

关键词 康熙　彼得大帝　尼布楚条约
多元互构结构

　　《尼布楚条约》以满文、俄文、拉丁文签署，汉人尚无预政权。《尼布楚条约》签字双方为康熙与彼得大帝，此文从自然科学，文化政策，统治者性格、胆略，法统权属定位角度对比研究康熙与彼得大帝，对中俄国运此后为何判然而分做出了解析。

100 days 🔍

中俄在雅克萨对峙的同时，也在尼布楚谈判，俄国全权代表为戈洛文，中国为索额图，经过艰苦谈判，康熙二十八年七月二十四日（1689 年 8 月 27 日）《中俄尼布楚条约》签订，中俄东段边界划定。当天俄方居然要求清朝对着主宣誓，以表示签约的诚意，清方未予同意，因为清朝人不信东正教。条约签订后索额图、萨布素率军前往内蒙古，与康熙大军会合，征讨噶尔丹。

《中俄尼布楚条约》是以三种文字来签订的，满文、俄文、拉丁文，满文与俄文是当事双方的官方用语，拉丁文是当时欧洲各国条约必备的通用文字，签约时没有用汉文，汉文本是事后在修《平定罗刹方略》汉文版时翻译过来的。边界条约事关国家主权，没有用汉文，由此可见，汉人在当时国家核心利益问题上并没有发言权。

雅克萨之战是中国康熙大帝与俄国彼得大帝的第一次，也是唯一一次真正的军事较量，本文开篇便引用了一段对东西方两位巨人的精彩对比，那么康熙为什么没能像彼得大帝强大俄国那样使中国强大呢？

让我们从以下几个方面对比一下就知道了。其一，康熙虽然精通自然科学，但他只是用来炫耀自己的渊博，从而高人一等，而不是真正认识到了自然科学的重要并努力促进自然科学在中国的普及和发展，彼得大帝则将自然科学强行推广全国。康熙著有《几暇格物编》，该书名意思是康熙在日理万机之暇来研究格物致知的西洋科学。该书在地理学、古生物学、生物学、光学、声学、化学、解剖学等方面都有论述。

　　彼得大帝在自然科学方面水平如何呢？他对历史、地理、炮学、造船都充满浓厚兴趣，1697年他来到荷兰微服考察，和工匠们吃住在一起，吃粗茶淡饭，凿木头、造军舰、学驾船，如饥似渴地学习着一切感兴趣的东西，甚至还驾驶快艇参加了荷兰海军的军事演习。在瑞典，他扮作游客，爬上制高点观察瑞典人控制的今拉脱维亚里加要塞地形，测量绘制要塞地图，差点与守军发生冲突①。在英国，他冒充学者，上门拜访牛顿②，还出席过英国议会的会议。彼得大帝还学习外科手术，"当他看到解剖室里停放的一具死尸竟是一位漂亮的男孩子时，他非常伤感，情不自禁地将他抱起来亲吻了一番……当在场的两个特权贵族没有像他那样做出热情的反应时，他便勒令他们张开大嘴去咬那尸体的陈腐肌肉"③。彼得专门为出国特制了一枚印章，上面刻着一句话："我是一个寻师问道的学生。"④彼得大帝去欧洲考察之后，感到了俄国与西方的巨大差距，他回国后开设数学学校、海洋学校、炮兵学院、工程学院，西欧的哲学、地理、历史等教材被翻译过来。彼得大帝下令由近卫军士官手持鞭子守在课

---

① ［法］亨利·特鲁瓦亚:《彼得大帝》，齐宗华、裘荣庆译，天津人民出版社1983年版，第96页。

② 田时塘等著:《康熙皇帝与彼得大帝:康乾盛世背后的遗憾》，中央文献出版社2000年版，第169页。

③ ［法］亨利·特鲁瓦亚:《彼得大帝》，齐宗华、裘荣庆译，天津人民出版社1983年版，第106页。

④ ［苏］安·米·潘克拉托娃院士主编，康·瓦·马济列维奇等合著:《苏联通史》第二卷，山东大学翻译组译，人民出版社1954年版，第14页。

堂，鞭打不认真学习的学生。①面对挖空心思逃避学习的贵族，彼得大帝规定：贵族子弟必须学会数学和一门外语，否则不得结婚，也不得保留贵族身份，再不好好学，直接流放。如此，俄国迅速强大。

值得一提的是，康熙对于彼得大帝的事功是知道的。康熙五十九年（1720）十一月初十，康熙在接见俄国使臣伊兹麦伊洛夫时说："尔国国君为如此伟大荣誉之君主，拥有广大领土，对于敌国常御驾亲征，海洋广大莫测，狂涛常起，危险殊甚，望尔国国君多加保重，因彼兵良臣忠，不乏差遣之人，应自居于安全之境地……朕始终欲保持与贵国大皇帝陛下巩固之和平，且我两国无必争之理，俄国为严寒窎远之国家，朕如派兵前往，必致全军冻死，且纵有所获，于朕究有何益？俄国君主亦同。假如为对抗而调兵遣将于贵国所不习惯之炎热地带，岂非使之无端而死耶？两国征战，纵互有所获，究于两国何益？两国皆有许多土地足以自存也。"②虽然康熙知道彼得大帝的改革，但是他根深蒂固的天下朝贡体系思维让他不可能在中国搞任何走向民族国家的改革，一旦开启民族国家改革，那么旗人的执政地位就会风雨飘摇。

其二，在文化政策上的区别，康熙大兴文字狱，彼得大帝推进现代化。戴名世在自己的文集《南山集》中引用了方孝标《滇黔纪闻》中许多南明抗清事实，并用南明诸帝纪年。他认为南明

---

① ［苏］卡芬加乌兹、巴甫连科主编：《彼得一世的改革》下册，郭奇格等译，《苏联丛书》，商务印书馆1997年版，第266页。

② ［俄］尼古拉·班蒂什·卡缅斯基：《俄中两国外交文献汇编（1619—1792）》，中国人民大学俄语教研室译，商务印书馆1982年版，第115、116页。

永历朝不能被清廷称为伪朝，他在《与弟子倪声》一信中认为："本朝当以康熙壬寅（1662年）为定鼎之始，世祖虽入关十八年，时三藩未平，明祀未绝，若循蜀汉之例，则顺治不得为正统。"[①]戴名世通过自己的文集来保存明朝历史。康熙五十年（1711）有人向刑部告发了此事。康熙借此大做文章，株连竟达数百人，他将戴名世斩立决，将已死的方孝标戮尸，将二人的父亲、子孙、兄弟以及叔伯父、兄弟之子，凡16岁以上都杀头，母、女、妻妾、姊妹、15岁以下子孙、叔伯父、兄弟之子给功臣为奴。

那么彼得大帝在文化上又是怎么做的呢？彼得大帝1703年创办了俄罗斯的第一份报纸《新闻报》，亲自担任主编。他在彼得堡附近建起俄罗斯第一家博物馆和图书馆。平时一毛不拔的彼得大帝对博物馆和图书馆却很舍得投入，他还亲自到博物馆为参观的人们当讲解员。有人建议博物馆和图书馆像西欧国家那样酌情收费，彼得大帝不同意，他说："朕要下令，不但免费接待任何人，而且如果有人带领一帮伙伴来参观这些珍宝，我还要招待他们喝一杯咖啡，一杯酒，或者别的什么，由我来付钱。"[②]此项开支每年高达400卢布，而彼得大帝一年的生活费也不过1000卢布（18世纪初的卢布的价值与当今有天壤之别）。1725年12月，俄国科学院正式成立，彼得大帝亲自为科学院制定了预算，每年约

① 此信《清代文字狱史料汇编》第4册戴名世《南山集》未收，见于徐珂：《清稗类钞·狱讼类·戴名世南山集案》，中华书局1984年版，第1032页。

② 白建才：《俄罗斯帝国》，《世界帝国兴衰丛书》，三秦出版社2000年版，第123页。

2.5万卢布，是自己生活费的25倍①。优厚的待遇吸引了德国、荷兰等国的大批科学家，他们成为俄国科学院的第一批院士。

其三，就性格而言，康熙宽仁，做事求稳重，彼得大帝残忍，做事好标新立异。彼得大帝曾"强迫一位随从生吃乌龟，要另一位随员喝掉一罐白醋……他把拔牙当作一项乐趣，使得周围的人，不敢有任何牙痛的表示。他的钳子总是带在手中。有一次，他的侍从向他抱怨情人总是以牙痛为理由，拒绝与他结婚，他就拔下她一颗好的牙齿，并且忠告她，如果再坚持独身，就要一直拔她的牙齿"②。"拔牙时因用力过猛而连同一部分牙床一起撕下来的情况也不在少数……他把宫廷御臣被拔下的牙齿存放在布袋里，每一颗牙都可以使他回忆起一张痛苦的面孔。"③拔牙是让别人涉险，救火则是彼得大帝亲身涉险。在圣彼得堡的一些民房着火后，彼得大帝甚至会去亲自灭火。"他手持斧子，在火焰里来回乱窜，"法国驻俄国大使儒埃尔回忆说，"我多次见到他第一个来到失火地点，雪橇里带上他的消防水泵。他参加全部的灭火工作。由于他的思想异常敏捷，他能立即判断出应采取什么灭火措施。他爬上房顶，哪里最危险就到哪里去。"④白天彼得大帝

---

① 王龙：《天朝向左，世界向右：近代中西交锋的十字路口》，华文出版社2010年版，第21页。

② ［美］威尔·杜兰：《世界文明史》第8卷《路易十四时代》，幼狮文化公司译，东方出版社1998年版，第319页。

③ ［法］亨利·特鲁瓦亚：《彼得大帝》，齐宗华、裘荣庆译，天津人民出版社1983年版，第107页。

④ ［法］亨利·特鲁瓦亚：《彼得大帝》，齐宗华、裘荣庆译，天津人民出版社1983年版，第176页。

精力过人，晚上哪怕睡觉时，彼得大帝都有怪癖，"当没有女人陪他入睡时，他便招来一名副官或一名仆从，躺在自己身边，用铁一般的腕力紧紧抓住伴睡人的肩膀。只要那人稍动一下，或是打鼾，就算此人倒霉，他会立即遭到一顿木棒的惩罚"①。

与让人生吃乌龟的彼得大帝比起来，康熙的品德可以说要高尚得多，无任何不良嗜好。法国传教士白晋在《康熙大帝》中说："他生来就带有世界上最好的天性。他的思维敏捷，明智，记忆力强，有惊人的天才。他有经得起各种事变考验的坚强意志，他还有组织、引导和完成重大事业的才能。所有他的爱好都是高尚的，也是一个皇帝应该具备的。老百姓极为赞赏他对公平和正义的热心，对臣民的父亲般的慈爱，对道德和理智的爱好，以及对欲望的惊人自制力。"②

其四，就勇敢胆略而言，康熙与彼得大帝都是一代雄主，一身是胆，二人不分伯仲。《张诚日记》记载，康熙三十年五月初九（1691年6月5日），康熙在多伦诺尔的一次围猎过程中，老虎突然跃起，发出吼声，向骑士们冲去，咬死一个人。此刻，康熙下令放出猎犬，猎犬与老虎搏斗，康熙拈弓搭箭，射了三四箭，因为距离较远，老虎未中要害，只受轻伤。老虎带伤跑到一片荆棘之中，猎手们用石块砸老虎，长枪刺老虎，老虎怒了，以极快的速度从荆棘中窜出来，扑向了康熙。眼看就要扑倒康熙时，老

---

① ［法］亨利·特鲁瓦亚:《彼得大帝》，齐宗华、裘荣庆译，天津人民出版社1983年版，第276页。

② 中国社会科学院历史研究所清史研究室编:《清史资料》第一辑，中华书局1980年版，第196、197页。

虎不知为何，调转方向跑了。康熙的确一身是胆，此时他被老虎激起了更大勇气，他拍马追赶老虎，追击中跨过了一座山谷，而后康熙连开两枪，最终把老虎打死。[①]

康熙曾有过多次击毙老虎、狗熊的事例，这些事不仅记载在康熙的起居注里，也记载在外国传教士笔下，表明这绝非清朝官方对康熙的吹捧，康熙确为一身是胆。当然，康熙虽三次御驾亲征，但没有过亲自冲锋之时，他往往是站在高处观战，这一点，还是不如彼得大帝。从19岁开始，彼得大帝以下士的身份在军中服役，"他甚至亲自驾驶小船英勇地冲击敌军战舰，在战斗中为追击炮装填弹药。他在行军途中和士兵一起挨饿受冻，在肮脏的泥泞里摸爬滚打。在一次战斗中，他还被呼啸而来的子弹打穿了帽子"[②]。1695年在与奥斯曼帝国进行亚速海战时，彼得大帝以一名普通炮手身份参战。1702年化装成"炮兵上尉"的彼得大帝率领30艘仅仅配备火枪、榴弹和斧子等简陋武器的小艇驶入涅瓦河口全副武装的瑞典舰队中偷袭，结果重创瑞典舰队，缴获三桅巡洋舰两艘。彼得大帝之所以敢如此冲锋陷阵，一方面是因为他系统学习过现代军事技术，会熟练操作各种武器；另一方面，也是因为他力大过人，"他可以轻而易举地用手把马蹄铁折弯，或

---

① 中国社会科学院历史研究所清史研究室编：《清史资料》第五辑，中华书局1984年版，第195页。

② 王龙：《天朝向左，世界向右：近代中西交锋的十字路口》，华文出版社2010年版，第10页。

把一只银盘子卷成筒状"[①]。他是个身高2.04米的巨人[②],与敌人肉搏时,他丝毫不会吃亏。

其五,在最高君主的定位上,两国截然不同。清朝皇帝是满人和汉人的皇帝,是蒙古人的博格达汗,是藏人的金轮法王,在藏人眼中是文殊菩萨转世。俄国沙皇给康熙的信中这样称呼他,"统领东方各大国,以权力道德制定内部法律,扶佑中国,最高尚、最尊贵之博格德汗、汉人之至圣皇帝"[③]。

在俄国文书中,沙皇的头衔为"神圣光荣三位一体的全能上帝恩佑的大君主,领有大俄罗斯、小俄罗斯、白俄罗斯的专制君主,弗拉基米尔、莫斯科、诺夫哥罗德、喀山、阿斯特拉罕、西伯利亚沙皇,普斯科夫君主,伊维利亚、尤戈尔斯克、彼尔姆、维亚特卡、保尔加尔及其他各国大公兼尼卓夫斯克地区下诺瓦哥罗德、梁赞、罗斯托夫、雅罗斯托夫、白湖、乌多尔斯克、奥波多尔斯克、康定斯克等处的君主和大公,兼全部北方地区的统治者,及伊维利亚地区卡塔林和格鲁吉亚诸国皇帝、卡尔巴达地区契尔卡斯和果尔斯克诸大公,及其他许多国家的君主和统治者,对乞求者恩赐和平与安宁的强大独裁者,解除痛苦增进福利的治

① [法]亨利·特鲁瓦亚:《彼得大帝》,齐宗华、裴荣庆译,天津人民出版社1983年版,第276页。

② [苏]马夫罗金:《彼得大帝传》,余大钧译,商务印书馆2013年版,第258页。此身高是根据俄尺换算,根据英尺换算,也能得出同样结论,他身高"6英尺8英寸半",1英尺=30.48厘米,1英寸=2.54厘米,换言之彼得大帝身高2.04米,[美]威尔·杜兰:《世界文明史》第8卷《路易十四时代》,幼狮文化公司译,东方出版社1998年版,第318页。

③ 中国第一历史档案馆编:《清代中俄关系档案史料选编》第一编上册,中华书局1981年版,第71页。

理者，帝中之帝至尊上帝眷佑的基督教君主"①。

　　清朝与沙俄都是多元互构结构，都是多民族大帝国，不同的是，清朝是榨取各民族来为旗人阶层服务，八旗存在压倒性特权，而在俄罗斯，俄罗斯族反而没有特权。莫斯科公国在征服各罗斯人城邦时，对于诺夫哥罗德、普里科夫等城市打击最严厉，其市民议会全部被废除，一律"郡县化"。对于芬兰等地则非常宽容，芬兰有自己的法权体系，有自己的议会、政府、货币，芬兰人的言论自由远高于俄罗斯人。至于波罗的海沿岸的德意志贵族，则完全被纳入俄罗斯贵族行列，与俄罗斯贵族平起平坐。德意志贵族与俄罗斯贵族的关系，很像蒙古族与满族的关系，满蒙世袭通婚，俄罗斯沙皇也多有德国血统，比如叶卡捷琳娜二世就生于普鲁士。俄罗斯要借助德意志贵族的军事力量，满洲也同样要借助蒙古骑兵。不同的是，俄罗斯对德意志贵族只重用不腐蚀，满八旗对蒙古八旗则用格鲁派佛教羁縻之，腐化其战斗力，详见后文《乌兰布通之战》。满八旗在清中后期即不再是军队主力，而俄国在1874年普遍兵役制建立前，非俄居民可免于服兵役，流血作战者多为俄罗斯人。普遍兵役制建立后，高加索、芬

────────────

① 　［俄］尼古拉·班蒂什·卡缅斯基：《俄中两国外交文献汇编（1619—1792）》，中国人民大学俄语教研室译，商务印书馆1982年版，第418、419页。清朝文书中将沙皇称为"察罕汗"，中国历史上皇帝生前全称最长的是明朝嘉靖皇帝，他自封的全称是"大明朝嘉靖大皇帝，九天弘教普济生灵掌阴阳功过大道思仁紫极仙翁一阳真人元虚圆应开化伏魔忠孝帝君，太上大罗天仙紫极长生圣智昭灵统元证应玉虚总掌五雷大真人元都宝境万寿帝君"，一看这就是个道教名字，但他也没有沙皇的全称长。奥斯曼帝国苏丹全称则为"奥斯曼之苏丹，安拉于人间之代表，众君之君，万民生死之主宰，信徒与异教徒之共主，王中之王，东方与西方之帝，伟大权威之帝，极乐宝座之领主，庄严之皇帝，胜利之印，世间百姓之庇护，全能者在大地之影"。据英国厄恩利·布拉德福德：《大围攻，马耳他1565》，谭琦译，《甲骨文丛书》，社会科学文献出版社2019年版，第1页。

兰、波兰人的服役期也比俄罗斯人短，西伯利亚和中亚各族还是可免于服兵役的，只有第一次世界大战时才"全民皆兵"。根据米罗诺夫《帝俄时代生活史：历史人类学研究（1700—1917年）》的一系列表格我们可知，俄罗斯人承受的人均直接赋税要比非俄罗斯族人高40%以上。总之，俄罗斯帝国是燃烧俄罗斯族来维持国家，清帝国是燃烧其他民族来供给旗人阶层。

以上各区别，最终使中俄前途判然而分，就在签订《中俄尼布楚条约》的同一年，1689年英国威廉三世签署《权利法案》，在人类历史上王权第一次被民权真正规训，英国的君主立宪政体构建完善。

在此两年前，1687年牛顿发表了《自然哲学的数学原理》，阐明了万有引力定律和三大运动定律，一切现代科学的基础几乎都与《自然哲学的数学原理》这本书所阐明的原理密不可分。掌握了自然规律后，大自然开始逐渐被人类规训。

在此后一年，1690年，英国洛克出版了《政府论》。

短短三年时间，这三件事都发生在英国，遗憾的是，这三件事在当时中国没有一个人听说过，在俄国除了《自然哲学的数学原理》被译成俄文出版外，另外两件事也没有能够掀起波澜。这三件事在中英俄三国的不同反响决定了三国未来300年的命运。英国由此迅速强大，成为超级大国。俄国逐渐走向现代文明，但其政治体制依旧保守僵化，直至1856年克里米亚战争输得一败涂地。中国则是彻底落后于世界大潮，先被英国打开国门，再被俄国先后抢走300多万平方公里。

8
Part

清朝皇子的一天：
岂曰无逸，与子同愁

18
1687年7月
日

关键词 皇子　时间　陪太子读书　康熙
起居注　卡农习惯法

此文以时间为单位建构清代皇子生活。前近代时期，亚洲中下层社会毫无时间观念，"一袋烟工夫"即其时间定义，而上层社会争分夺秒，清代皇子时间安排呈过密化。清代皇子的时间为历法所规训，为节庆礼仪所演绎，为政治文化所形塑。能够在如此高强度时间安排中胜出之皇子，一定具备专制帝国最高统治者所需之精力、体力与学力。文化时间上无逸，体育时间习武艺，不以无益废有益，如此，才能培养出合格皇子。

如果有人告诉你，有这样一种生活，孩子从6岁开始，一直到16岁，每天晚上8点睡觉，凌晨2点半起床，白天有11个小时要读书、背课文、写作文、学两门外语，3个小时练习骑马射箭，一年到头，只有正月初一能歇一天，除夕和除夕前一天能歇半天，其余362天天天如此，要经历10年，问这种生活是哪一种人的日常生活？许多人第一反应，应该是高考考上北大清华，或者被剑桥、牛津、"常春藤"大学录取的优秀学生的生活。但我要告诉您，不是！这种生活就是清朝皇子的生活。这样的节奏在中国毛坦厂中学、衡水一中这类学校的学生中可谓见怪不怪，然而他们也就是高中过三年这样的生活而已。清朝皇子要10年如一日地过这种生活。连上10年高三，那些羡慕皇帝锦衣玉食的人，是不是也被这富垞陶白前的10年高三吓怕了！

康熙共有35个儿子，20个女儿，这35个儿子，长大成人的有20个，剩下15个都在孩童时代就去见努尔哈赤了，皇十八子之后再出生的孩子，到康熙死时最大的才21岁，不具备皇位竞争力。抛开对皇位基本不感兴趣的，真正在角逐的就是皇长子胤禔①、皇太子胤礽、皇三子胤祉、皇四子胤禛、皇八子胤禩、皇

---

① 在清代对皇子的称呼，不同身份是有区别的，"阿哥"是大臣对皇子的称谓，比如康熙年间大臣们称呼雍正为四阿哥，胤禩为八阿哥。内务府官员和太监一律按皇子的排行称"爷"，比如太监称呼雍正为四爷，胤祥为十三爷。至于书面语，则称为"皇四子""皇十四子"，以此类推。古代普通人皆以姓字相称，为何不见皇帝字号？其实，清朝皇子与百姓都是20岁行冠礼，为自己取字。若20岁前就当了太子、皇帝，则不需要字号，因为没有人会以字号来称呼太子、皇帝。只有皇帝、皇后、太后可以称呼皇子的字，哪怕其老师也不能喊字，否则就是大不敬。等皇子登基后，字号就更不能提，否则是大不敬，所以皇帝、皇子的字号信息流传下来的很少。不过也有一些人的字号有记载，乾隆第十一子永瑆字镜泉，道光第七子奕譞字朴庵。中国古代留有字号记载的多为开国之君，毕竟其从20岁到登基有较长时间，刘邦字季，刘秀字文叔，汉献帝字伯和，曹丕字子桓，刘备字玄德，孙权字仲谋，司马炎字安世，苻坚字永固，刘裕字德舆，梁武帝萧衍字叔达，陈霸先字兴国，李渊字叔德，李世民、李隆基史不载其字，唐高宗李治字为善，辽国耶律亿字阿保机，赵匡胤字元朗，宋高宗字德基，朱元璋字国瑞。

九子胤禟、皇十子胤䄉、皇十三子胤祥、皇十四子胤禵，这九个人，故称"九王夺嫡"。

康熙非常重视皇子们的教育。清朝皇子的教育非常严格，吴振棫《养吉斋丛录》卷四记载："我朝家法，皇子、皇孙六岁，即就外傅读书。"休假日，"惟元旦免入直，除夕及前一日巳刻，准散直"[1]。一年之中，休假只有元旦（正月初一）一天和除夕半天，腊月二十九（或二十八）半天。

康熙亲自为皇子们选定师傅，张英、熊赐履、李光地、徐元梦、汤斌等一代名儒都先后成为皇子的老师，他们主要教授儒家经典；满人师傅称谙达，内谙达教授满文和蒙古文，外谙达教授弓箭骑射技艺。

下面我们根据《康熙起居注》记载的康熙二十六年六月初十（1687年7月18日）这一天，来复现皇子们读书的情景。[2]

寅时（3:00—5:00）：皇子在书房读书，复习前一天的功课，准备师傅到来上课。

卯时（5:00—7:00）：皇太子胤礽在畅春园无逸斋[3]读书，满文师傅达哈塔、汉文师傅汤斌和少詹事耿介进入无逸斋，向皇太子恭行臣子礼后，侍立在东侧，管记载皇太子言行的起居注官德格勒、彭孙遹侍立在西侧。皇太子胤礽朗诵《礼记》中的数个章

---

① 吴振棫：《养吉斋丛录》，《清代史料笔记》，中华书局2005年版，第61页。

② 本日所有记载均据中国第一历史档案馆整理：《康熙起居注》，中华书局1984年版，第1643至1645页。

③ 为让胤礽勤奋读书，不许有一日偷懒，所以康熙取《尚书·无逸》篇名，将胤礽的书斋定名无逸斋。

节，而后胤礽遵照皇父"书必背足一百二十遍"的规定背足数后，令汤斌靠近案前听他背书。年近 60 岁的汤斌跪着捧接皇太子的书，听完胤礽的背诵，一字不错，就用朱笔点上记号，重画一段，再读新书，捧还经书，退回原来的地方站立。皇太子又写楷书一纸，约数百字。

辰时（7:00—9:00）：康熙上完早朝，向孝庄太皇太后请安之后，来到皇太子读书的无逸斋。皇太子率领诸臣到书房外台阶下恭迎。康熙入斋升座，问汤斌曰："皇太子书背熟否？"

汤斌："很熟。"

康熙接过书后，指出一段，皇太子琅琅背诵，一字不错。康熙又问起居注官彭孙遹："尔等观皇太子读书何如？"

彭孙遹："皇太子睿质岐嶷，学问渊通，实在是宗庙万年无疆之庆！"

康熙说："你们要跟朕如实汇报，如果他读书读得不好，你们却说他读书好；如果他讲书讲得不好，你们却说他讲得好，那你们就不是人了！（若此者非人类矣）"检查完皇太子的功课，康熙回宫。

巳时（9:00—11:00）：农历六月份北京的中午是很炎热的，皇子穿的衣服自然不能是短褐椎结，然而皇太子不摇折扇，不解衣冠，凝神端坐，伏案写字。现代的一些清宫戏里面皇帝倚墙而坐或翘着二郎腿，这些都不合历史。清朝皇帝自从顺治定家法以来，都受着严格的教育，一贯都是正襟危坐，绝不会坐姿随性。在太子写字时，师傅达哈塔、汤斌和耿介，因为年迈暑热，早晨起床过早，站了半天了，体力不支，斜站着打盹（"斜立昏盹而已"），看来如果当皇帝的老师，还要练成能站着睡觉且不摔倒的功夫。皇太子这会儿练习的是满文书法，他写好满文书法一张后，又将今天老师在《礼记》上新画定的篇章读上120遍。

午时（11:00—13:00）：侍卫给皇太子上午膳，皇太子让几位老师跟自己一起吃午饭。几位老爷爷叩头谢恩后，就座吃饭。皇太子今年13岁，儿童精力充沛，饭后自然用不着午休，他正襟危坐，接着读《礼记》，读过120遍，再由汤斌等跪捧着书，继续背诵。

未时（13:00—15:00）：侍卫端进点心。皇太子吃完点心后，侍卫在庭院中安上箭靶。皇太子运力挽弓，拈弓搭箭，练习射箭。起居注里没有记载皇太子射箭时成绩如何，是连中靶心，还是脱靶了，均没有记载。皇太子射完箭，回屋入座，开始疏讲。疏讲就是由老师从之前已经读过的十三经里面随便找一篇来出题，然后皇子根据这个题目来讲解自己以前学习时的心得。

申时（15:00—17:00）：康熙又来到无逸斋。15岁的皇长子胤禔、10岁的皇三子胤祉、9岁的皇四子胤禛（雍正）、8岁的皇五子胤祺、7岁的皇七子胤祐、6岁的皇八子胤禩，同来侍读。汤斌因为自己年岁大，撑不住这种高强度的教学，便打着皇太子的旗号说："皇上教皇太子过严，当此暑天，功课太多，恐皇太子睿体劳苦。"

康熙没有理解汤斌的意思："皇太子每日读书，皆是如此，虽寒暑无间，并不以为劳苦。若勉强为之，则不能如此暇豫，汝等亲见，可曾有一毫勉强乎？""朕宫中从无不读书之子，今诸皇子虽非大有学问之人所教（这句话表现出康熙对汤斌等人的不满，康熙认为汤斌等人学问不够好），然已俱能读书。朕非好名之主，故向来皇子读书情形，外人不知。今特召诸皇子前来讲诵。"汤斌只得按照康熙的旨意，从书案上信手取下经书，随意翻书命题。诸皇子依次鱼贯进前背诵、疏讲。康熙让皇长子胤禔讲格物致知一节，皇三子胤祉讲《论语·乡党》的第一章，都讲得不错。皇五子胤祺因为年幼，这一年才刚8岁，一直在皇太后的宫中养着，皇太后怕孩子学习四书五经累着，没让他学，只让他学习满文，所以康熙让他写满文一篇，写出来的内容都很准确，没有错字。至于胤祐和胤禩，都才六七岁，还没怎么学东西，康熙便也没为难他们，没有当场考他们。不知为何，康熙这天没有当场考胤禛。

考察完孩子们之后康熙总结道："朕幼年读书必以120遍为准，盖不如此则义理不能透彻，故教太子和诸皇子读书皆是如此……"康熙亲自书写程颐七言律诗一首，又写"存诚"两个大字一幅，给皇子们示范。群臣称颂说小字"秀丽"、大字"苍劲"。

酉时（17:00—19:00）：侍卫在院中架好箭靶之后，康熙令诸子依次射箭，胤祉、胤禛、胤祺、胤祐、胤禩都射中四箭三箭不等，而后康熙让胤禔和胤礽来比试，胤禔射中两箭，胤礽射中三箭，随后，康熙亲射，连发连中。此时天色已暮，诸臣退出。皇太子一天的紧张功课完毕。之后就可以洗澡睡觉了，由于皇子凌晨3点就要开始在书房温习功课，所以皇子大约两点半就要起床。晚上8点左右开始睡觉，因此皇子大约每天睡不到7个小时。

　　白晋在《康熙大帝》中这样写皇子们的教学："这些皇子的老师都是翰林院中最博学的人，他们的保傅都是从青年时期起就在宫廷里培养的第一流人物。然而，这并不妨碍皇帝还要亲自去检查皇子们的一切活动，了解他们的学习情况，直到审阅他们的文章，并要他们当面解释功课。皇帝特别重视皇子们道德的培养以及适合他们身份的锻炼。从他们懂事时起，就训练他们骑马、射箭与使用各种火器，以此作为他们的娱乐和消遣。他不希望皇子过分娇生惯养；恰恰相反，他希望他们能吃苦耐劳，尽早地坚强起来，并习惯于简朴的生活。……皇子们都能流利地讲满语和汉语。在繁难的汉语学习中，他们进步很快。那时最小的皇子也已学过四书的前三部，并开始学习最后一部了。皇帝不愿他们受到任何细微的不良影响。他让皇子们处在欧洲人无法办到的最谨慎的环境中成长起来。皇子们身边的人，谁都不敢掩饰他们的哪怕是一个微小的错误。因为这些人明白，如果这样做，就要受到严厉的惩罚。"[1]

　　值得一提的是，康熙虽然重视皇子的教育，但是不尊重皇子的老师。舒穆禄·徐元梦是康熙皇子的老师，康熙二十六年（1687）秋季的一天康熙教皇子们射箭，让徐元梦也射，徐元梦说："微臣不会。"康熙当着众皇子的面说："身为旗人，你还有脸说自己不会射箭？你根本不配当旗人！"徐元梦顶了一句，康熙大怒，于是徐元梦被按在地上打成重伤（上益怒，命扑之，

---

[1]　［法］白晋：《康熙大帝》，中国社会科学院历史研究所清史资料室编：《清史资料》第一辑，中华书局1980年版，第241页。

创），而后康熙下令抄了徐元梦的家，把徐元梦的父母发配到黑龙江。也许是康熙的残暴激怒了老天爷，当晚大雨倾盆，徐元梦苦苦哀求康熙的侍卫，说自己的老父老母身体有病，自己廉洁奉公，抄家的全部财产不过 500 两银子，求皇上开恩，让自己代替父母去黑龙江，侍卫把徐元梦的话告诉给康熙，康熙听后，也感觉自己有些过分，便赦免了徐元梦的父母，还让徐元梦继续给皇子当老师。[1]尊师重教是最起码的道德，康熙当着皇子的面如此折辱老师，只能给皇子们留下很不好的影响。

"陪太子读书"一词在当下语境中就是陪伴、陪衬，在清朝以前的历朝历代，陪太子读书都是这样的，然而清朝则不是，陪太子读书的每一个皇子都必须好好念书，因为他们都有接班的可能。

康熙十四年（1675）十二月十三日康熙立皇二子胤礽为太子，此时胤礽才一岁七个月，册立胤礽为太子，也开了大清公开册立太子的先河。康熙之所以这样做，是因为此时正值三藩之乱，大清半壁江山动摇，为安定人心，康熙册立太子，以此向天下表明，朕今年才 21 岁，春秋正盛，等朕有朝一日驾崩后太子再继位，可见大清江山还是能延续很长时间的，想造反的人不要妄想了。

古往今来，最高统治者对于接班人有两种策略：要么是把他作为笼中虎圈禁，直到自己年事已高时再放虎出山；要么是尽早把老虎放于山岗，让它学习饿虎扑食、令百兽震惶的本领。一代

---

[1] 方苞：《望溪先生集外文》卷六，桐城戴钧衡咸丰元年（1851）刊刻，第 16 页。
　赵尔巽等纂：《清史稿》卷 289，总第 34 册，中华书局 1977 年版，第 10248 页。

雄主康熙显然选择了后者。

在封建专制时代,不论在西方还是东方,接班人问题都让最高统治者头疼。拿奥斯曼帝国为例,开始数代君主的兄弟一个个生龙活虎,每次都是通过刀光剑影来角逐出最高统治者,奥斯曼帝国苏丹继位后,再拿当初与自己竞逐皇位的兄弟们开刀,把所有可能构成威胁的兄弟杀尽,此称为"卡农"习惯法,由穆罕默德二世颁布(他于1453年攻破君士坦丁堡,灭拜占庭帝国)。到1595年穆罕默德三世继位,按照"卡农"习惯法,一夜之间把自己的19个兄弟都杀死。1603年穆罕默德三世去世后,奥斯曼帝国皇族直系男性只剩穆罕默德三世的两个少不更事的儿子了,如果杀死一个,另一个一旦也死了,奥斯曼帝国就没有王位继承人了。由此,"卡农"习惯法被改为苏丹继位后,不再杀死所有兄弟,而是幽禁他们,将自己的所有兄弟关在后宫女眷住所内。对被幽禁者而言,只要自己的当苏丹的兄弟不死,那自己就死在禁所了,如果当苏丹的兄弟死了,自己再出来当苏丹。如此,奥斯曼帝国的血雨腥风的皇位继承是没有了,而一个个长期生于深宫之中,长于妇人之手的无知蠢夫当上苏丹后,奥斯曼帝国的国势可想而知。

类似的事情在唐朝也发生过,727年,李隆基因为自己此前是以亲王身份而登上皇位,再往前唐朝的历次皇权接班皆是血雨腥风,于是他在长安苑城外建造十王宅来安置自己的10个皇子,由宦官来看押这些皇子,自此亲王不再出任官职,而是长期被软禁。再往后因为自己的孙儿渐多,他又建立百孙院,孙儿们也都实质上长期被变相软禁，太子也不另居东宫。[①]由此，唐朝初年生龙活虎的局面被终结，就有了大唐的衰落。对于奥斯曼帝国的事，康熙当然不会知道，而对于唐朝之事，康熙一清二楚。为保证清朝国运，康熙选择给皇子们执政机会，希冀以此培养出合格接班人，但也正因此，九王夺嫡剑拔弩张，康熙帝在心力交瘁中，走向人生终点。

---

① 欧阳修、宋祁：《新唐书》卷82《十一宗诸子》，《新唐书》第12册，中华书局1975年版，第3615页。

9 Part 乌兰布通之战：从御驾亲征的礼仪图景说起

3 日

1690年9月

关键词 准噶尔　康熙　噶尔丹
乌兰布通　骑兵　战术

　　此文以《大清会典》为基础，建构清代御驾亲征誓师大会图景，从战术指挥角度分析康熙在平定噶尔丹时的军事水准。此时清军虽有躲在草丛、蒙在棉被中"参战"的畏蒽不前将领，但总体上尚堪一战，康熙以自己卓越的战术水平和倾全国之力的后勤体系击败了此时世界最强的准噶尔骑兵。战后康熙以喇嘛教等各种手段腐蚀蒙古人，遂使"中国坐是无边警者百余年"。

康熙二十九年七月十四日（1690年8月18日）紫禁城午门外，卤簿仪仗皆备，乐手奏铙歌大乐，兵部准备16个蒙古画角、200个海螺在皇堂子（长安左门）内外，清军入关以来皇帝的第一次御驾亲征即将启程。在皇堂子，八旗壮丁各一人护卫着本旗大纛和火器营大纛。内务府武备院在皇堂子拜天圜殿外甬道正中为康熙设立拜位，武备院设北鞍库、南鞍库，北鞍库掌皇帝所用鞍辔、伞盖、幄幕等，南鞍库掌官用鞍辔、皮张、雨缨等。从征的王公大臣都征衣佩刀，不从征的王公大臣则着蟒袍补服，他们都在长安街天安门东侧跪候。

"吉时已到！"礼部堂官进入乾清门请驾，康熙帝身着铠甲，手握佩刀，骑马从紫禁城出来，前面由武备院卿骑马引导，领侍卫内大臣及其扈从携带着弓矢簸拥康熙前行。此时午门鸣钟，浑厚的钟声与清脆的马蹄声交相应和。康熙骑马至长安桥，军士鸣角吹螺，康熙到皇堂子门外下马，螺号声停止。礼部堂官引导康熙进入皇堂子的拜位，鸿胪寺卿引导文武百官到皇堂子内丹陛，各人站位得当后，鸣赞官朗声喊道："跪拜！"康熙与文武百官一起面向北方行三跪九叩之礼。皇堂子有祭神殿和拜天圜殿，清军入关前大的征伐要向祭神殿的神明行三跪九叩之礼。祭神殿神明包括朝祭神（释迦牟尼、观世音菩萨、关圣帝君等）、夕祭神（穆哩罕神、蒙古神等）、祈福神、尚锡神、马神、纛神。这是清军入关后首次御驾亲征，本身对怪力乱神持怀疑态度的康熙没有跪拜祭神殿的神明，而是选择只在拜天圜殿行礼。行礼之后，螺鼓号角齐鸣，康熙来到黄龙大纛前行三跪九叩之礼。礼毕，康熙从皇堂子走出，骑在马上，奏《佑平之章》，辞曰："極祀隆永，维统百灵，延福储祉，奠安神鼎，修祀祠，通紫庭，降福祥，昭德馨。"奏乐后，领侍卫内大臣等保护黄龙大纛出内城，走在最前面，康熙一行从德胜门出，这也是明朝以来军队出征的必经之门，朱棣五次北伐蒙古都是从德胜门出师，明英宗土木堡之变前也是从德胜门出师。不过，上一次从德胜门出师的已经是正德十四年（1519）八月二十二日明武宗朱厚照出师平定宁王之乱了。

在康熙眼中，那些明朝皇帝皆不足为法，康熙信心满满地出德胜门，八旗官兵早已分翼陈列于城郭外，三声炮响过后，康熙率领大军北伐，开始了第一次御驾亲征噶尔丹的行程。[①]

康熙在位期间共三次御驾亲征，都是去平定噶尔丹，平定三藩之乱时康熙都没有御驾亲征，可见噶尔丹之厉害。关于噶尔丹的一切都要从1368年元朝灭亡说起，元朝退出中原汉地后，蒙古主要分裂为鞑靼和瓦剌两部，朱棣五次北伐都是打鞑靼部，把鞑靼打残后，不承想瓦剌崛起，1438年瓦剌灭鞑靼，1449年瓦剌部可汗也先于土木堡之变以2万人打得明军50万人全军覆没，生擒明英宗，此为瓦剌部极盛时期。而后也先南侵，被于谦打得大败，1455年也先在内讧中被杀，瓦剌内乱，鞑靼再次崛起。蒙古瓦剌部落衰落，于是退居新疆天山的北面，称为厄鲁特蒙古（也叫卫拉特蒙古）。厄鲁特蒙古分为四部，分别是：和硕特部（首领姓孛儿只斤，是成吉思汗黄金家族后裔），一开始在乌鲁木齐一带，后来入侵青海；准噶尔部，在伊犁一带；杜尔伯特部，在

---

① 关于皇帝御驾亲征仪式，据崑冈等修：《钦定大清会典事例》卷411，《续修四库全书》第804册，上海古籍出版社2002年版，第484页。

额尔齐斯河畔；土尔扈特部，在新疆塔尔巴哈台（塔城）一带。到了明朝后期，在中原正北方向，以大漠为界，鞑靼部落分为漠南蒙古（内蒙古）和漠北蒙古（喀尔喀蒙古），新疆则是漠西蒙古，也就是原来的瓦剌。漠南蒙古最强者是察哈尔部，察哈尔部林丹汗与皇太极三次大战，都被打得一败涂地，最终察哈尔部为清朝所并，漠南蒙古其他各部见察哈尔部已经降清，于是整个漠南蒙古都归附清朝。漠北蒙古的三大部落的可汗分别是土谢图汗、札萨克图汗、车臣汗。他们在林丹汗死后纷纷向清廷朝贡，表示臣服，顺治十二年（1655）清廷在漠北蒙古设8个札萨克，从此开始了对漠北蒙古的管辖。

此时还没有向大清臣服的只有厄鲁特蒙古了，其中最强者为准噶尔部，噶尔丹就是准噶尔部大汗。噶尔丹有雄略，他决定先统一蒙古，再攻掠中原，以期重建蒙古帝国。康熙十六年（1677）噶尔丹出兵进攻和硕特部，在斋桑湖击败了和硕特部主力，生擒和硕特部可汗、自己的岳父鄂尔奇图车臣汗，将他的喉咙割断。康熙十八年（1679）五世达赖派人封噶尔丹为博硕克图汗（意为持教受命王），准噶尔汗国正式建立。康熙十九年（1680）噶尔丹率领12万骑兵攻入南疆，将叶尔羌汗国扫平，一统今新疆地区。康熙二十一年（1682），噶尔丹率军进攻哈萨克的头克汗（又称梯亚甫迦汗），头克汗用计诱噶尔丹军入城，待雪夜哈萨克援军一到，内外夹击，准噶尔骑兵猝不及防，马匹陷入雪坑，死伤过半。噶尔丹此次失败后，派人对哈萨克头克汗说："汝不来降，则自今以往，岁用兵，夏蹂汝耕，秋烧汝稼，今我年未四十，迨至于发白齿落而后止。"①噶尔丹威胁说我现在还不到40岁（噶尔丹1644年出生），今后年年来打你，夏天踩你禾苗，秋天烧你庄稼，直到我头发花白牙齿脱落为止。

此时准噶尔汗国的统辖地域，包括现在的吉尔吉斯斯坦、塔吉克斯坦、哈萨克斯坦东部南部、中国新疆、蒙古国西部，下一步就是进攻漠北蒙古——喀尔喀蒙古了。

为能跟清廷抗衡，噶尔丹投入了俄国人的怀抱，取得了彼得大帝的支持。有了俄国和西藏喇嘛教上层的支持，噶尔丹大举进攻喀尔喀蒙古，将其杀得大败，土谢图汗仓皇逃到清朝这边。康熙决定安置喀尔喀蒙古进入内地的这几十万人和土谢图汗，噶尔丹得知后，派人与康熙交涉，让康熙交出土谢图汗。

面对噶尔丹的挑衅，康熙已忍无可忍，他下诏给噶尔丹，劝他尽早收手，可是噶尔丹自恃有俄国人撑腰，完全无视康熙的诏书，他率3万精骑南侵。刚出兵，就传来消息，他的侄子策妄阿拉布坦派兵突袭噶尔丹的大本营科布多，尽掠噶尔丹的妻子、部民，噶尔丹无法返回故地了，于是噶尔丹只得破釜沉舟，尽全力与康熙一战！

康熙二十九年（1690）五月康熙兵分三路迎战，左路由康熙的二哥福全率领，出古北口，准备沿着承德、乌兰布通一线前往乌珠穆沁；右路由康熙的五弟常宁率领，出喜峰口；康熙稍后自率中路，御驾亲征。刚出兵，康熙忽然得了寒热之症（应该是疟疾），不得不在博河屯（河北隆化）养病，其间，福全和康熙的

---

① 梁份：《秦边纪略》卷6，《西北史地资料丛书》，青海人民出版社1987年版，第422页。

太子胤礽互相参劾,争夺军权。康熙害怕出内讧,自己的中路军人手又不够,于是令左路军在乌兰布通待命,这样一来却使得右路军孤军深入。六月,右路军常宁麾下阿喇尼部在乌尔会河(今名乌拉盖河,在内蒙古乌珠穆沁旗内)与准噶尔军相遇,被杀得大败,噶尔丹率军继续南下,直抵乌兰布通,距离北京只有700里了。据刘献廷《广阳杂记》记载,"京师戒严,每牛录下枪手派至八名,几于倾国矣"[1]。

乌兰布通在蒙古语里是红色的酒坛子的意思,位于今内蒙古克什克腾旗以西,该地区北面靠山,南面是西拉木伦河上游支流,地势险要。此地风景如画,春天,万物复苏,绿草如茵;夏季,百花争奇斗艳,百鸟自由翱翔;秋季,层林尽染,牛羊肥美;冬季银装素裹,分外妖娆。山头之上,雄鹰在无垠的碧空盘旋,时而有雁群和鸭群拍打着正在脱毛的翅膀,溅起一团团的水花,以避开雄鹰凌厉的攻势。但如此良辰美景,眼看就要遭到战火的洗礼了。

七月二十日(8月24日),裕亲王福全率军五六万人抵达乌兰布通南面,这五六万人搭建帐篷的营区长达60里,宽20里,阵容浩大,单福全这一路清军兵力就是噶尔丹的两倍。康熙鉴于阿喇尼在乌尔会河之战的惨败,觉得噶尔丹不容小觑,下令一定要等蒙古各盟旗的2万援兵到位后再开战。为了稳住噶尔丹,福全派人去与噶尔丹谈判,说:"先前阿喇尼与你开战,是因为你不小心误入边界,我军不得不迎战。你向来与天朝上贡通好,这次你带兵入境也无非是来追喀尔喀蒙古。现在喀尔喀蒙古也劫掠

---

① 刘献廷:《广阳杂记》卷1,中华书局1997年版,第24页。

我们的外藩，肆行悖乱，与我朝不和。圣上派我来就是为了与你们永结盟好的。”

葛尔丹当然不相信这些鬼话，福全派来的使者赶忙解释："难道你没听说之前大清跟俄国人的交涉吗？我们大军过去，最后也是跟俄国人不战而归啊！"

葛尔丹当然不信，他将计就计，说："喀尔喀蒙古是我世仇，因此我追杀他们，就像您刚才所说，我的确是误入边境，我准噶尔部一向拜服中国皇帝，不敢妄为。您刚才说：喀尔喀蒙古最近肆行悖乱，那正好贵国把土谢图汗交给我，我来帮您惩罚他们！"

福全的使者被气得艴然不悦，想给你个台阶下，你却得寸进尺，把情况上报给康熙后，康熙指示：派人送给葛尔丹100只羊，20头肥牛，以示友好，等蒙古2万援军来后，再开战。葛尔丹把这些牛羊照单全收，但是，要想等援军，那是门也没有，葛尔丹最后给清朝使者撂下一句话："听说诸路大军云集，内大臣们也到了。还听说土谢图汗之子噶尔旦台吉也在军中。你们不见老鼠被人捉住尾巴，还要咬人的手吗？我非老鼠，就是临以十万大军，又何惧之有！"

大战在即，然而七月二十一日，康熙"夜间身热心烦，次日黎明始得成寐"。二十三日，康熙病情加重，大臣们奏请回銮，康熙说："朕来此地，本欲剿灭葛尔丹，以肃清沙漠，今朕身体严重不适，难以支撑，不亲自灭此贼，甚为可恨！"康熙"叹息流涕"，于是命随驾的火器营前去支援福全，自己率中路军回銮。二十四日，皇太子胤礽、皇三子胤祉前来请安，见胤礽"略无忧戚之意，现于辞色"，康熙明白，胤礽这是认为自己这次要病死了，他要继位了，所以康熙很不高兴。二十七日，康熙病情仍不见好转，只得徐徐回京。[1]

七月二十九日，噶尔丹率军在乌兰布通山地居高临下扎营，乌兰布通山林木茂密，山势险要，东西两侧有大面积沼泽地。噶尔丹用心良苦，清军骑兵无法通过两侧沼泽地，只能正面从山脚仰攻，显然攻击难度很大。

八月初一（9月3日），裕亲王福全与噶尔丹在乌兰布通展开大战。噶尔丹将万余骆驼绑住腿卧倒在地，名为驼城。骆驼背上放木箱，上面蒙一层毡子，环列为营，士兵依托驼城，发射弓矢火器。清军隔河列阵，33门红衣大炮顿时怒吼，飞弹挟着浓烟，飞向敌阵，千余鸟枪手向敌军猛射，此时噶尔丹的300火枪手也向清军还击。噶尔丹虽没大炮，但俄罗斯进口的火枪的确比鸟枪精良，且集中火力专打清军炮兵，清军40名炮兵饮弹而亡。清军也有准备，炮兵都有替补，死一个上一个，而且弹药非常充足，但噶尔丹所部的火枪子弹渐渐不足。

由于骆驼们事先并没有被堵上耳朵，它们很快就被清军的武成永固大将军炮、神威无敌大将军炮、子母炮等各种火炮炸得纷纷站起来，四处逃散，骆驼阵崩溃了，康熙的舅舅佟国纲勇冲敌阵，随即清军大举压上，将噶尔丹所部冲作两股。清军在福全指挥下发起冲锋，除正面攻击外，福全还让骑兵从两翼迂回出击，右翼被泥泞的沼泽所阻，不得不退回，左翼沿河冲锋前进。噶尔丹以残余的骆驼阵作掩护，以弓箭、火炮、钩矛奋力还击，由于

---

[1] 《清圣祖仁皇帝实录》卷147，《清实录》第5册，中华书局1985年版，第628、629页。

受地形限制，又缺乏训练，清军伤亡很大。康熙的舅舅佟国纲也被准噶尔军的俄式滑膛枪击中，人被打成了筛子。国舅爷的鲜血激起了大清将士更大的血性，在撕心裂肺的喊杀声中，狂野的战马纵横跳跃着，剽悍的蒙古武士和满汉战士挥着雪亮的刀生死相搏，激战中有的人被砍掉了臂膀，有的人被砍飞了天灵盖，鲜血喷涌而出，红色的血液在绿色的草原上就像开花一样洒满大地。尽管清军国舅阵亡，但噶尔丹损失更为惨重，只得退回山顶，福全也下令停止攻击。

战败后，噶尔丹一面派喇嘛向清军诈降，一面趁夜渡过西拉木伦河向漠北撤退，随后准噶尔军遭遇瘟疫，死亡甚众，3万准噶尔军逃回科布多者仅数千人，此战清军歼灭了噶尔丹有生力量，康熙第一次御驾亲征噶尔丹结束。

康熙亲自带兵打仗、行军布阵，有以下战术：一是出去侦察时不携带大旗，各带本旗颜色小旗。在远离我军大营的各个方向设置前哨，勤加巡视，以防敌人偷袭。一人一骑，其马备鞍以待，白天把马在近处放牧，晚上则提前准备好饲料把马拴好喂养，如此既使马可以吃上夜草，也防止马匹丢失。前哨如发现敌人，即飞报大营，若在没有敌人时滥报，或敌人都到近前了还不报，以及报信迟疑者，立即将该哨兵军前正法。[1]

二是对敌列阵时，主将必度地据险。敌人或者直接把骑兵在草原上列阵，或者结骆驼鹿角为营，我军分列行阵，指明某队某旗，当击敌阵某处。战时鸣号角进兵，战毕仍鸣号角收兵。官兵

---

① 《清圣祖仁皇帝实录》卷169，《清实录》第5册，中华书局1985年版，第837页。

或弃其部伍混入他人部伍，或从本阵被打出，往附他人尾后，或逡巡观望，逗留而不前进，照所犯轻重正法、籍没、鞭责、革职。至我军分阵进击，某旗对阵，敌军暂时撼不动时，迅速派预备队援兵前往，使兵士不惊慌。临敌对阵时，王、贝勒、贝子、公、大臣、官员，如果不按队列次序进攻，或者看敌人少而都要争着攻灭，则不记功而仍以罪论。[①]

三是每3名护军、1名鸟枪兵、4名辎重兵组成一个小战斗单位，8人住在一个帐篷里，其中护军和鸟枪兵每人3匹马，辎重兵每人1匹马，共16匹马。每个帐篷随带相当于一人80天的粮食，也就是每人携带10天粮食。除此之外，还携带甲胄4副、弓箭220枝，锅2个，斧子和铁锹各一个，背东西的行囊4个。这8个人的一切装备、粮食加上帐篷，共975斤左右。16匹马有8匹是给人骑的，另外8匹来驮运东西，平均每匹马可以载重120斤。[②]

四是作战军阵，皇帝在首队，首队正中设鹿角，鹿角周围是八旗兵、绿营兵。鹿角是古代作战中使用的一种能移动的障碍物，系以木材做成人字架，将枪头穿在横木上，使枪尖向外，设于要害处，主要用以防御蒙古骑兵突击，故又名拒马枪。原木粗约60厘米，枪使用3米左右的普通枪。清军野战时，多作为构筑阵地时的辅助设施来使用，也常用来封锁道路，以迟滞蒙古骑兵的冲锋。鹿角分为拒马枪和拒马木枪，拒马木枪是把三支枪捆在一起的一种障碍物，不使用时，可以收成一根，所以在运输方面比拒

---

① 《清圣祖仁皇帝实录》卷169，《清实录》第5册，中华书局1985年版，第837页。

② 崐冈等修：《钦定大清会典事例》卷580，《续修四库全书》第807册，上海古籍出版社2002年版，第114页。

马枪方便。枪的两端是尖而锐的铁制锋刃，枪柄为木制，上面带有连接多个拒马木枪用的铁链，使用时，把其中一支枪插入地面，用铁链把几支枪相互连接在一起，用以阻挡敌人的攻击。康熙三次御驾亲征噶尔丹，一旦准噶尔骑兵来偷袭大营，或者是战场上来攻击清军本阵，都会被拒马木枪扎得腹破肠出。除非派步兵来提前搞破坏，或者用火炮炸，否则骑兵面对拒马木枪时只能无解。

五是清军军阵首队前为八旗兵、绿营兵、鹿角，中为左右翼汉军火炮、鸟枪兵，后为左右翼满洲火炮兵。皇子和王公大臣都在第二队，第二队的配置与第一队基本相同。①

做好前期侦察工作，先打赢情报战，然后在作战时远距离以火炮轰炸，中距离为骑兵混战，近距离以拒马枪等配置阻挡蒙古骑兵冲锋。准噶尔部在第三任可汗噶尔丹策零时方有千人火炮队，由被俄国人流放到西伯利亚的瑞典军官列纳特训练②，此前准噶尔部没有火炮部队，所以远距离只能挨炸。中距离是清军最容易吃亏的地方，准噶尔骑兵几乎是此时全世界战斗力最强的骑兵，而满洲八旗铁骑早已没有入关之初的生龙活虎。正白旗副都统色格印以自己中暑为名，从马背上下来，不敢参战。他家人都看不过去了，说："身为二品大臣，如此临阵退怯，归去何颜见人耶？"家人扶他上马，可是骑马没走几步，"色格印复下马，卧于草内，及回营，犹战栗不已，身披甲胄，蒙被达旦"。乌兰布

---

① 崑冈等修：《钦定大清会典事例》卷580，《续修四库全书》第807册，上海古籍出版社2002年版，第114、115页。

② ［苏］兹拉特金：《准噶尔汗国史（1635—1758）》，马曼丽译，商务印书馆1980年版，第344页。

通大战时,身为一个旗骑兵的二把手,色格印居然是躲在草丛里"参战"的,回去之后用被子把穿着铠甲的自己裹起来,吓得瑟瑟发抖。刚才还说自己中暑了,现在又是铠甲+棉被,这样的统帅,结果就是"伊所管兵丁,无不耻笑"。[①] 还好,色格印这样的将领此时还是少数,整体上清军将领尚能一战,一旦有准噶尔骑兵突破色格印这样尻包的部队,拒马枪又使得准噶尔军无法发挥战斗力。康熙就是以这样的方式战胜了噶尔丹。

此后,康熙在三十五年(1696)、三十六年(1697)又两次御驾亲征噶尔丹,最终将其平定。为了彻底控制蒙古人,康熙制定了一整套战略。徐鼐霖《筹边刍言》这样总结清朝对蒙古人的政策:"一、尊崇喇嘛教以坚其信仰,家有五子者,一人相续,其余为喇嘛,僧不准娶妻,此人口之所以日少也。二、不奖励教育,人智闭塞,文物制度,日就陵夷,至不能语其先祖创霸欧亚之历史,用尽习于偷情,自竞争力所以全无也。三、不提倡开垦奖励殖民,人无贮蓄之观念,且互市有禁,因之工商事业无大表现,此经济所以不能独立也……遂使(蒙古人)捧经诵咒,唊膻寝毳,蠢然蠕然,游息于黑幕世界,无复向日之喜事,中国坐是无边警者百余年,其收效不可谓不巨也。"[②]清朝"南不封王,北不断亲",既以种种手段限制与腐蚀蒙古人,又要用其骑兵保卫清政权,这种微平衡一直持续到1865年高楼寨之战,平衡打破日,国本动摇时,详见本系列第三册书。

---

① 《清圣祖仁皇帝实录》卷243,《清实录》第6册,中华书局1985年版,第414页。

② 徐鼐霖:《筹边刍言》,沈云龙主编:《近代中国史料丛刊》,文海出版社1969年版,第54、55页。

10
Part

康熙驾崩：
中国、朝鲜、意大利、捷
克对雍正继位的历史书写

20
日
1722年12月

关键词 康熙驾崩　清圣祖实录　雍正
传位于四子　大义觉迷录

　　此文以康熙遗诏颁布时场景为切入点，谈遗诏穿帮之处，然后考据皇十四子胤祯才是康熙中意的接班人，康熙欲在胤祯彻底平定准噶尔后立其为太子。《清圣祖实录》、萧奭《永宪录》、捷克传教士书信、意大利传教士回忆录、朝鲜《李朝实录》、雍正自述《大义觉迷录》各方有关康熙驾崩史料辑录于一处后，爬梳出康熙之死的14个疑点，并对雍正在康熙驾崩日的活动做沙盘推演，从而逼近历史真实图景。

康熙六十一年十一月十六日（1722年12月23日），紫禁城乾清宫内，大行皇帝的灵堂布置得庄严肃穆，正中的宝床上安放着溢彩鎏金的梓宫，四周有喇嘛敬缮的藏文字，梓宫后面是一大块黄龙幔帐，两旁是白绫帷幔。梓宫的前面设有铺着黄缎绣龙褥子的花梨木宝榻，在宝榻前陈设着一个放有银香鼎、烛台的供案，供案前一字排开三个花梨木香几，香几上面摆着博山炉、香盒、莲花瓶。乾清门外，绣龙锦缎的引幡迎风飘扬，康熙大帝的法驾卤簿从乾清门一直排列到太和门。凛冽的北风中，除了数不尽的白练猎猎作响外，整个紫禁城死一般地寂静。随着鸣赞官的一声哀音，颁发康熙大帝遗诏的典礼开始了。

康熙早在去世5年前就已经发布遗诏，把自己想说的提前说了。中国历朝历代皇帝的遗诏都是条理清晰，逻辑严密，完全不像弥留之际的人写的，原因很简单，许多遗诏并非皇帝本人所写，而是继位者站在自己的立场上所写。遗诏发布5年后，终于用上了，在遗诏颁布大典中，胤禛站在乾清宫屋檐下，遗诏由大学士马齐捧出中门，经过胤禛面前时，胤禛下跪，待马齐捧遗诏走过后，胤禛再起身。礼部堂官跪接马齐手捧的遗诏后放入木雕的云盘内，从中路出午门，直至天安门下。此时的天安门外一片素装，到处都是白幡，亲王以下文武百官一律摘缨截发，率领着身穿缟素的军民代表匍匐在金水桥外。礼部堂官捧着遗诏登上天安门，走到有黄罗伞盖的宣诏台下，然后下跪，将遗诏跪着递给宣诏官。

依照大清祖制，宣诏官应该先宣读满文遗诏，然后宣读汉文遗诏，可是他宣读了满文遗诏后，却没有宣读汉文遗诏，而是直接把遗诏放在一个木雕的金凤嘴上，用黄绒绳从城楼正中系下，由下面托着云盘的官员跪接，这叫做"朵云接诏"，表示诏书从天而降，代表着天意。接着，礼部官员再把遗诏放到一个精致的"龙亭"内，由銮仪卫校尉抬出大清门恭送礼部，在礼部由翰林院学士抄写多份后，分送全国各省，一个省一份，此外也将其颁给朝鲜、越南、琉球，这几个大清最忠实的拥趸。由于每次宣诏时工部会在天安门城楼雉口正中设金凤，所以这套仪式也叫"金凤颁诏"。①

由于没宣读汉文遗诏，御史杨保等人上奏指责为何不读汉文遗诏，胤禛含糊回复了几句，但也无法给出令人信服的解释。

转天胤禛才颁布汉文遗诏，此遗诏在康熙五十六年（1717）康熙自己颁布的遗诏基础上删节，加上开头，并在最后加上了一段让胤禛继位的内容："朕之子孙，百有余人，朕年已七十，诸王大臣官员军民以及蒙古人等，无不爱惜朕年迈之人。今虽以寿终，朕亦愉悦。至太祖皇帝之子礼亲王、饶余王②之子孙，见今俱各安好。朕身后，尔等若能协心保全，朕亦欣然安逝。雍亲王皇四子胤禛人品贵重，深肖朕躬，必能克承大统，著继朕登基，

---

① 清代颁诏仪式据允裪等敕撰：《乾隆大清会典》卷27《颁诏》，《影印文渊阁四库全书》第619册，台湾商务印书馆1986年版，第217、218页。

② 饶余王是努尔哈赤第七子阿巴泰及其后人的封号，为饶余郡王。

即皇帝位。"①这份汉文遗诏现存放在中国第一历史档案馆,其中有四处涂抹、一个错字,遗诏开头"圣祖神宗,世祖皇帝统一疆隅"话语不通,"圣祖神宗"指太祖太宗,康熙谥号就是圣祖,岂能孙辈与曾祖谥号相同?故在《清世宗实录》被润饰为"太祖太宗肇造区夏,世祖章皇帝统一疆隅"。由此可见,这封遗诏中后来加上的开头结尾可能并非康熙本人的意思。那么真相究竟如何呢?让我们从康熙把清朝最精锐部队都交给皇十四子胤祯说起。

一、谁才是康熙中意的接班人?

此时中国全境,仅剩准噶尔汗国策妄阿拉布坦控制着新疆,其余地区皆在清政府治下。康熙六十年(1721)九月策妄阿拉布坦派兵进犯吐鲁番,康熙令胤祯准备对策妄阿拉布坦的最后一击,一定要夺取新疆全境,彻底剿灭准噶尔部。胤祯在前线统率十几万精兵,康熙下令甘肃、青海、外蒙古的所有军队都由胤祯指挥。康熙曾下诏给青海厄鲁特部罗卜藏丹津说:"大将军王是我皇子,确系良将,带领大军,故命掌生杀重任。尔等或军务或巨细事项,均应谨遵大将军王指示,如能诚意奋勉,即与我当面训示无异。"②如果不是中意胤祯接班,康熙又怎么可能说出这种话来?

---

① 《清圣祖仁皇帝实录》卷300,《清实录》第6册,中华书局1985年版,第903页。

② 爱新觉罗·胤祯:《抚远大将军奏议》,中国社会科学院历史研究所清史研究室编:《清史资料》第三辑,中华书局1982年版,第186页。

也有支持胤禛的学者认为，康熙生前已经中意胤禛为接班人，征诸史籍，发现这种说法证据不足。胤禛的谋士戴铎在给胤禛的信中说"处英明之父子也，不露其长，恐其见弃，过露其长，恐其见疑"①，所以胤禛在做事时都是点到为止，恪尽职守，见好就收，他的政治才能根本没有得到过酣畅淋漓的施展。在康熙眼里，胤禛只能写书法、作诗词或主持典礼，所以除了胤禛19岁那年随康熙御驾亲征噶尔丹时掌管正红旗大营外，康熙再没有让胤禛做过重要的军国大事，只不过是让他代替自己祭天、祭祖、祭孔而已。康熙曾让胤禔做裕亲王福全的副手来征讨噶尔丹，让胤礽在自己三次御驾亲征噶尔丹时监国，让胤祉来编修《古今图书集成》，让胤禩来掌管内务府，让皇十二子胤裪来担任镶黄旗满洲都统，让胤祯率十几万精兵在西藏击退策妄阿拉布坦，这些事随便哪件都比交给胤禛的最大的事——掌管正红旗大营要大。由此可见，康熙别说让胤禛接班，就是让他独当一面都没做过。之所以如此，就是因为，胤禛太小心了，太循规蹈矩了，在康熙面前除诗文书画的才能外就没表现出任何才能，以至于康熙不认为胤禛能够执掌军国大事。康熙的所有皇子中，胤祯在军国大事上表现出的能力最强，故此，康熙将兵权交付他。

十月初五，胤祯称决战准噶尔事关重大，必须面见康熙上奏，康熙同意了，于是胤祯于十月二十日从甘州（甘肃张掖）启程，十一月二十六日回京。其实胤祯很可能并不是想向康熙请示

① 戴铎：《戴铎奏折》，《文献丛编》第三辑，故宫博物院1930年版，无页码。

关于剿灭准噶尔部的指示，而是因为自己在外待得太久，不放心北京政局和康熙的身体，所以急于回来。康熙其实对自己的身体还是比较自信的，虽然此前生过大病，但现在已经恢复了许多，种种迹象表明康熙的身体状态越来越好。

列举胤禛在西北期间康熙给他的谕旨朱批就能说明问题："朕之白发胡须业已变黑，此尔勿告人。""父母体谨安康。朕略知养身之道，不仅去除旧病，且自去年以来，未服用一服药。腹业已不动，腿脚甚良好，上炕迈台阶不必人扶，乘马不用镫，每日于院周围放鹰。尔所差之人均已见之。"[1]（以上两个朱批没有标明时间）"朕体安，腿甚好，有力，初九日来畅春园，乘马而来。"（康熙五十八年正月十九日）"朕体较往年甚好。此连续三年不能写文，今照常能写。凡尚未给之匾联等物，均已写成给之。照常射中（此指打猎）。"（康熙五十八年五月十二日）"朕体较往年迥异，不可比矣。起色、饮食，行走，尔太监亲见，朕勿庸多写。"（康熙五十九年二月初四）"朕较札西前往之时，气色大好。乘马至日落，无庸言。"[2]（康熙六十年八月三十日）

此前九王夺嫡剑拔弩张，康熙身体每况愈下，这几年因为胤禛在政治军事等方面均堪大任，康熙越发觉得后继有人，于是身体好转，康熙觉得立太子的事还可以再等等。康熙六十一年

---

[1] 中国第一历史档案馆编：《康熙朝满文朱批奏折全译》，中国社会科学出版社1996年版，第1570页。

[2] 中国第一历史档案馆编：《康熙朝满文朱批奏折全译》，中国社会科学出版社1996年版，第1356、1390、1448、1483页。

（1722）四月十五日，康熙派胤禵回到前线，康熙想等到彻底剿灭准噶尔部时以此奇功来立胤禵为皇太子。对此胤禵没说什么，胤禩却大为失望，他说："皇父明是不要十四阿哥成功，恐怕成功后难于安顿他。"①

胤禵出征时的待遇在有清一朝几乎空前绝后，康熙赋《示平藏将士》诗道："去年藏里凯歌回，丹陛今朝宴赏陪。万里辛勤瞬息过，欢声载道似春雷。"②如果康熙不是想让胤禵接班，怎么可能给他"欢声载道似春雷"的场面？

胤禵出征这天，康熙当着另外11个皇子（包括胤禛）的面，与胤禵拥抱，并钦赐玉玺给他。随后胤禵率军出征与准噶尔部作战，胤禛却被派去盛京（沈阳）扫墓，前者轰轰烈烈，后者冷冷清清，康熙想让谁接班，已经是一目了然了。胤禵出师这天，康熙满怀殷切的期望，希望西北的刺目阳光可以磨炼出胤禵识人的火眼金睛，希望雪域高山的寒风刺骨可以锻炼出胤禵的强健体魄，希望战场上的血肉搏杀可以历练出胤禵的强硬性格，然而康熙没有想到，这次成为永别。

二、康熙驾崩史料简辑

胤禛明白，康熙是要把胤禵当作接班人了，自己该怎么办？

---

① 《允禩允禵案》，《文献丛编》第一辑，故宫博物院1930年版，无页码。

② 《圣祖仁皇帝御制文第四集》卷36，《影印文渊阁四库全书》第1299册，台湾商务印书馆1986年版，第632页。

等待？像胤禔那样仰望星空乌飞兔走，一年一度遥知墙角红花落地，不知何时是尽头？还是索性放手一搏，破釜沉舟？如果说继续等待，原地踏步，最后结果一定是准噶尔部被剿灭，胤祯接班。就在胤禛犹豫徘徊的时候，康熙六十一年十一月初七（1722年12月14日），康熙得了风寒，从南苑返回畅春园，消息传到胤禛处。

十一月初九（12月16日），"上因圣躬不豫，十五日南郊大祀，特命皇四子和硕雍亲王胤禛恭代。皇四子胤禛以圣躬违和，恳求侍奉左右。上谕曰：'郊祀上帝，朕躬不能亲往，特命尔恭代，斋戒大典，必须诚敬严恪，尔为朕虔诚展祀可也'"。

十一月初十（12月17日），"皇四子胤禛三次遣护卫、太监等至畅春园，候请圣安。上传谕：'朕体稍愈'"。十一月十一日，"皇四子胤禛遣护卫、太监等至畅春园，候请圣安。上传谕：'朕体稍愈'"。十一月十二日，"皇四子胤禛遣护卫、太监等至畅春园，候请圣安。上传谕：'朕体稍愈'"。这说明什么？胤禛坐不住了。

十一月十三日（12月20日），凌晨二三点，康熙病重，"命趣召皇四子胤禛于斋所。谕令'速至，南郊祀典著派公吴尔占恭代'"。

寅刻（凌晨三点到五点），康熙"召皇三子诚亲王胤祉、皇七子淳郡王胤祐、皇八子贝勒胤禩、皇九子贝子胤禟、皇十子敦郡王胤䄉、皇十二子贝子胤祹、皇十三子胤祥、理藩院尚书隆科多至御榻前。谕曰：'皇四子胤禛人品贵重，深肖朕躬，必能克承大统，著继朕登基，即皇帝位。'皇四子胤禛闻召驰至。巳刻，（胤禛）趋进寝宫，上告以病势日臻之故。是日，皇四子胤禛三次进见问安。戌刻上崩于寝宫"。① 这是《清圣祖仁皇帝实录》对康熙去世这天的全部记载。

康熙去世当晚，胤禛命胤祐守卫畅春园，康熙的遗体放在銮舆里，先不发丧，由皇十三子胤祥护送，从畅春园回到乾清宫，皇十六子胤禄肃清宫禁，胤禛则在隆科多的护卫下先行回到皇宫，在皇宫门口迎接康熙的梓宫。

十一月十四日（12月21日），胤禛任命胤禩、胤祥、隆科多、马齐为总理事务大臣，召胤禵从西北前线回京，派自己的嫡系延信去代理胤禵的大将军职务，与年羹尧管理西北军务。此外胤禛还下令关闭京城九门。

十一月十六日（12月23日），胤禛颁布康熙遗诏，这就是本文开篇的场景。

十一月十九日（12月26日），胤禛继位，并告祭天地、太庙、社稷，是日京城九门开禁。

十一月二十日（12月27日），胤禛宣布改年号为雍正，明年起为雍正元年。为避皇帝名讳，雍正的所有兄弟都要改名，康熙的皇长子胤禔改名允禔，皇二子胤礽改为允礽，皇三子胤祉改为允祉，皇八子胤禩改为允禩，皇九子胤禟改为允禟，皇十子胤䄉

---

① 《清圣祖仁皇帝实录》卷300，《清实录》第6册，中华书局1985年版，第901页。

改为允祂，皇十三子胤祥改为允祥，皇十四子胤禵改为允禵（只有他名字中两个字都改了）。①

除《清圣祖仁皇帝实录》外，以下是几种关于康熙之死的时人记载。康熙去世后，胤禵从西北火速回京，他问延信关于康熙去世的情况，延信说："这天（十一月初六）（康熙）见到奴才，面询仓务，我等好久方散。奴才看得（康熙）气稍衰弱，颜面亦瘦些。翌日（十一月初七），奴才就回畅春园住了。我等八旗大臣相约后，初旬日又去，（康熙）给奴才致意，诏旨曰：'尔等不要再来。'自此，我们没有再去，十四日，方闻此事。"②

萧奭《永宪录》："戊子（十一月初七），上由南苑复幸畅春苑。己丑（十一月初八），上不豫，传旨：'偶冒风寒，本日即透汗，自初十至十五日静养斋戒，一应奏章，不必启奏。'甲午戌

---

① 努尔哈赤、皇太极、福临这三个名字都不用避讳，因为这些字太常见，避讳的话会给天下造成很大麻烦。不过也有例外，《实录》《玉牒》等官书出现努尔哈赤、皇太极、福临名字的时候，上面贴一个黄签，把它盖住，表示避讳的意思。康熙时因为玄烨这两个字常见，所以不改字，而是在书写时不写"玄"的最后一点，不写"烨"（繁体字"燁"）的最后一竖，以作避讳。雍正因为自己的名字胤禛本身很不常用，所以直接改字，把"胤"改成"允"，"禛"则是不写最后一个点来避讳。除书写上需要避讳，称呼上也要避讳。书写时可以少写一笔以示区别，但称呼上必须改名才能区别开。为避玄烨名讳，紫禁城北门就由玄武门改名神武门，沿用至今。为避胤禛名讳，河北真定就改名为正定，江苏仪真就改为仪征。清代最后四帝避讳字的缺笔书写都与其人生轨迹暗合，或许这就是命运。咸丰名奕詝，詝（繁体字"詝"）字避讳时缺笔书写，少写"丁"字的钩，丁丁无钩，即为独丁，果然咸丰只有一个儿子，即同治皇帝。同治名载淳，淳字避讳时把"子"少写"一"，变成"了"，果然同治无子，在此终了。光绪名载湉，避讳时把"舌"少写一撇，果然光绪无舌，一生没有话语权。溥仪的仪（繁体字"儀"）字避讳时把"我"字少写一撇，果然溥仪一生无我，先后是载沣、张勋、日本人的傀儡。

② 《辅国公延信密奏雍正帝旨收缴胤禵奏书及朱批谕旨折》，中国第一历史档案馆编译：《康熙朝满文朱批奏折全译》，中国社会科学出版社1996年版，第1522页。

刻，上崩于畅春园。上晏驾后，内侍仍扶御銮舆入大内，相传隆
科多先护皇四子雍亲王回朝哭迎，身守阙下，诸王非传令旨不得
进。次日至庚子，九门皆未启。又上大渐，以所带念珠授雍亲
王。"①

雍正元年九月十六日（1723年10月14日），捷克籍传教士
严嘉乐（Karel Sl avícek）从南昌寄给本国友人的一封信中写道：
"1722年12月初皇帝又外出打猎，12月13日晚8时许忽然刮起冰
冷的北风，使皇帝感到严寒彻骨，体力不支，他被移送进夏宫。
12月20日他的统治、他的打猎取乐以及他的生命都结束了，死
前他没有召见一个欧洲人来为他做洗礼，送他进天国。他在临终
之前宣布他的第四个皇子继承皇位。……统领兵权的老皇帝的十
四子当时不在北京，他奉诏进京。回家后他得知，他的三哥和九
哥被罚没收家产；他的支持者有的抄了家，有的杀了头，还有的
革了职……于是皇十四子提出要看先帝的遗诏，企图剥夺皇四子
的继承权。他对九门提督严词训斥，因为此人是（先帝遗诏）唯
一的、可疑的见证人。如果不是皇太后（皇四子和皇十四子的生
母）出面干预，他就会杀了九门提督，从而自取灭亡。"②

意大利传教士马国贤在《清廷十三年》中记载："1722年初，
我受命担任……皇帝的钟表匠的翻译和指导……同一时期，陛下

---

① 萧奭：《永宪录》卷一，《清代史料笔记》，中华书局1959年版，第49页。

② ［捷克］严嘉乐：《中国来信（1716—1735）》，丛林、李梅译，《西方早期汉学经典译丛》，大象出版社2002年版，第40、41页。

在海子，突然染上了炎症……因为病了，陛下就回到了畅春园，也称为'海淀'的宫里。……1722年12月20日，在所住的佟国舅（佟国维）的房子里吃完晚饭后，我正和安吉洛神父聊天。当时，我们听到了一种不寻常的低沉的嘈杂声，好像还有一些其他的声音从宫中渐渐响起。鉴于对这个国家的了解，我马上把门锁上，对同伴说：要么是皇帝死了，再要么就是北京爆发了叛乱。为了摸清这次骚动的原因，我爬到我们居处的墙头上瞭望。墙角下有一条马路环绕，我吃惊地看到数不清的骑兵，相互之间谁也不说话，驾着马疯狂地往四面八方去。几次看过他们的行动后，我终于听到一些步行的人说：康熙皇帝死了。我随后就被告知，御医们断定皇帝不治后，陛下指定了第四子雍正为继承人。雍正即刻继位，人们都服从了他。新皇帝关心的第一件事情，就是装殓好他父亲的遗体，在当天晚上，由他自己骑着马，还有他的兄弟、孩子和皇亲国戚们随从着，更还有无数手持利剑的士兵们与他们一起，护送灵柩回到北京的宫里。"①

　　吴晗《朝鲜李朝实录中的中国史料》里下编卷七说道："康熙皇帝在畅春园病剧，知其不能起，召阁老马齐言曰：'第四子雍亲王胤禛最贤，我死后立为嗣皇。胤禛第二子（此指弘历，实为皇四子）有英雄气象，必封为太子。'仍以为君不易之道，平治天下之要，训诫胤禛。解脱其头像所挂念珠与胤禛曰：'此乃

① ［意］马国贤：《清廷十三年：马国贤在华回忆录》，李天纲译，《域外汉学名著丛书》，上海古籍出版社2004年版，第104、105页。

顺治皇帝临终时赠朕之物，今我赠尔，有意存焉，尔其知之。'又曰：'废太子、皇长子性行不顺，依前拘囚，丰其衣食，以终其身。废太子第二子朕所钟爱，其特封为亲王。'言讫而逝。"①

胤禛《大义觉迷录》中讲："康熙六十一年十一月冬至之前，朕奉皇考之命，代祀南郊。时皇考圣躬不豫，静摄于畅春园。朕请侍奉左右，皇考以南郊大典应于斋所虔诚斋戒。朕遵旨于斋所致斋。至十三日，皇考召朕于斋所。朕未至畅春园之先，皇考命诚亲王允祉、淳亲王允祐、阿其那（胤禩）、塞思黑（胤禟）、允䄉、公允裪、怡亲王允祥、原任理藩院尚书隆科多至御榻前，谕曰：'皇四子人品贵重，深肖朕躬，必能克承大统，著继朕即皇帝位。'是时惟恒亲王允祺以冬至命往孝东陵行礼，未在京师。庄亲王允禄、果亲王允礼、贝勒允禍、贝子允祎，俱在寝宫外祗候。及朕驰至问安，皇考告以症候日增之故，朕含泪劝慰。其夜戌时龙驭上宾。朕哀痛号呼，实不欲生。隆科多乃述皇考遗诏，朕闻之惊恸，昏仆于地。诚亲王等向朕叩首，劝朕节哀，朕始强起办理大事。"②

三、康熙之死的14个疑点

以上是关于康熙驾崩的一系列资料，下面让我们来梳理一下

---

① 吴晗：《朝鲜李朝实录中的中国史料》，中华书局1980年版，第4378页。
② 胤禛：《大义觉迷录》卷一，雍正刊本，无出版年份，第16、17页。

康熙之死的疑点。

第一，根据《清圣祖仁皇帝实录》的记载，我们把寅刻定位为4点（因为如果是5点的话就会记载为卯刻），康熙是凌晨4点派人从畅春园给在天坛斋宫的胤禛送信，此时康熙病重，畅春园至天坛不超过20公里，4点多出发的信使最迟6点也能到胤禛处。胤禛应该十万火急地从天坛出发赶赴畅春园，那么最迟8点胤禛就应该来到畅春园，可是他在10点左右才赶到，这4个小时他干什么去了？

第二，根据《清圣祖仁皇帝实录》的记载，胤祥自从康熙四十七年起就被圈禁，没有任何记载表明康熙将胤祥放出来了，为什么胤祥在康熙死前出现。因此，很可能是胤禛将自己的死党胤祥放出，康熙死前身边有自己的人在，也好为自己今后的说辞来做见证。

第三，延信的话、《永宪录》、捷克传教士的信、朝鲜史料都写康熙是正常死亡，只有马国贤说康熙之死有问题。这就需要我们再往前看，康熙自从废太子胤礽后身体一直不好，直到康熙五十七年，《清圣祖仁皇帝实录》里关于康熙身体不好的记载就没停过。然而自从康熙五十七年二月六日以后，再也找不到康熙身体不好或患病的记载，康熙自己都说"朕体安善，气色亦好"，曾经因为中风而脚肿得走不了路的康熙反倒能骑马打猎了。《清圣祖仁皇帝实录》记载，康熙五十八年（1719）八月十九日康熙在打猎后这样统计自己一生的战果："朕自幼至老，凡用鸟枪、弓矢，获虎一百三十五，熊二十，豹二十五，猞猁狲十，麋鹿十四，狼九十六，野猪一百三十二，哨获之鹿凡数百。其余射获诸兽，不胜计矣。又于一日内，射兔三百一十八。"①之所以如此是因为一直让康熙放心不下的两件事都有了着落，一是太子问题，康熙已经心中有数，确定了胤禛；二是西藏问题，也因为胤禛的得力而解决。至于最后解决准噶尔部只是时间问题了，长期的心病解决，身体之病自然逐渐康复。

除了经常打猎来锻炼身体外，康熙是非常懂养生的，与其他满人以肉食为主不同，他很喜欢吃蔬菜水果，他在《庭训格言》中说："朕每岁巡行临幸处，居人各进本地所产菜蔬，常喜食之。高年人饮食宜淡薄，每兼菜食之则少病，于身有益。所以农夫身体强壮，至老犹健者，皆此故也。"②

总之，一直重视养生、心态良好、身体素质很好的康熙在身体逐渐康复的过程中因为一次打猎而感染风寒丧命，显然是不太能说得通的。康熙在第一次废太子后心悸几危，都没猝死，此后多次打击也没打垮他，现在曾经中风瘫痪的人都康复后能上马打猎4年了，却一下子因为风寒而死，可能吗？

第四，康熙人生的最后一天与胤禛见了三面，然而胤禛没有一次说请太医来给康熙看病的，这很可能意味着在胤禛眼里康熙

---

① 《清圣祖仁皇帝实录》卷285，《清实录》第6册，中华书局1985年版，第781页。

② 楼含松主编：《中国历代家训集成》第7册《清代编二》，浙江古籍出版社2017年版，第4170页。

的病压根没必要治。十一月初九，康熙身体不适，让胤禛离开自己去祭祀，此时康熙很可能已经察觉出胤禛的问题，而胤禛不愿离开康熙，反倒在此后三天里先后五次派侍卫、太监到畅春园去给康熙"请安"。事实上，很可能胤禛借此机会派人将康熙控制起来。在此期间康熙身边的人都是胤禛派来的护卫和太监，准确地说这些人从第一次派来后就没走，之后四次很可能是胤禛先后又派来四批人，以彻底把康熙控制起来。

第五，康熙驾崩后，胤禛在《大义觉迷录》中说康熙驾崩时隆科多在康熙身边，然而日后胤禛将隆科多逮捕，隆科多死前，自称先帝驾崩时自己不在御床前，那些阿哥也不在御床前，人之将死，按理说不会说假话。隆科多这么说是何用意，分明是在说康熙之死有天大阴谋，各位皇子不在身边，隆科多也不在身边，那就意味着只有胤禛在康熙身边。隆科多只是护军统领、理藩院尚书。按照大清帝国中央官员排名的话，按顺序应该是：保和殿大学士、文华殿大学士、武英殿大学士、文渊阁大学士、东阁大学士、体仁阁大学士，六个大学士通常只有四人在任，空缺两个，保和殿大学士一般空缺，此外还有一个会空缺，大学士宁缺毋滥。前四名之后是领侍卫内大臣、掌銮仪卫事大臣，而后是六部尚书，再然后才是理藩院尚书、九门提督。换句话说，隆科多在大清群臣中排名只能排第 13 名，他却在康熙临终时在康熙身边，在他排名更靠前的 12 个人都没来，这又说明什么？

第六，胤禛继位后曾静在供词中说："圣祖皇帝畅春园病重，皇上（胤禛）就进一碗人参汤，不知何如，圣祖皇帝就崩了驾。"[1]康熙一直是很讨厌喝人参汤的，《关于江宁织造曹家档案史料》记载，康熙五十一年（1712）他曾针对曹寅得病批示："南方庸医，每每用补济，而伤人者不计其数，须要小心。曹寅元肯吃人参，今得此病，亦是人参中来的。"[2]《康熙起居注》记载康熙五十七年（1718）时他曾说："南人最好服药服参，北人于参不合，朕从前不轻用药，恐与病不投。"[3]由此可见，康熙平日应该没有喝人参汤的习惯，那么康熙临终这天为什么喝下了胤禛进的人参汤，答案可能只有一个，胤禛是把人参汤给康熙强灌下去的。已经被胤禛、隆科多控制起来的康熙，此时莫说是人参汤，就是硫酸也能被胤禛灌下去。好好的康熙皇帝喝下一碗人参汤后就变成"合天弘运文武睿哲恭俭宽裕孝敬诚信功德大成仁皇帝"了。

第七，在位期间，胤禛没有居住在康熙生前所住的畅春园，而是常住圆明园。康熙生前上朝都是在乾清宫，而胤禛则把上朝的地方都改在了养心殿。胤禛连为自己建造坟墓都离开了康熙所在的清东陵，而是在易县建立了清西陵。为什么这样？胤禛一向迷信，他这么做恐怕就是因为父亲之死与他有关，他心里有鬼，才不敢生前住在父亲的寝宫，更不敢死后跟父亲葬在一起。

---

① 胤禛：《大义觉迷录》卷三，雍正刊本，无出版年份，第35页。

② 故宫博物院明清档案部编：《关于江宁织造曹家档案史料》，中华书局1975年版，第99页。

③ 中国第一历史档案馆整理：《康熙起居注》，中华书局1984年版，第2485页。

第八,康熙去世当晚,为什么胤禛先不发丧,而是像其父活着时一样正常回到乾清宫?

第九,为什么胤禛从十一月十四日到十九日关闭京城九门6天?这6天他干了什么?在北京的朝鲜使臣觉得胤禛此举大有文章。

第十,胤禛继位后该做的事千头万绪,然而他在百忙中不忘下令杀康熙身边的太监和收缴康熙的御批。胤禛继位后,马上下令诛杀康熙晚年的贴身太监魏珠、梁九功、赵昌等人,可以说这几个大太监之死在当时引发很大震荡,"在他(胤禛)的命令下,宫员赵昌被抓了起来,戴上了重重的镣铐,宣判以枷刑处死"。[1]太监魏珠因为在康熙"陵前造屋居住,刨挖山林禁地"[2]被处死,其实这些罪名按律杖责100下即可,根本罪不至死。这些跟着康熙几十年的老太监,如果不是知道了胤禛不可告人的秘密,怎么可能会被杀呢?

第十一,胤禛下令,凡是康熙的谕旨和朱批,不论在谁手中,统统上缴,不许私抄留存,否则严惩不贷。他说:"若抄写留存,隐匿焚毁,日后发觉,断不宽宥,定行从重治罪。"尤其是对于胤禵手里的康熙批示,胤禛最为重视,他派延信火速赶往甘州,此处为河西走廊要害,守住此就能守住胤禵回来的通路。

---

① [意]马国贤:《清廷十三年:马国贤在华回忆录》,李天纲译,《域外汉学名著丛书》,上海古籍出版社2004年版,第106页。

② 《尚书孙渣齐等奏报魏柱[珠]侵占禁地修建墙院等情折》,中国第一历史档案馆编译:《雍正朝满文朱批奏折全译》,黄山书社1998年版,第321页。

胤禛写给延信的密谕是："尔到达后，尔将大将军王之所有奏书，所奉朱批谕旨均收缴。封闭具奏送来。倘将军亲自携来，尔速陈其由，于伊家私书到达前密奏。倘尔稍有怠懈庸懦，使其观家书而未全解送，朕则怨尔！途中若遇大将军，此情万勿被发觉。"[1]胤禛之所以如此重视胤禵手里的康熙御批，就是因为他估计康熙打算立胤禵为皇太子，只是没有公开，万一胤禵手里有康熙立自己为太子的批示，抢先一步拿出来，胤禛就不好办了。当然，对此胤禛冠冕堂皇地解释道："皇父诸旨今若不收，不肖之徒有皇父谕旨，妄行指称，为生事证据。"

第十二，列了这么多资料记载，有人会问，康熙驾崩这天的起居注记载为何不用？中国最早的起居注是汉武帝时的《禁中起居注》，历朝历代都有起居注，清朝以前保存下来的起居注只有唐朝温大雅的《大唐创业起居注》和明朝《万历起居注》《泰昌起居注》《天启起居注》。清朝努尔哈赤时期没有起居注，皇太极和顺治时期起居注的撰写断断续续，康熙十年（1671）康熙下令设起居注馆，开始每天记录皇帝言行。起居注的记载规矩是皇帝不能看，到了九王夺嫡时期康熙对皇帝不能看起居注的规定很不满意，干脆废掉了起居注馆，直到雍正元年（1723）被雍正恢复，因此康熙驾崩时压根没有起居注馆的记载。值得一提的是，所有的清代起居注中，以康熙朝内容最为丰富，史料价值最高。

---

[1] 《辅国公延信密奏雍正帝旨收缴胤禵奏书及朱批谕旨折》，中国第一历史档案馆编译：《康熙朝满文朱批奏折全译》，中国社会科学出版社1996年版，第1521页。

因为康熙帝最重视御门听政，几乎每天都御乾清门听取各部院大臣奏事，或与内阁大臣商决朝政，其间君臣奏对问答、不同意见的争论、重要公文的处理等等，都记载在起居注里。雍正朝以后，皇帝召集军机大臣等在内廷商决国务之制，逐渐取代了御门听政之制，起居注官不得进入内廷侍值，其记注内容大受限制，只能以摘抄谕旨、奏疏内容为主，其史料价值遂难以与康熙起居注相比拟。

第十三，《朝鲜李朝实录中的中国史料》说康熙因为中意胤禛的儿子弘历，所以立胤禛为接班人。这种喜欢孙子而定儿子的事的确有先例，明成祖朱棣立朱高炽为太子后，想把他换掉，可是解缙说朱高炽的儿子朱瞻基有才略，为了让这个好皇孙接班所以现在不能动朱高炽，这一点打动了朱棣，后来历史果然是朱高炽、朱瞻基先后当皇帝。不过，此事放在康熙身上应该不成立，以康熙之雄才大略，深谋远虑，不可能选这种毫无把握的隔代定接班人的方法，他是在选皇子，而不是在选皇孙，太子才是统治他江山的实际继任者，怎么可能由皇孙来逆推太子呢？

第十四，1983年、1984年时国家卫生部组织病理专家会同档案专家、清史学者合力查找康熙去世前从感到身体不适到驾崩这7天的脉案，结果一无所获。按理说清朝档案保存得非常完好，康熙此前因为废太子问题而严重不适的档案记载比比皆是，为什么驾崩这么重大的问题却没有档案留存呢？很显然档案是被销毁了。此外这7天也没有任何御医来给康熙看病的记载，相反，留下的记载却是康熙任命皇十二子胤祹为满洲镶黄旗都统,吴尔占为满洲正白旗都统,去天坛警戒,并派胤禛去天坛祭天,且再三谕令胤禛态度要虔诚。这说明了什么?难道不是一向谨慎的康熙察觉出了胤禛可能有异动,从而让吴尔占监视他?

四、雍正继位的沙盘推演

综上,我们可以把康熙去世这天发生的事情来复盘。十一月十三日凌晨康熙鉴于胤禛这几天举动反常,决定立胤祯为皇太子,火速召胤祯回京,并召皇三子诚亲王胤祉、皇七子淳郡王胤祐、皇八子贝勒胤禩、皇九子贝子胤禟、皇十子敦郡王胤䄉、皇十二子贝子胤祹前来为自己立胤祯为皇太子的事做见证,但是实际控制北京城防的胤禛死党隆科多也不请自来,他还按照胤禛的旨意把胤禛的死党胤祥放出来,一起来到康熙身边。而后隆科多利用自己掌握的军队把这几个皇子都控制起来,并火速通知胤禛,康熙已经对胤禛产生怀疑。

从6点到10点这4个小时,胤禛调动了北京城的军队,控制了局势,此外他还联系自己早已控制的北京城外丰台大营的军队,让他们效忠于自己,于是北京内外的军队就都在胤禛手中了。电视剧《雍正王朝》说胤禛控制的是丰台大营和西山健锐营,但事实上西山健锐营是在乾隆十四年(1749)才组建,所以此时不可能有。

控制军队后，胤禛才赶到康熙所在的畅春园，十一月十三日第一次来见已经被隆科多控制起来的康熙，让他立自己为太子，康熙不答应。而后胤禛第二次进来让康熙立自己为太子，康熙依然拒绝，等胤禛第三次进来时康熙就"龙驭宾天"了。在胤禛第二次和第三次进出之间，胤禛赶紧让人草拟立自己为接班人的遗诏，而后在康熙去世后宣读。由于胤禛和隆科多的军队布满北京城外，其他皇子面对这个既成事实也只能默认，所以他们并没有做出什么不配合的举动，毕竟，没有军队，什么都干不成。这些皇子胤禛暂时不能动，而康熙身边的贴身太监魏珠、梁九功、赵昌等人则完全见证了胤禛的篡位行径，所以胤禛罗织罪名将他们全部杀死。

杀死这些太监后，见证自己阴谋的就只有皇三子胤祉、皇七子胤祐、皇八子胤禩、皇九子胤禟、皇十子胤䄉、皇十二子胤祹、皇十三子胤祥和隆科多了。胤祥和隆科多是自己人，没关系，胤祐和胤祹本来也一直没参与夺嫡，很容易被胤禛收买，胤祉、胤禩、胤禟、胤䄉先后被胤禛囚禁，他们的结局除胤䄉外都是死于禁所，而隆科多最后也被胤禛关押后死于禁所。杀人灭口完毕，便再没有人知道胤禛的阴谋了。

有人以胤禛的生母乌雅氏在得知胤禛继位后说"钦命予子缵承大统，实非梦想所期"来说胤禛继位的合法性，而事实上这点根本靠不住。乌雅氏本来就是无足轻重的局外人，胤禛小时候就和乌雅氏分离，乌雅氏没有怎么抚养过胤禛，二人母子情很淡薄，所以胤禛继位半年后乌雅氏就郁郁寡欢而死，胤禛封锁消息还来不及，怎么可能把自己继位的真相告诉乌雅氏呢？

最后再谈两点。

第一，隆科多的问题。隆科多曾说："白帝城受命之日，即是死期已至之时。"[1]如果说隆科多是康熙临终时，类似刘备白帝托孤的诸葛亮那样的臣子，那么隆科多的价值不在于为胤禛立功，而在于他是胤禛合法继位的见证人。这样的人一不可能居功自傲，二也没必要受到胤禛重用，三胤禛更不可能寻找理由把他灭口。由此可见，隆科多压根不是胤禛合法继位的见证人，也不是康熙的白帝托孤之臣，他是胤禛篡位的见证人，是胤禛篡位的主谋者。因此他意识到自己"死期已至"，这样才能讲得通。

第二，许多书说雍正把传位诏书中的"传位十四子胤禛"改成"传位于四子胤禛"，其实这种说法站不住脚，因为：第一，清朝重要诏书都是用满汉两种语言书写，汉语能把"十"改成"于"，但满语根本改不了；第二，清朝的规矩，诏书里出现皇子一定是写成"皇四子""皇十四子"，所以诏书里如果要改也是把"传位皇十四子"改为"传位皇四子"，那就需要抹掉一个"十"字，这太明显了，肯定不可能；第三，清代不像现在，"於"就是"于"，那时传位后面的字应该是"於"，所以根本改不了。由此，说胤禛改诏书改一个字继位的说法不成立，而应是他根据康熙此前的遗诏炮制了整个诏书，不可能只改一个字。

---

① 《清世宗宪皇帝实录》卷62，《清实录》第7册，中华书局1985年版，第947页。

故事到这并未结束。康熙去世后葬在景陵，206 年后，1928年孙殿英挖掘乾隆的裕陵和慈禧的陵墓时也盯上了康熙的景陵，正要动手，不料景陵下面的沟中流出黄水，顷刻地上已积水二尺余，孙殿英有些心虚，便没再动手。1933 年日本人在扶植溥仪建立"满洲国"后，派兵保护清东陵。1945 年 8 月 15 日日本投降后，守卫清东陵的部队星散，土匪王绍义率部一千多人盗掘康熙的景陵（此贼在 1928 年孙殿英挖清东陵时也欲分一杯羹，被孙殿英击退），挖掘时，四周流水不止，王绍义指挥一批流氓费了九牛二虎之力用炸药炸开了地宫。地宫里面污水很深，最终王绍义在一名资深盗墓贼的指点下，扎起木筏，顺水划至棺椁前，用大斧子将棺椁劈开，将大量珍宝盗出。[1]康熙最后也没能安然长眠地下。

---

[1] 岳南：《日暮东陵——清东陵地宫珍宝被盗之谜》，《中国文化史探秘丛书》第二辑，新世界出版社 1998 年版，第 452 页。

16
日

1723年9月

关键词 秘密立储制　雍正　正大光明
嫡长子继承制

此文探讨嫡长子继承制、幼子继承制、贤者继承制这三种接班人选拔机制的优劣，雍正否决了这三种继承制，以《旧唐书》中有关波斯王位继承制度的记载为灵感，发明了秘密立储制。

　　清朝皇帝的继承人问题一直没有制度化。皇太极死后，尚未入殓，差点兵戎相见；顺治死后，仓促让一位8岁的孩童继位；康熙死前没有立太子，演出了雍正兄弟骨肉相残的悲剧。有鉴于此，雍正开始认真思考皇位继承制度的改革。如果皇帝只有一个儿子，没有其他选项，皇权继承就没麻烦了，但雍正的父亲康熙有35个儿子，雍正自己也有10个儿子。中国历史给了雍正3个选项：嫡长子继承制、立幼子、立贤。

　　嫡长子继承制的优点是继位的刚性强化了嫡长子的合法性，令其他皇子很难挑战和觊觎其位置，以储君身份，嫡长子可以较早并长时间参与国家政治实践，获得只能通过实践方能获得的必要政治经验和权威，从而保证权力转移的平稳。嫡长子继承制也使得朝廷重臣不至于去押宝，而是把全部心血与人脉都放在嫡长子上。不过，嫡长子继承的缺点也很显著，主要有以下几个：

　　第一，在各皇子中，嫡长子并不一定是最优秀的、身体最好的，也可能体弱多病，这都会不利于国家政事和长期在位执政。最大的问题是，由于古人结婚早，嫡长子一般只比皇帝小十六七岁，如果在位皇帝身体好，在位时间持久，嫡长子就必须在比较高的年龄才可能继位。这就可能会出现嫡长子继位后不久去世，甚至先于在位皇帝去世的情况。比如秦昭襄王在位56年，就熬死了两个太子。为防止嫡长子意外去世，皇帝或许在一开始就必须为储君再备储君，这更容易引发不测。

　　第二，嫡长子因为一开始就明白，只有在父亲死了之后自己才能成为皇帝，为了让自己早握大权，或者哪怕自己并不想，而是受身边智囊团的挑唆，先下手为强，用秘密手段弑君，最后再篡改历史，那么老皇帝的老命就不保了。

第三，假如嫡长子的兄弟里有野心家，心想凭什么你继位，我除掉你不就是我继位了吗？所以嫡长子也很有可能成为被兄弟刺杀的对象。

第四，由于皇帝也知道，只有自己死了，嫡长子才能继位，所以皇帝也始终在提防着嫡长子，储君无论什么言行，都容易引发在位皇帝怀疑，导致储君被废。

想到这些，雍正彻底抛弃了嫡长子继承制。

第二种继承制是立幼。蒙古人的做法是立幼，如成吉思汗就把大汗之位了幼子拖雷。春秋时楚国的习俗也是立幼。立幼除了有可以提前锻炼储君并使朝廷重臣不需押宝而保持政权稳定的优点外，最大好处是可以尽可能地减少一个王朝政治权力转移的次数，因此减少每一次权力转移中固有的政治风险。因为幼子是皇帝最小的儿子，所以可能是在皇帝死后会活得最长的皇子。假如每一位继位的幼子都活得长，就会使皇位交接减少次数，这对中国古代的超稳定结构而言，政权会越稳定，对各方面越有利。

但立幼的缺点也很明显：年幼皇子未必是最优秀的，未必是活得最长的，幼子由于是皇帝最后生的，男人在五六十岁时有的孩子一般会比 20 多岁时有的孩子体格要弱，毕竟精子质量不行了。幼子由于年幼，继位时皇权很容易旁落，无论是旁落于储君的母亲（太后）及其家族（外戚），或是旁落于先皇为制约外戚干政而设置的顾命大臣，皇权都可能被篡夺。比如东汉就是一个个孩子继位，外戚掌权，皇帝受气多年后长大，便联合自己的小伙伴们——宦官发动政变，把外戚清洗掉，不久皇帝死了，新皇帝年幼，再是外戚掌权，东汉历史就陷入无限恶性循环。

熟读历史的雍正想到这些，自然也会放弃立幼制度。

第三种制度是立贤，即在诸多王子中实行精英选拔制。立贤的好处是，既然是皇子里最优秀的人继位，当然会把国家治理得最好。各位皇子因为知道皇帝立贤，所以都会拼命表现自己，提高自己，从而让自己成为皇帝眼中最贤者而继位。

不过，立贤如果没有弊端的话就不会让雍正和他的父亲如此头疼了，立贤最大的问题是继承者不确定，理论上每个皇子都有份，因此每个有从政想法的皇子都会全力竞争。哪个皇子是最优秀的往往与实际治国能力无关，而是取决于在皇帝眼里看哪个皇子最顺眼，不然的话道光怎么不让恭亲王奕䜣继位呢？

再者，皇帝怎么知道哪个皇子最优秀呢？单靠面对面与皇子交流显然不够，皇帝还需要信息和拓展信息来源，这意味着皇帝的决策不可能完全不受其获得的信息和信息渠道的影响，无论来自大臣还是宦官，皇子们都会大量投资于此，只要这些人天天在皇帝面前为自己美言，那自己就必胜无疑了。如此皇子与大臣会内外勾结，往往越是缺乏政治底线的皇子越可能不择手段勾结大臣，也往往是那些最缺乏底线的大臣更可能在这场竞争中为确保自己未来的政治地位而对他们认为最可能且最可控的皇子下赌注，于是政治斗争会更加激烈。雍正的父亲康熙就是因为想立贤最后酿成九王夺嫡的悲剧。

既然嫡长子继承制、立幼、立贤都不行，那该怎么办呢？政治制度上的伟大发明家雍正天才般地想出了秘密立储制度，既预立皇位继承人，又不公开宣布，将传位诏书置密封锦匣中预先收藏于乾清宫"正大光明"匾后。这样的话，一方面各皇子都会认为自己可能是皇位接班人，于是都努力表现自己，让自己起码看起来最优秀；另一方面，由于没公开皇位接班人，便不会为了争夺储位而大打出手，避免了血腥。此外朝廷大臣由于不知道皇帝到底是立哪个皇子为继承人，所以根本不知道该结交谁，这就避免了大臣对皇位的干涉。事实证明，雍正的秘密立储制度还是很成功的。从此之后，清朝皇权继承再也没有发生过一次刀光剑影。

雍正元年八月十七日（1723年9月16日），雍正公开了秘密立储制度的设想："今朕诸子尚幼，建储一事，必须详慎，此时安可举行？然圣祖既将大事付托于朕，朕身为宗社之主，不得不预为之计。今朕特将此事，亲写密封，藏于匣内，置之乾清宫正中，世祖章皇帝御书'正大光明'匾额之后，乃宫中最高之处，以备不虞。诸王大臣咸宜知之。或收藏数十年，亦未可定。"[①]

究竟日后谁来作天下的主人，这个天下最大、最见不得人的秘密，从此就放在了"正大光明"这块匾额后面，或许，这就是中国古代的政治制度。

关于雍正究竟如何想出秘密立储制度的，我们不得而知，熟读中国历史的他通过看《旧唐书·西戎传》而想出秘密立储制度，是有可能的。《旧唐书·西戎传》记载"其王（波斯国国王）

---

① 《清世宗宪皇帝实录》卷10，中华书局1980年版，第187页。

初嗣位,便密选子才堪承统者,书其名字,封而藏之。王死后,大臣与王之群子共发封而视之,奉所书名者为主焉"①。

秘密立储制度是一把双刃剑,好处已经详述,但坏处就是,专制帝国统治者在选接班人时,往往将顺从自己意见的人看作有德,将庸碌无为的人看作仁义,将对自己言听计从看作孝顺,而将勇于进取者看作有野心。有什么样的君主就有什么样的臣子,有什么样的看人尺度,就有什么样的接班人。所以无论是乾隆选出的嘉庆,还是嘉庆选出的道光,抑或是道光选出的咸丰,每一个都是四平八稳的庸才。皇子们都知道进入乾清宫正大光明匾额背后的名单很难,但起码先别上另册的黑名单,于是一个个像缩头乌龟一样,无过就是功。努尔哈赤、皇太极时贝勒们一个个生龙活虎、敢打敢拼的时代彻底一去不复返了,乾隆之后,清朝每一个接班人都是庸才。当然,这一切都是雍正始料未及的,就这点而言,发明秘密立储制度的雍正与"守内虚外、强干弱枝"的赵匡胤一样,解决了历史遗留问题,却逐渐给身后的历史留下了无法解开的死结。

---

① 刘昫等纂:《旧唐书》卷198,中华书局1975年版,第5311页。

12
Part
第一个中国人领衔的出访欧洲使团与沙俄女皇会面

26
日
1731年1月

关键词 托时　雍正　隆科多　沙俄
布连斯奇条约

　　1727年中俄就中段边界问题进行谈判，为主权问题据理力争的隆科多因目睹雍正夺嫡，被雍正提前召回，他的爱国主张被说成"妄行搅扰，毫无裨益"，而后《布连斯奇条约》签订，贝加尔湖以东均属俄国。一年后签署的《恰克图条约》规定中国第一次派出留学生去欧洲学习语言，远早于京师同文馆。《恰克图条约》签订后，雍正派出理藩院侍郎托时率领84人的使团去俄国访问，这是中国第一次派出由中国人领衔的使团访问西方国家。中国使者对沙俄女皇行一跪三叩之礼，沙俄以为中国下跪即为最尊之礼，实则在中国这不过是对郡王的礼节。

雍正八年十二月十九日（1731年1月26日），雍正的使者、理藩院侍郎、满洲正黄旗人佟佳·托时等人乘坐9辆轿式马车来到莫斯科克里姆林宫，以贺俄国女皇安娜·伊凡诺夫娜继位①。在他们的车驾之前，由俄国士兵抬着18个载着各种礼品的漆木箱，礼品包括带金色剑鞘的宝剑一把，锦缎、瓷器等。托时在克里姆林宫前下车，他拿出雍正（被俄国人称为博格德汗）的国书，将其用双手举在头顶。沙俄安排了3次迎接仪式欢迎中国人，这三次分别在下层平台、大门前厅、宫门口。托时等人步行进入克里姆林宫安德烈耶夫大厅，这里在18世纪、19世纪是沙皇接见使臣的地方，2018年普京连任俄罗斯总统的就职典礼也在此举行。托时等人在此见到了沙俄女皇，与人们印象中天使面容、魔鬼身材的俄罗斯姑娘不同，生于1693年，现已38岁的女皇一点都不漂亮，她"是个非常魁梧高大的女人，长得十分结实"，"面色褐黄，有着黑发、深蓝色眼睛，乍一看，她的面容非常难看。但她开口说话的时候，带有一种无法描摹的甜美的笑容，她对所有人都很健谈"②。

与中国任何人在皇帝面前不得坐着不同，俄国许多大臣可以跟女皇平起平坐，首席大臣奉女皇之令离开自己的座位，走向中国使臣。托时手持国书跪下，俄国首席大臣接过国书，放在宝座

---

① 欧洲主要国家国王平日办公与加冕往往都不在一个地方。俄国沙皇平日在圣彼得堡冬宫办公，加冕在莫斯科克里姆林宫；英国国王平日在白金汉宫，加冕在威斯敏斯特大教堂；法国国王平日在凡尔赛宫，加冕在兰斯大教堂。

② ［英］西蒙·塞巴格·蒙蒂菲奥里：《罗曼诺夫皇朝：1613—1918》，陆大鹏译，《甲骨文丛书》，社会科学文献出版社2018年版，第219页。

旁事先已经覆盖着金色花缎的一张桌子上。

托时站起身，代表中国政府致辞说："最英明、最有威力的伟大君主、女皇、全俄罗斯的女独裁统治者，博格德汗（蒙古各部对清朝皇帝的称呼）陛下派遣我等前来恭贺女皇陛下继承俄国皇位，转达博格德汗陛下对女皇陛下的永恒友谊，并向女皇陛下献国产礼物一宗。博格德汗陛下还谕令我等向女皇陛下问安。博格德汗陛下祝愿女皇陛下永远顺遂如同太阳永放光芒。"①托时用满文致辞后，俄国三等文官斯捷潘诺夫用俄语把这一致辞读了一遍，而后俄国首席大臣说："女皇陛下把贵使团前来庆贺视为博格德汗陛下特别友好的标志，同样请博格德汗陛下深信，女皇陛下也将维护与中国永恒不渝的友谊与和睦关系。"

而后托时及全体使臣向女皇下跪，行一跪三叩之礼②。礼毕，斯捷潘诺夫用俄语来翻译托时等人的另一段致辞："我等使臣，阿思哈尼昂邦③托时及同僚，谨向女皇陛下伏地恭贺。我等此次受博格德汗陛下派遣，出使俄国，蒙恩见到女皇陛下，亲睹懿容，实为万幸。"

首席大臣说："女皇陛下仁慈接受你等的祝愿，并谕令要赐

---

① ［俄］尼古拉·班蒂什·卡缅斯基:《俄中两国外交文献汇编(1619—1792)》，中国人民大学俄语教研室译，商务印书馆1982年版，第204页。

② 清代，万民对皇帝，皇帝对天地、列祖列宗牌位、孔子、关帝神位行三跪九叩之礼;大臣和万民对皇太子和王爷行二跪六叩之礼;百姓对自己的父母和老师行一跪三叩之礼，亲王郡王平级相见时，对行一跪三叩之礼。沙俄应该对这些规矩不太了解，误认为只要下跪就是臣服，事实上一跪三叩之礼证明在清朝大臣眼中沙俄女皇级别连大清亲王都不如。

③ 满语侍郎之意。

给你等女皇陛下的恩典。"托时等人退到交国书的地点,再行一跪三叩之礼,随后去另一个宫殿参加女皇准备的晚宴。①

康熙六十一年十一月十三日(1722年12月20日)康熙驾崩,1725年2月8日沙俄彼得大帝去世。叶卡捷琳娜一世继位,她派使臣来华,与中国商谈未定边界,毕竟《尼布楚条约》只划定了东段边界,中俄中段边界尚处于未定。雍正五年(1727)五月十六日,俄国使臣萨瓦抵达色楞格斯克(今俄罗斯布里亚特共和国首府乌兰乌德),与隆科多、策凌、图里琛组成的清朝代表团开始谈判,爱国者隆科多要求俄国归还侵占的大片蒙古土地,也就是今贝加尔湖一带。俄国使臣这样描述隆科多:"隆科多对俄国朝廷明显地心怀不善,似乎想把俄国人赶出黑龙江流域,或者最低限度收回被俄国蚕食的土地,把边境划定在色楞格斯克与波尔河之间。"②于是俄国萨瓦一方面买通蒙古人通风报信,另一方面扬言"俄国在欧洲的战争已告结束,现在可以把注意力集中于与中国的边界了"③。

蒙古王公担心隆科多的强硬会使谈判破裂,自己身在俄国与

---

① 此日详情据〔俄〕尼古拉·班蒂什·卡缅斯基:《俄中两国外交文献汇编(1619—1792)》,中国人民大学俄语教研室译,商务印书馆1982年版,第203至205页;陈维新:《清代对俄外交礼仪体制及藩属归属交涉:1644—1861》,《中国边疆研究文库二编》,黑龙江教育出版社2012年版,第142至148页;王希隆:《第一位出使俄国拜见俄皇的中国外交官托时》,《中国边疆史地研究》2010年第4期,第84至91页。

② 〔俄〕尼古拉·班蒂什·卡缅斯基:《俄中两国外交文献汇编(1619—1792)》,中国人民大学俄语教研室译,商务印书馆1982年版,第165、166页。

③ 〔法〕加恩:《早期中俄关系史》,江戴华译,商务印书馆1961年版,第193页。

清国夹缝，打起来就殃及池鱼，于是纷纷上奏雍正，指责隆科多的强硬态度，图里琛也以隆科多"固执己见"上奏雍正。六月初八，雍正在上谕中说："朕从前差隆科多前去，并非不得其人，以其能办理而使之也。鄂罗斯事件最易料理，特给伊效力之路，以赎罪耳。乃隆科多去后，看其陈奏一应事件，不但不稍改伊之凶心逆行，且并不承认过失，而举动狂悖，全无愧惧。将朕降上谕行文查问之事隐匿巧饰，无一诚实之语。伊既不实心效力，则留伊在彼，反致妄行搅扰，毫无裨益，可将隆科多调回。"[1]隆科多坚持维护中国主权反而被雍正说成是"妄行搅扰，毫无裨益"，颠倒黑白至此。在雍正眼里，俄国人的领土要求无非是癣疥之疾，实在难缠就给他们几十万平方公里又何妨？反正也都是蒙古人的地盘，而隆科多则是心腹之患，是他亲眼目睹了自己在畅春园如何夺取最高权力，这样的人哪怕多活一天都是定时炸弹。

隆科多被装入囚车，从色楞格斯克押解北京，来时顶戴花翎，去时枷锁镣铐，隆科多最后看了一眼塞外风光，浩瀚的戈壁与呼啸的北风，浅浅的绿洲与结队的牛羊，迎接他的将是死亡。

雍正以策凌取代隆科多做谈判代表，隆科多一走，策凌很快答应了俄国人的要求。雍正五年七月十五日（1727年8月31日）中俄签订《布连斯奇条约》，条约规定，将额尔古纳河以西以北，贝加尔湖以东领土全部归俄国，总共近80万平方公里，唐努乌梁海归中国，唐努乌梁海以北归俄国，恰克图及恰克图以南归中

---

① 《清世宗宪皇帝实录》卷58，《清实录》第7册，中华书局1985年版，第883页。

国。在《布连斯奇条约》谈判中出卖中国的马齐非但没有被雍正斥责，反而继续受重用，这个在康雍乾三朝一直都结党营私的家伙活到乾隆四年（1739），年88岁。

条约签订后，俄国使臣朗克写道："如今新边界在所有地段都远远深入蒙古好几天的路程，有的地方甚至远达几个星期的路程。""俄国不仅没有吃亏，相反，在很多地方都有大量空旷的蒙古土地（位于蒙古界碑和俄国属民所有的土地之间）现在并入了俄罗斯帝国的版图。""这次划界和设立新界碑新卡伦，给全体边民带来了他们从未想到过的喜悦与希望，因为他们从来就没有想到过边界会划到如此遥远的地方。"①

签订条约后，雍正集中力量来了结隆科多的案子，十月初五，雍正给隆科多列了41条大罪，记载在《清世宗宪皇帝实录》卷62。或许正因为是雍正和隆科多在畅春园夺位成功，所以雍正就把隆科多关在了畅春园外，让他感受一下康熙在此不散的阴魂与被灌下一碗"人参汤"后痛苦的呻吟的回响。雍正六年（1728）六月，隆科多死于禁所。

隆科多参与谈判的中俄《布连斯奇条约》未能就所有问题达成一致，于是在该条约签订后，中俄又继续谈判，最终于雍正六年（1728）五月十七日签订中俄《恰克图条约》。条约第五条规定：中国协助俄国在北京建立大使馆和东正教堂，允许在教堂进

---

① ［俄］尼古拉·班蒂什·卡缅斯基：《俄中两国外交文献汇编（1619—1792）》，中国人民大学俄语教研室译，商务印书馆1982年版，第374、375页。

行宗教活动，俄国的4名神父由中国人供给膳食，中国派出6名留学生去俄国学习俄语，在俄国期间伙食费住宿费由俄国负担，学成归国。

这是中国官方第一次派留学生学习西方国家的语言，中国第一批留学生便是雍正下令派出的，而不是后世京师同文馆所派。

这次条约签订后，俄国使团代表萨瓦写了《中国之力量和状况的秘密情报》，他得出三点结论：

第一，在未做好极其充分的准备前，不要轻易与中国开战，以免开支过大和中断西伯利亚居民的贸易。

第二，等我国国力充裕后，应通过战争来占领中国这个世界最富有、各种物产都比亚洲其他国家和欧洲国家丰富得多的国家。

第三，尼堪人（汉人）人口有两亿，"他们极其痛恨满族人的残酷统治。如果他们听到在边界出现了强大的敌人，或者中国军队仅仅吃了一次败仗，那么毫无疑问，在中国就有可能爆发内战，很多省份也许会发生叛乱。满族人就会不得不分散自己的兵力，一部分用来在各省作战，一部分作为强有力的驻防军用来保卫各个要塞，最后一部分则开赴战场以对付敌人"[1]。萨瓦可谓是神预言，日后太平天国运动，清军同时要与太平天国和英法联军作战，俄国即乘虚而入，夺取了中国东北150万平方公里土地。

《恰克图条约》签订后，雍正派出理藩院侍郎托时率领84人

---

[1] ［俄］尼古拉·班蒂什·卡缅斯基：《俄中两国外交文献汇编（1619—1792）》，中国人民大学俄语教研室译，商务印书馆1982年版，第395页。

的使团去俄国访问，这是中国第一次派出由中国人领衔的使团访问西方国家，此前康熙年间派出白晋等人去欧洲，但他们本身也都是外国传教士。有的写近代史的书籍说1868年蒲安臣（美国人）使团是中国第一个出使欧洲的使团，郭嵩焘是中国第一个出使欧洲的中国人外交官，其实都说错了。在此之前，元朝时蒙古人统治欧亚大陆，金帐汗国首都萨莱，即今俄罗斯阿斯特拉罕以北120公里谢利特连诺耶，其地属欧洲，大元帝国曾多次派人出使萨莱。不过，金帐汗国虽实质上与蒙元王朝平起平坐，但是在礼仪上，忽必烈派到萨莱的使臣还是来向金帐汗国可汗宣谕的，在表面看起来是上下级关系，其外交特点远不如托时这次鲜明。前文写道，1655年南明使臣卜弥格、陈安德出使梵蒂冈，但正使卜弥格毕竟是波兰人，不是中国人，且南明永历政权偏安一隅，难以代表中国。因此，托时才是中国第一个出使欧洲的中国人外交官。

此时的俄国沙皇是安娜·伊凡诺夫娜[1]，托时一行从北京出发，经蒙古高原到恰克图，而后经西伯利亚一路向东，雍正八年十二月十八日（1731年1月25日）大清使团抵达莫斯科，女皇举行了盛大的欢迎仪式，鸣31响礼炮。十二月十九日托时等人进入克里姆林宫，这就是本文开篇所写。托时等人携带的国书是理藩院的咨文，而不是雍正的敕书。要知道，清朝在朝鲜、

---

[1] 1727年叶卡捷琳娜一世病死，彼得二世继位，1730年彼得二世病死，伊凡诺夫娜继位。

越南、琉球等国国王继位时都是发敕书册封，表明清朝地位在这些王国之上，但对俄国却未使用"敕书"，说明雍正意识到俄国的强大，对于这样的强国要平等相待，不能以天下朝贡体系的旧思想来看待。

在此后的会谈中，托时向俄国提出四点：

第一，中国将进攻准噶尔部以平定叛乱，如在中俄边境行动，俄国不必怀疑。

第二，中国彻底攻灭准噶尔部，并其领土时，俄国对准噶尔部的附近领土如有要求，请告知，以协商划分。

第三，准噶尔部人如有逃往俄国，俄国可以接纳，但是其中台吉（准噶尔部贵族）、宰桑（宰相）等首领应送还。

第四，中国使团在拜访女皇后会去见土尔扈特部蒙古人，俄方要帮忙护送。①

俄国女皇则表示俄国祝中国军事行动成功，但不同意中国人与土尔扈特人直接交往。在中国使团争取下，俄国还是答应中国使团见土尔扈特部，雍正九年（1731）五月十二日，中国使团满泰等人见到土尔扈特部首领，土尔扈特部首领由于俄国的逼迫，无奈拒绝联合打击准噶尔部的出兵请求。这次使团在访问土尔扈特部后，行程结束。

与乾隆晚期以后清朝领导人在对待外国人的问题上的保守僵

---

① ［俄］尼古拉·班蒂什·卡缅斯基：《俄中两国外交文献汇编（1619—1792）》，中国人民大学俄语教研室译，商务印书馆1982年版，第206至209页。

化、狂妄自大相比，托时使团无疑要开明许多，康熙、雍正这两位君主能正视西方强国与自己的平等存在，具有现代意识，这是此后的乾隆、嘉庆、道光比不了的，至于咸丰更是因为不能正视西方列强的存在而导致圆明园的毁灭，当然，这是后话。

Part 13

雍正一日：
帝制中国的养心殿作息
时间表

28

1732年3月

日

关键词　雍正　养心殿　时间表　军机处
奏折

　　此文依据朱批、清人笔记、《大清会典》、实录等记载再现雍正一日，包括军机处议事、御门听政、朝会、用膳、批奏折等各项工作的礼仪与掌故，雍正每日晚10点左右就寝，凌晨2点起床，每日工作十六七个小时，堪称历代帝王勤奋之冠。此文精确复盘雍正时间表，现代中国"时间"一词概念源于日本，而日本的"时间"观念源于中国，中国的时间理念来自印度佛教。雍正以满负荷运作的时间表擘画全中国人的时间与空间，最终生命中无法承受之重压垮了他，却成就了康乾盛世。

梁启超认为，正因为有他在位，中国才能一步步收复新疆，进军内亚，但也正因为他对天主教传教士的排斥，中国在近代大大落后于西方。他能说出"朕之心可以对上天，可以对皇考，可以共白于天下之亿万臣民"[①]的话，有曹操《让县自明本志令》的真诚，然而他的皇考之死与他有脱不开的关系。你说他虚伪，然而他可以在大臣面前说自己班门弄斧[②]，当众朗读自己喜欢的大臣名字，并夸大臣"可爱"[③]，说大臣们是自己的"亲切宝贝"[④]，还能说出"朕就是这样汉子"[⑤]的真性情话语。他每天只睡4个小时，工作接近17个小时，却又在日理万机之暇与湖南农村文人打辩论赛，并把辩论赛对白全文公之于众，下令每个县都必须买。[⑥]他有过人的胆识，以罕见的勇气推动改革，然而哪怕

① 胤禛：《大义觉迷录》卷一，雍正刊本，无出版年份，第15页。

② 雍正在跟河道总督齐苏勒讨论治理黄河时曾经批示："此段河工，朕未获亲履其地，今向卿等论方略，可谓班门弄斧也。"《雍正朝汉文朱批奏折汇编》第11册，江苏古籍出版社1989年版，第619页。

③ 在年羹尧刚获得青海平定罗卜藏丹津胜利时，年羹尧写奏折时把岳钟琪等一干功臣的名字报上去，雍正看了这些人的名字，批示："览时正是一列可爱大臣等，确未见一名不符朕意之人。靠尔等此纸所书名字之紫气，何功不能立，此次卓越大功，应是天保佑者，将尔等数名朕逐一诵之，太监等均交口称赞。"《年羹尧满汉奏折译编》，天津古籍出版社1995年版，第107页。

④ 雍正九年十月初三雍正在策旺扎布的奏折上批示："朕躬甚安，已痊愈。朕之亲切宝贝尔等俱好么？"

⑤ 雍正二年十二月十五日在田文镜上的奏折的批示中，雍正写道："朕就是这样汉子！就是这样秉性！就是这样皇帝！尔等大臣若不负朕，朕不负尔等也。勉之。"《雍正朝汉文朱批奏折汇编》第4册，江苏古籍出版社1989年版，第190页。

⑥ 雍正下令，把《大义觉迷录》"各贮一册于学宫之中，使将来后学新进之士，人人观鉴知悉。倘有未见此书、未闻朕旨者，经朕随时查出，定将该省学政及该县教官从重治罪！"清代中国中东部地区每个县都有文庙，文庙内即有学宫。胤禛：《大义觉迷录》卷一，雍正刊本，无出版年份，第13页。

是一次轻微的地震，都能把他吓得惊慌失措，迅速搬出宫殿去住帐篷，被在场的朝鲜人写在笔记里笑话。他生前的每一项措施在短时段看来都推动着中国迅速走向强大和稳定，然而从长远来看，正因为他的所作所为才直接间接地使中国近代化历程那样迷惘而惶惑，踟蹰而蹂躇，为何短期和长期的效果截然相反？他生前很忙，在位13年朱批1000多万字，还有时间亲自写佛学著作，他死后更忙，无论是《雍正王朝》《甄嬛传》，还是《步步惊心》，在多部电视剧中他都是主角。他就是爱新觉罗·胤禛，雍正皇帝，现在让我们以一天为单位，还原他的日常生活。

雍正十年三月初三（1732年3月28日）凌晨两点多雍正起床，洗漱一下，穿上龙袍，看一会儿奏折，然后开始召见大臣。召见的第一拨儿人是军机大臣，名曰"叫起儿"，地点在养心殿西暖阁。第一起后，才准备召见其他的大臣。曾在军机处工作的梁章钜《枢垣纪略》写道："每日寅时，军机大臣及章京等以次入直，辰刻军机大臣始入见，或不待辰刻而先召见，每日或一次或数次。军机章京皆随入，祗候于南书房。军机大臣至上前，豫敷席于地赐坐，承旨毕乃出，授军机章京书之。述旨毕，内奏事太监传旨令散，遂以次退直。若在圆明园，每日入直于左如意门内，御河之南为军机堂。"①寅时是凌晨3点到5点，这一时段军机大臣就要来上班了，辰刻是早7点至9点，梁章钜是嘉庆道光年间在军机处工作，此时清朝皇帝远没有雍正那样勤政，故而早

---

① 梁章钜：《枢垣纪略》卷13《规制一》，《清代史料笔记》，中华书局1984年版，第135页。

7点后才见军机大臣，雍正时期要比这早得多，大约3点多钟雍正就要接见军机大臣。今天在接见军机大臣时，雍正宣布了一项重要事情，从即日起铸造军机处印信，结束军机处自雍正七年（1729）起有机构无印信的半隐半现状态。接见军机大臣后雍正会接见六部尚书、侍郎，各部院轮班在军机处值日，因此六部高层官员不用像军机处工作人员那样每天面圣。清代面圣是非常庄重的。现在有一些清宫剧里，皇帝召见军机大臣时会不戴帽子，而是光头，甚至不穿龙袍，穿便服，这在清代是绝对不允许的。皇帝和大臣都必须穿着龙袍和朝服，头戴帽子，绝不许有任何不雅。一年下来，雍正只有万寿节（皇帝生日）、元旦（正月初一）、冬至3天不接见军机大臣，除此之外，每天都要接见大臣。

叶恭绰《遐庵遗稿》记载：入对时，领班军机大臣跪在最前，距离御座一丈多远，如果是军机大臣行走，距离皇上就是两丈开外了。皇上向来只和领班军机大臣说话，除非指名询问其他军机大臣，否则绝无越过次序回话之事，也没办法跟同僚互相交谈，只能在退入军机处后，得知梗概。[①]所以军机处只有领班有事权，其他都是陪伴。不过也有特殊情况，比如孙毓汶、荣禄、袁世凯、张之洞、瞿鸿機当军机大臣时，虽然他们都不是领班，但慈禧太后也常常询问他们的意见。

接见完军机处要员后，大约5点，到了上早朝的时候。早朝在清代叫"御门听政"，俗称"叫大起儿"。康熙时期几乎每天都

---

① 叶恭绰：《遐庵遗稿》，《文史资料选辑》第96辑，文史资料出版社1984年版，第128、129页。

要御门听政①，雍正因为推行新政，改革阻力很大，故而不愿每日见大臣。所有汉族官员都在南城宣武门外居住，每天夜间起来进前门上朝，因此半夜前门就打开了，其他的门则凌晨4:15才开②。雍正及以后的皇帝御门听政在养心殿，雍正之前的顺治、康熙上朝都是在乾清宫。

就礼仪场景而言，御门听政时太监在养心殿正中陈设宝座，宝座前摆放一黄案，黄案前方就是跪奏者的毡垫。到上朝时间，文武百官齐集养心殿丹墀东，西向而立。起居注官、翰林院、科道官在丹墀西，东向而立。这时雍正来到养心殿升座，走到宝座前坐下。各部尚书拿着盛放折子的木匣走到黄案前跪下，而后恭恭敬敬地把木匣放在黄案上。站起身后走到养心殿东楹入班之位，再跪奏木匣中各折子的主要内容，每奏一事，皇帝即降一旨，皇帝对其所奏事降旨后该大臣即可由东台阶左边退下。各部上奏次序如下：如宗人府有事，宗人府最先上奏，宗人府无事，则按吏部、户部、礼部、兵部、工部、理藩院、督察院、通政司、大理寺的顺序轮班奏事。刑部因为人命关天，"每日在第三

---

① "凡御门听政，每日皇上御乾清门。"伊桑阿等修:《康熙大清会典》卷41，文海出版社1993年版，第15页。

② 北京城门开关时间：戌时五刻（20:15）敲响暮鼓，关城门，禁止出行；寅时五刻（凌晨4:15）敲响晨钟，开禁通行。二更、三更、四更在街上行走的，笞打40下（京城50下）；在一更夜禁后、五更开禁前犯夜的，笞打30下（京城40下）。赶上家中有病人夜晚找医生看病，女人生子等特殊情况，夜间可以畅通无阻，规定还是很人性化的。此外节假日也无宵禁。古代一更=2小时24分钟=6点钟，1点钟=24分钟。为什么一更是2小时24分钟？因为古代按时辰是12个时辰，子一直到亥时，一个时辰2小时；按更来算的话，每天打更的人打10次更来报时，白天五更，夜晚五更，一天24小时，24除以10，自然一更=2小时24分钟。一更：19:12—21:36。二更：21:36—0:00。三更：0:00—2:24。四更：2:24—4:48。五更：4:48—7:12。

班"，不与其他班次混淆。①各部门有本早奏，无本退朝，奏毕即结束。如果赶上刮风下雨，早朝也可取消，改天举行。

就时间而言，清朝不同时期早朝时间不同，震钧《天咫偶闻》卷一记载："嘉庆中有卯正②入值之旨。同治初以垂帘，渐晚至辰刻。光绪以后改用寅刻，朝退才卯正耳。"③ 嘉庆是6点上早朝，上完早朝7点多再单独接见军机大臣，同治则是7点多才上早朝，到了光绪，寅时（3点至5点）就上早朝，希冀与雍正帝看齐。杨联陞《国史探微》中《帝制中国的作息时间表》一文说："朝会的时间早得惊人，约在早上五点或六点。"④是将时间取中的说法。

就称谓而言，上早朝时，汉大臣必须自称"臣××恭请皇上圣安"，满族大臣则称"奴才××恭请皇上圣安"。皇后、妃嫔、满汉大臣无论当面或背后都称皇帝为"皇上"，只有皇太后或皇太妃称皇帝为"皇帝"。如宣统年间，据溥仪《我的前半生》回忆："太后太妃都叫我皇帝，我的本生父母和祖母也这样称呼我，其他人都叫我皇上。"⑤因为对太后太妃而言，皇帝并不是上一辈，所以不能叫"上"。

---

① 伊桑阿等修：《康熙大清会典》卷41，文海出版社1993年版，第15至17页。

② 明清的时间称谓，以卯时为例，卯时是早晨5点到7点，5:00叫卯初初刻，5:15叫卯初一刻，5:30叫卯初二刻，5:45叫卯初三刻，6:00叫卯正初刻，6:15叫卯正一刻，6:30叫卯正二刻，6:45叫卯正三刻，7:00叫辰初初刻。

③ 震钧：《天咫偶闻》，北京古籍出版社1982年版，第2页。

④ 杨联陞：《国史探微》，新星出版社2005年版，第48页。

⑤ 爱新觉罗·溥仪：《我的前半生》，《溥仪书系》，东方出版社1999年版，第59页。

就下跪而言，现代有些清宫戏中皇帝有时会与大臣平起平坐，或站立谈话，这在清朝时是绝不可能的。皇帝接见大臣，一定是皇帝坐着，大臣跪着。不过冬天跪在地上很凉，因此皇帝会根据前来人数，在地上预设白毡垫，大臣跪在垫子上。皇帝接见大臣，无论时间多长，官员自始至终必须跪奏，直到皇帝允许"跪安"表示谈话结束，大臣才可起立，一步步后退至门口时，再转身退出。也就是说大臣是不能以屁股冲着皇帝的。

清代只有极少数人因身份特殊，可以坐着或站着与皇帝谈话。比如多尔衮可以坐着跟顺治说话①，载沣可以坐着跟溥仪说话②，哪怕鳌拜在康熙面前都只能跪着，不能坐着说话③。大清顺治定下的祖宗家法很严，如果臣子在皇帝面前跪的时间长了，一屁股坐地上，就叫"失仪"，会挨处分，因此大臣们会经常在家练习跪奏，以免"失仪"，翁同龢就是如此。"翁禅相国，每夜必在房行三跪九叩头五次乃卧……翁相晚年体气极健，自谓得力于此。"④翁同龢拿三跪九叩当作锻炼身体了，不过与自己的老师相

---

① 顺治四年十二月三十日（1648年1月24日）多尔衮以摄政王名义发上谕："只今年率众行礼毕、就坐位。进酒时，不入班行跪礼。以后凡行礼处、跪拜永行停止。"载于《清世祖章皇帝实录》卷35，《清实录》第3册，中华书局1985年版，第290页。

② "摄政王代皇上听政，则枢臣事王，当如事皇上之礼，无敢隙越。惟古有三公坐而论道之礼，或可依而行之，以表贤王执谦之度。摄政王当居便殿听政，以仿周公摄政之义。中设宝座，以为皇上虚位。旁设一座，座前设一案，摄政王听政之位也。"《宣统政纪》卷二，《清实录》第60册，中华书局1987年版，第35页。

③ 征诸康熙给鳌拜所列30条大罪，无不跪拜一项，如果鳌拜不跪拜，则必然列入。此外在《清圣祖仁皇帝实录》中亦无任何鳌拜不用跪拜的记载。

④ 徐凌霄、徐一士：《凌霄一士随笔》第4册，《民国笔记小说大观》第三辑，山西古籍出版社1997年版，第1267页。

比,翁同龢每天练习5次实在是太少了。翁同龢于光绪八年(1882)正月初四给自己的老师、体仁阁大学士全庆拜年时,全庆这样说自己的锻炼身体妙法,"每日磕头一百廿起,跪四十次,此法最妙"①。全庆靠每天练习磕头120次,活了83岁,不过,在传授这一"秘诀"后几个月,全庆就去世了,多亏《翁同龢日记》,使得这一锻炼身体诀窍没有失传。有人因为下跪而长寿,也有人因为下跪而丧命,曾任户部尚书、吏部尚书的刘于义在乾隆十三年(1748)在养心殿奏事时,因为下跪时间太长,当场去世,"跪久致仆,遽卒"②。

就谈话方式而言,皇帝问话时,只能由一人回答,别人不能插话,被召见人也不能相互说话,只有皇帝问到方可回答,不像现在清宫戏中给人印象似乎是在开讨论会。当然,也有极个别情况,如慈禧在1900年与列强宣战前召开的四次御前会议,的确是开讨论会,让大家畅所欲言。由于皇帝时间宝贵,大臣长时间跪着也难受,因此大臣与皇帝的对话极其简明扼要,不像现在影视剧中长篇大论,喋喋不休。我们现在看清代档案召见记录,一般情况下大臣的回答都非常简短,几乎没有废话。清代大臣都有一条不成文的规矩:"无论奏对何事,必以三语为率,并须简浅明白。"③

---

① 《翁同龢日记》第3册,《中国近代人物日记丛书》,中华书局1993年版,第1639页。

② 赵尔巽等纂:《清史稿》卷307,总第35册,中华书局1977年版,第10552页。

③ 徐珂:《清稗类钞》第一册之《朝贡类》,中华书局1984年版,第402页。

上早朝之事就说到这,一般6点退朝后,卯正二刻(早晨6点半)雍正在御膳房吃早饭,养心殿、御膳房、军机处相邻,所以很省事。传膳的太监喊一声"膳齐",方请雍正入座,传膳太监专看皇帝眼色,皇帝用眼看哪个菜,他就把菜挪到皇上跟前,再用小勺盛进皇帝面前的碟子里。如果皇上说一句"这道菜还不错",太监就再盛两勺,总之,每道菜皇帝吃不超过三勺。只要盛完第三勺,太监就会喊"撤!"这道菜就十天半个月内不能露面了。之所以如此,是因为如果皇帝表现出特别爱吃哪道菜,这道菜经常做的话,想害皇帝的人就可能对这道菜下毒。表面上看这是不让皇帝解馋,实际上这是保护皇帝的举动。[1]

根据清宫规矩,如没有皇上旨意,任何人不得与皇上同桌用膳,所以电视剧里看到的皇上跟皇后、妃子在一起吃饭的场景大多是不会发生的。皇上吃完饭后,会把这些菜赐给后妃、皇子或在军机处值班的大臣。菜品奢华,皇帝一个人吃不了,但是不会浪费。

进完早膳,下一步做什么呢?今天是初三,没有"常朝",每月逢五才会有"常朝",常朝也叫视朝仪,每逢初五、十五、二十五日举行,主要负责举行王公授予爵位、大臣升迁后谢恩、外国使臣朝见等。视朝仪在太和殿举行,临朝时鸿胪寺官员引王公分两队至太和殿丹陛上。亲王为一班,郡王为一班,贝勒、贝子为一班,镇国公、辅国公为一班,四班成两翼侍立。王公们站位确定后,鸿胪寺官员再引文武百官列两队,穿过午门的左右掖

---

① 金易、沈义羚:《宫女谈往录》,紫禁城出版社1991年版,第63页。

门、昭德门、贞度门，按官职等级横向列18排，每排首由一名御史领队。外国使臣随文武百官入贞度门，立于太和殿丹陛下。清代规定所有官员都要按班次行礼，不得逾越，不得交头接耳，一旦站错队伍，严惩不贷。[①]

除了早朝（御门听政）、常朝外，清代还有更大规模的朝仪，那就是"大朝"（朝会）。只有皇帝登基即位、皇帝大婚、命将出征、册封太子（有清一朝就册封允礽时搞过一次）这四个重大典礼，再加上每年万寿节、元旦、冬至三大节，皇帝接受文武官员的朝贺，并向王公大臣赐宴，这7个典礼才称为"大朝"，这7个典礼都在太和殿举行。此外，顺治、康熙、雍正、乾隆时期在太和殿举行新进士的殿试，乾隆五十四年（1789）始，改在保和殿举行。1945年日本投降时北京受降就是在太和殿前广场举行。由此可见太和殿的至高无上的地位。

今天既没有常朝，也没有大朝，那么雍正进完早膳后该做什么呢？当然是批奏折了。明朝臣子给皇帝上奏，有两种形式：奏本和题本，题本是用来报告公事，奏本是用来报告私事。凡钱粮、刑名、兵丁、马匹、地方民务，所关大小公事概用题本。凡官员至任、升转、加级、记录、宽免、降罚，或降革留任，或特荷赍谢恩，或代所属官员谢恩等事，概用奏本。也可以这么说，有用的事用题本，没用的形式上的东西用奏本。因此顺治皇帝规

---

① 允裪等敕撰：《乾隆大清会典》卷20《朝会》，《影印文渊阁四库全书》第619册，台湾商务印书馆1986年版，第168、169页。

定,奏本文字不得超过300字,题本则字数不限①。现在故宫里保存的奏本只有1000多件,而题本则有200多万件。

明朝和清朝顺治、康熙前中期,官员们写好奏本和题本后基本不能直接交给皇帝,按规矩要先交给通政司,通政司官员阅读后再交给皇帝。康熙时又创立了奏折制度。奏折是脱离于奏本和题本外的,不需经过通政司官员看,而是直接交给皇帝且只能由皇帝一个人看。有读者认为,奏折分为两种,普通奏折和秘密奏折(密折),实际上密折就是奏折,只要是奏折,都不能给任何皇帝以外的人看,都是秘密。雍正时张廷玉把奏折制度化,稍微重要一点的事务,地方官员都先撰拟奏折,经过皇帝朱批,认可了,才写题本作正式报告。时间一长,题本就形同虚设,基本上国家运转就都靠奏折了。②

此前哪些人可以上奏折是没有定制的。雍正元年(1723),雍正指示,各省总督、巡抚可以给自己上奏折(密折),此后提督、布政使、按察使和雍正信赖的其他中级官员都可以给雍正写奏折。雍正命人打造奏折专用信箱,是个带锁的皮匣子,每个皮匣子两把钥匙,雍正一把,写奏折的人一把。由专使送到皇帝手里,不装进皮匣子的奏折雍正不收。整个康熙朝给康熙写奏折的只有100多人,而雍正将其规模扩充到1100多人③,由此,雍正

---

① 雍正二年时雍正觉得300字说不明白,而自己有时批示都能超过300字,所以便下诏规定从今往后奏本没有字数限制。

② 关于奏本、题本、奏折,详参庄吉发:《清代奏折制度》,台北故宫博物院1979年版。

③ 杨启樵:《雍正帝及其密折制度研究》,上海古籍出版社2003年版,第164页。

牢牢掌控天下局面。

雍正之所以被活活累死，也与此有关。顺治需要看的只是题本和每件不超过300字的奏本，康熙需要看的是题本、每件不超过300字的奏本、100多人写的奏折，雍正需要看的则是题本、不限字数的奏本、1100多人写的奏折，于是劳累猝死。乾隆鉴于父亲之死，乾隆十三年（1748）时废除了奏本，而且把能写奏折的人数也大幅削减，此后乾隆只需要看题本和几百人上的奏折。雍正在位13年批阅奏折2万多件，乾隆在位60年批阅奏折5万件。雍正的朱批动辄几百字，乾隆的朱批大多数是"知道了"，有的只写一个"是"字。

雍正极为勤奋，无论有多少奏本、题本、奏折，都会批复，他说："各省文武官员之奏折，一日之间尝至二三十件，多或至五六十件不等，皆朕亲自览阅批发，从无留滞。"①雍正其人极为勤奋，事无巨细都要过问，仅仅在2万件奏折中所写下的批语，就多达1000万字，这还不算他的其他著作。雍正皇帝的勤政精神、治国业绩，在中国古代帝王中堪称楷模。

《啸亭杂录》卷一记载，"上（雍正）于几暇，亲加批览，或秉烛至丙夜未罢。所批皆动辄万言，无不洞彻镕要，万里之外有如睹面，奖善服奸，无不感浃肌髓"②。纪晓岚在《四库全书总目提要·史部·诏令奏议》中这样评价雍正的御批，秦汉以后的皇帝对于奏议，许多都不看，看奏议的也就是在末尾批一个字，

---

① 《清世宗宪皇帝实录》卷96，《清实录》第8册，中华书局1985年版，第285页。

② 昭梿：《啸亭杂录》，《清代史料笔记丛刊》，中华书局1980年版，第11页。

名曰："凤尾诺"。唐宋以后皇帝的文章多为手下代笔，像雍正这么勤奋，写的朱批、诏书、上谕加上自己出版的书籍共以千万字计者，是"书契以来所未尝闻见者"。[1]征诸历史，纪晓岚的话真非溢美之词。雍正出版的所有书、诗词和朱批都是自己亲笔书写，只有诏书和上谕是自己口述大意后由张廷玉、鄂尔泰等人来写。

因为需要批阅的奏折太多，雍正讨厌人说废话，江南总督范时绎在雍正五年（1727）十二月初十上奏说江南喜降瑞雪，雍正批示："朕日理万机，毫不体朕，况岁底事更繁，哪有功夫看此幕客写来的闲文章，岂有此理？下愚不移，奈何！"[2]

李调元《淡墨录》卷十记载，"雍正初上览章疏，及内外臣工奏折，皆随阅随批。若遇军机要事，廷臣商酌，详细批明，多有于折内旁注者，堆积甚多，莫不朱批满纸。竟有欲办事，而无事可办之时，不少暇豫如此"[3]。雍正工作勤奋到要办事时，居然都无事可办，一贯积如山丘的奏折都批完了，没有奏折要批了，这在中国历史上也是罕见的。

只要没有常朝和大朝，雍正每天从上午7点一直到未正二刻（下午2点半），都是在批奏折，未正二刻吃中午饭（准确地说应该叫下午饭了），雍正到3点多吃完，再开始工作。清帝从努尔哈赤到宣统，都是每天吃两顿饭，康熙说："朕每日进膳二次，此

---

①　纪昀总纂：《四库全书总目提要》卷55，河北人民出版社2000年版，第1502页。

②　《雍正朝汉文朱批奏折汇编》第11册，江苏古籍出版社1989年版，第218页。

③　李调元：《淡墨录》，《新世纪万有文库》，辽宁教育出版社2001年版，第144页。

外不食别物。"[1]这与满人的传统有关，满族男人早先在东北时每天吃早饭后上山，或打猎或挖人参，下午回家吃饭，所以每天吃两顿。

下午雍正继续批奏折或读书，工作一下午，晚上8点左右吃夜宵，也就是点心，吃完后雍正就睡觉了，大约每天晚上10点睡觉。10点到凌晨2点多是雍正的睡眠时间，他在2点多起来后接着办公。雍正太忙太累了，在位13年很少临幸女人，康熙在位61年共生了35个儿子，20个女儿，而雍正在位13年只生了两个儿子，没有女儿，康熙平均一年生一个，雍正则是6年半一个。因为他只要临幸后妃就是在减少自己的睡眠时间，而转天还要很早起床。

到此，雍正的一天终于结束了。我们算一下雍正每天的工作时间（批阅奏折和上朝都算工作），早晨2点半到6点半工作，7点到下午2点半工作，3点到8点工作，平均每天工作16.5个小时，说雍正是中国古代最勤奋的帝王，当不为过。

---

① 王庆云：《石渠余纪》卷4，北京古籍出版社1985年版，第199页。

Part 14 雍正驾崩：有疑中的无疑，无意中的有异

8 日
1735年10月

关键词 雍正之死　丹药中毒　走出中世纪
张廷玉　鄂尔泰

此文根据张廷玉年谱、鄂尔泰行状探析雍正驾崩疑点、"左胯红湿"血迹，勾稽遇刺说、朝鲜人所言春药致死说、丹药中毒说、过劳死说，最终得出结论，雍正是在劳累过度的情况下因服丹药中毒而死。最后此文把雍正放在中西大历史角度重审其地位，认为雍正大战略是带领中国驶向中世纪，他越勤奋，中国的近代转型就越艰难。

雍正十三年八月二十二日（1735 年 10 月 7 日），圆明园，宫门大开，铁骑四出，烛光映天，哀声动地，慌乱杂沓的脚步，迫不及待的耳语，紧张流淌的汗水，在猫头鹰惊飞盘旋的漆黑夜幕下，构成了一幅恐怖而诡异的画图。

晚 9 点多[①]，忙了一天的张廷玉在府邸内刚要就寝，突然传来一阵砸门声，宣张廷玉即刻进宫！此前这个时间叫到张廷玉，往往是因为西北军务，而今天下太平，会有什么事呢？张廷玉满腹狐疑地赶忙出来，在一盏盏灯笼摇曳的烛光下，张廷玉骑快马跑向圆明园。在汉人里张廷玉算马上功夫不错的，平时一般坐轿子，今天骑快马赶去。

圆明园殿内烛光昏暗，幔帐重重，到达寝宫后张廷玉才知道，"上疾大渐"，御榻上的雍正已经气若游丝。突然，宫门大开，哭声大作，一个鸱鸮般的声音喊道："大行皇帝龙驭宾天！"此时时间刚到八月二十三日（10 月 8 日）凌晨 1 点左右。

雍正驾崩时，张廷玉在身边，在此时段，鄂尔泰也已赶到，他在家正思考如何深入推进西南苗疆改土归流的问题，突然太监砸门，宣鄂尔泰立刻进宫！鄂尔泰夺门而出，以最快速度赶赴圆明园，进入殿内，鄂尔泰看着庄亲王允禄、果亲王允礼眉头紧蹙，情知不妙，鄂尔泰两下抖掉马蹄袖的盖口，上前跪下，"臣鄂尔泰恭请圣安！"见无人答应，鄂尔泰才意识到，雍正已经驾崩了。

---

① 张廷玉在自订年谱中将此时间描述为"漏将二鼓"，这就是即将二更天时，二更开始于 21:36，所以推断此时为 9 点多。

众人一片痛哭时，唯有张廷玉和鄂尔泰不慌乱，他二人说："国不可一日无君，大行皇帝曾就传位诏书的地点密示我二人，密旨应立即请出，让新皇继承大统。"

总管太监慌忙叩头："大行皇帝未曾谕及我辈，奴才不知密旨所在。"

张廷玉："大行皇帝当日密封之件也没几件，外用黄纸固封，背后写一'封'字的就是此旨。"过一会儿，总管太监找到了张廷玉所说的匣子，当众打开一看，正是定弘历为接班人的密旨。与此同时，张廷玉也派人到乾清宫正大光明匾额后取传位诏书，两相对比无误，弘历继位。①

张廷玉等人在雍正八年六月雍正的口述遗诏内容基础上，加上传位诏书，就有了颁行天下的遗诏文本。雍正遗诏说："宝亲王皇四子弘历秉性仁慈，居心孝友，圣祖皇考于诸孙之中，最为钟爱，抚养宫中，恩逾常格。雍正元年八月间，朕于乾清宫，召诸王满汉大臣入见，面谕以建储一事，亲书谕上，加以密封，收藏于乾清宫最高之处，即立弘历为皇太子也。"②

弘历继位，改年号为乾隆，并为父亲上谥号为"敬天昌运建中表正文武英明宽仁信毅大考至诚宪皇帝"。

雍正58岁去世，现在看来这个年龄是英年早逝，但是在清代，这也算高寿了。据岳南《复活的军团：秦始皇陵兵马俑发现

---

① 开篇描写据《张廷玉全集》下册，北京师范大学出版社集团、安徽大学出版社2015年版，第416、417页；《清世宗宪皇帝实录》卷159，《清实录》第8册，中华书局1985年版，第954页。

② 《清世宗宪皇帝实录》卷159，《清实录》第8册，中华书局1985年版，955页。

之谜》："旧石器时代，中国猿人的平均寿命为13岁……夏商时代不超过18岁；西周至秦汉时期仅为20岁；东汉时代为22岁；唐代增至27岁；宋代为30岁；元代为32岁；清代为33岁；民国为35岁。"①当然，这个数据是把幼年早夭的人也都算在内了，所以看起来都活不长。康熙35个儿子里长大成人的才20个，这是中国最后一个王朝的皇帝家庭，医疗条件应该说是最好的，尚且如此，何况普通人。因此以上数据就不值得惊讶了。

那么雍正是怎么死的呢？主要有四种说法：

一是雍正是被吕四娘谋刺。吕四娘是吕留良的长子吕葆中的女儿。关于吕四娘刺杀雍正的说法，一看就是小说家之言。1981年，河北省政府曾发掘雍正泰陵②地宫，未打开，即作罢。民间传言雍正棺材已经打开，雍正的遗体有尸身而无尸首，想以此证明雍正之头是被吕四娘砍掉的。但这是不可能的，吕留良之案，吕家所有女人都被圈禁，严加看管。管此事的是浙江总督李卫，李卫一贯擅长审案，擅长抓人，更何况雍正还曾就吕氏孤儿的问题在朱批里问过李卫，"外边传有吕氏孤儿之说，当密加访查跟究，倘或吕留良子孙有隐匿以至漏网者，在卿干系匪轻"③。而后李卫对于吕氏家人进行更严密的圈禁，确保万无一失，吕家任何人根本不可能逃逸。所以，吕四娘行刺雍正说，实属子虚乌

---

① 岳南：《复活的军团：秦始皇陵兵马俑发现之谜》，《中国文化史探秘丛书》，新世界出版社1997年版，第184页。

② 隋文帝杨坚、唐明皇、西夏元昊的陵都叫泰陵。

③ 《雍正朝汉文朱批奏折汇编》第18册，江苏古籍出版社1989年版，第876页。

有，绝不可信。

《胤禛外传》还记载，朴庵曰："吾阅《鄂尔泰传》，是日雍正尚视朝如恒，午后忽召鄂入宫。外间喧传暴崩。鄂入朝，马不及鞍，髀骨被磨损，流血不止。既入宫，留宿三日夜始出，尚未及一餐。使非被刺，何所危疑而仓皇至是。观鄂传，雍正为人所杀，决无疑也。"[1]也就是说鄂尔泰入朝时大腿都被磨破了，流血不止，而且入宫留宿三天才出来。

这里面所说的《鄂尔泰传》指的是袁枚所写《武英殿大学士太傅鄂文端公行略》，该文收录于袁枚的《小仓山房诗文集》，该文对雍正驾崩记载如下："世宗晚年召公宿禁中，逾月不出，人皆不测上意，公亦自危。八月二十三日夜，世宗升遐，召受顾命者，惟公一人。公痛哭捧遗诏，从圆明园入禁城，深夜无马，骑煤骡而奔，拥今上登极，宿禁中七昼夜始出。人惊公左胯红湿，就视之，髀血涔涔下，方知仓促时为骡伤，虹溃未已，公竟不知也。"[2]

行略就是行状，是给死者撰写墓志铭用的重要依据，死者死后先撰写行略，然后以行略为基础经过删修而撰写墓志铭，刻在墓碑上，可见行略的重要性。因此许多学者据此断定雍正是被刺杀的，这就需要其他旁证来与袁枚的记载相验证。

雍正最信任的两个大臣是鄂尔泰和张廷玉，张廷玉有自编年

---

① 胡蕴玉：《胤禛外传》，李春光纂：《清代名人轶事辑览》第一册，中国社会科学出版社2004年版，第125、126页。

② 袁枚：《小仓山房诗文集》，上海古籍出版社1988年版，第1340页。

谱《澄怀主人自订年谱》，对雍正之死做如下记载："八月二十日，圣躬偶尔违和，犹听政如常。廷玉每日进见，未尝有间。二十二日漏将二鼓，方就寝，忽闻宣诏甚急，疾起整衣，趋至圆明园，内侍三四辈待于园之西南门，引至寝宫，始知上疾大渐，惊骇欲绝，庄亲王、果亲王、大学士鄂尔泰、公丰盛额、讷亲、内大臣海望先后至，同至御榻前请安，出，候于阶下。太医进药罔效，至二十三日子时，龙驭上宾矣。……（这一部分写张廷玉和鄂尔泰取雍正遗诏的事）大行皇帝还宫，上前导以行，廷臣随侍左右，仓促中得宫厩驽马，乘之几至蹶跛。"[①]

张廷玉的记载四平八稳，鄂尔泰的行略则大相径庭，前者说雍正去世时有张廷玉、鄂尔泰、允禄、允礼等一批人在身边，而后者说只有鄂尔泰在身边，这就需要官方档案来验证。雍正驾崩的官方记载如下："丁亥（八月二十一日），上不豫，仍照常办事。戊子（八月二十二日），上不豫，皇四子宝亲王弘历、皇五子和亲王弘昼朝夕侍侧。戌刻，上疾大渐，召庄亲王允禄、果亲王允礼、大学士鄂尔泰、张廷玉、领侍卫内大臣公丰盛额、讷亲、内大臣户部侍郎海望至寝宫前。大学士鄂尔泰、张廷玉恭捧上御笔亲书密谕，命皇四子宝亲王弘历为皇太子，即皇帝位。少顷，皇太子传上谕，著庄亲王允禄、果亲王允礼、大学士鄂尔泰、张廷玉辅政。己丑（八月二十三日）子刻，上崩。"[②]

---

① 《张廷玉全集》下册，北京师范大学出版集团、安徽大学出版社2015年版，第416、417页。

② 《清世宗宪皇帝实录》卷159，《清实录》第8册，中华书局1985年版，第954页。

显然在此方面我们应该更相信张廷玉的记载，雍正死时身边有一批大臣，而不是仅有鄂尔泰一人。也有人会问，会不会日后乾隆像父亲雍正那样也篡改自己父亲驾崩日的历史？征诸乾隆初年的历史，我们可以确定地说：不会。首先乾隆初年政局由于雍正这13年的励精图治，已经很平稳，正因此乾隆才会释放允禩和允禵。第二，乾隆对于鄂尔泰和张廷玉是一视同仁，因为这两个重臣大权在握让乾隆很不适。乾隆如果篡改历史，也应该是把雍正死前身边的人里的鄂尔泰和张廷玉都去掉，但是，实录里面记载得清清楚楚，两个人都在。因此只有一种情况，那就是袁枚在鄂尔泰的行略里故意夸大鄂尔泰的地位，才将其他人都抹杀掉。

鄂尔泰行略说："骑煤骡而奔，拥今上登极。"给人感觉乾隆并没有在雍正的病榻前送终，而是被鄂尔泰拥立即位的，事实上，乾隆在雍正驾崩前一天就已经在雍正身边了，这有实录的记载为证。

鄂尔泰行略说："人惊公左胯红湿，就视之，髀血涔涔下，方知仓促时为骡伤，虹溃未已。"这个倒有可能是事实，因为张廷玉也说："仓促中得宫厩驽马，乘之几至蹶跛。"平时大臣们来往圆明园和故宫之间都坐轿子，因为雍正突然驾崩，所以要火速赶回，这就需要骑马。没有那么多好马，所以有人骑骡子，有人骑驽马，长期坐轿子的大臣骑马生疏，加之这一年鄂尔泰已经59岁，因此骑骡子受伤倒也是很有可能。有人认为鄂尔泰腿上沾的血是雍正的，则未免太想当然了。

鄂尔泰行略说"留宿三日夜始出"也并不稀奇，宫里本来就有大臣值夜班时可以暂供休息的地方，雍正"常召公（鄂尔泰）宿禁中，逾月不出"，因此雍正突然驾崩，鄂尔泰留在宫内处理各种事情三天没出来也是很正常的事。

总之，鄂尔泰行略其实是袁枚受鄂尔泰后代之托所作的一篇无限拔高传主的产物，这是中国古代行略、墓志铭的通病。元末脱脱修《宋史》时，时间仓促，用的就是大量墓志铭，墓志铭自然都说传主好，所以《宋史》相当一批人的传记都是写本传传主很好，但是征诸根据其他人的墓志铭所修的传记，又可以找出许多人的劣迹。比如岳飞的孙子岳珂在《宋史》本传里形象很好，而《宋史·徐鹿卿传》则记载"珂守当涂，制置茶盐，自诡兴利，横敛百出，商旅不行，国计反诎于初。又置贪刻吏，开告讦之门，以罔民而没其财，民李士贤有稻二千石，囚之半载"①。鄂尔泰的行略就是这样的产物，且袁枚本身就是写小说的，《子不语》之类就是出自他的笔下，故而其鄂尔泰行略不足为信，雍正被刺杀一说纯系无稽之谈。

二是春药致死说。朝鲜有一部书叫《承政院日记》，是朝鲜使者写给朝鲜国王的报告，其中说"雍正沉淫女色，病入膏肓，自腰以下不能运动者久矣"②。这种说法完全是无稽之谈，雍正十三年二月十二日至十八日雍正还离开北京去遵化谒陵，而雍正直到去世前三天都"听政如常"，还能上朝，怎么能说腰以下都

---

① 脱脱等纂：《宋史》卷424，总第36册，中华书局1977年版，第12650页。

② 转引自杨启樵：《雍正帝及其密折制度研究》，上海古籍出版社2003年版，第270页。

不能动了？雍正每天只能睡4个小时，在位13年只生了两个孩子，他有闲工夫去"贪图女色"吗？因此这种说法完全不可信。

三是雍正是服丹药中毒而死的。最早提出雍正死于吃丹药的是民国初年金梁《清帝外纪》，"惟世宗之崩，相传修炼饵丹所致，或出有因"[①]。美国学者恒慕义在《清代名人传略》中说："胤禛相信道教关于长生不老的说法，所以他服用各种各样的药物。正是这些药物，导致他的死亡。"[②]

雍正七年（1729）二月十六日雍正在给岳钟琪的朱批上说让他找一个叫鹿皮仙（又名狗皮仙）的道士，岳钟琪查访后上奏："此人实系疯痴，一无道行可言。"雍正这才作罢，这是雍正第一次派人找道士。

雍正在雍正八年（1730）允祥去世前，身体一直很好，允祥去世后，身体就逐渐不行了。这年五月，雍正传旨各省督抚寻找修道之人来为自己治病，谕旨说："可留心访问，有内外科好医生与深达修养性命之人，或道士，或讲道之儒士、俗家。一面奏闻，一面着人优待送至京城，朕有用处。"[③]

看雍正的诗词就知道他对于炼丹药的喜好，他还是雍亲王时就写过《炼丹》的诗。"铅砂和药物，松柏绕云坛。炉运阴阳火，功兼内外丹。光芒冲斗耀，灵异卫龙蟠。自觉仙胎熟，天符降紫

---

① 金梁：《光宣小记　清帝外纪》，《民国史料笔记丛刊》，上海书店出版社1998年版，第90页。

② ［美］恒慕义：《清代名人传略》，中国人民大学清史研究所译，青海人民出版社1990年版，第772页。

③ 《雍正朝汉文朱批奏折汇编》第18册，江苏古籍出版社1989年版，第704页。

鸾。"①

雍正十年（1732）十月初十，雍正在田文镜的奏折上朱批："既济丹朕现今日服无间，考其性不涉寒热温凉，征其效亦不在攻治疾病，惟补益元气，是乃专功。"②他把既济丹也赐给田文镜服用，结果一个月后，十一月二十一日，田文镜就死了。71岁的人一下子吃一堆丹药，很容易死掉。雍正得知田文镜的死讯后，觉得71岁的人去世很正常，便没有往田文镜是吃丹药吃死了的方向去想。

雍正去世后两天，乾隆发布诏书：

> 皇考万几余暇，闻外间有炉火修炼之说。圣心深知其非，聊欲试观其术，以为游戏消间之具。因将张太虚、王定乾等数人，置于西苑空闲之地，圣心视之，如俳优人等耳，未曾听其一言，未曾用其一药。且深知其为市井无赖之徒，最好造言生事，皇考向朕与和亲王面谕者屡矣。今朕将伊等驱出，各回本籍。令莽鹄立传旨宣谕。伊等平时不安本分，狂妄乖张，惑世欺民，有干法纪，久为皇考之所洞鉴，兹从宽驱逐，乃再造之恩。若伊等因内廷行走数年，捏称在大行皇帝御前一言一字，以及在外招摇煽惑，断无不败露之理。一经访闻，

---

① 胤禛：《世宗宪皇帝御制文集》卷27，《影印文渊阁四库全书》第1300册，台湾商务印书馆1986年版，第206、207页。

② 《雍正朝汉文朱批奏折汇编》第23册，江苏古籍出版社1989年版，第428页。

定严行拏究，立即正法，决不宽贷。①

乾隆在诏书里说雍正在日理万机的同时，听说有炼丹术，明知这不靠谱，但还是把两个道士召入宫中，让他们做实验。现在朕把他二人赶出去，他们如果敢造谣生事，就死定了。这真是此地无银三百两，刚继位两天，各种交接的时候，突然发一道赶走两个道士的诏书，并且说这两人只要造谣就得死。造什么谣？无非是雍正死亡真相。因此凭这一份诏书，我们就可推断，雍正之死跟吃丹药有关。那么乾隆为何不杀这两个道士呢？如果乾隆杀了他二人，就意味着雍正之死跟吃他二人的丹药有关，所以只能不杀。

看清宫秘档《活计档》，雍正九年至十三年，雍正下令向圆明园运送炼丹所需物品157次，包括矿银、红铜、黑铅、硫黄等，雍正十三年八月初九，"圆明园二所用牛舌头黑铅二百斤"，黑铅是有剧毒的金属，这批重金属运到圆明园14天后，雍正就死了，如果他不是吃丹药而死，还能是什么？因此说雍正死于吃丹药是可信的。

由此，雍正成为继晋哀帝司马丕、唐太宗李世民②、唐穆宗李恒、唐武宗李炎、唐宣宗李忱、南唐烈祖李昪、明仁宗朱高炽、明世宗朱厚熜（他吃丹药吃了20年才死，是中国历史上吃丹药后活得最长的君主）、明光宗朱常洛、明熹宗朱由校之后，第

---

① 《清高宗纯皇帝实录》卷一，中华书局1985年版，第148页。

② "李世民吃了'一人灭印度'的王玄策带来的天竺人那罗迩娑婆寐的丹药后而死"的说法，据刘昫等纂：《旧唐书》卷198，中华书局1975年版，第5308页。

11个吃丹药而死的君主。

四是劳累过度而死。长期的紧张工作让雍正的每一根汗毛都是战栗的，每天工作17个小时，却只能睡4个小时，换任何人都是吃不消的。不过，一开始雍正身体素质还是很不错的。雍正五年（1727）正月二十五日他在给鄂尔泰的朱批中说："朕躬甚好，自去冬以来，外缘顺序，身体更觉好。"雍正七年（1729）四月十五日，他在给鄂尔泰的朱批中说："朕躬甚安好，今岁饮食肌肉更觉增长健旺。"雍正说自己身体好的这些批语是否可信？皇帝的身体状况是绝密，外人不可能知晓，但雍正最信任的人就是张廷玉和鄂尔泰，包括圆明园那份传位诏书地点都告诉了他二人，因此雍正对鄂尔泰说的话是可信的。

正因为雍正觉得自己身体好，才一直宵衣旰食，雍正曾挑选自己的朱批7000多件，编成360卷《雍正朱批谕旨》，事实上雍正批的奏折远远不止这些，雍正在位13年共批阅奏折、奏本、题本等共19万2000多件（其中奏折2万多件），年均达14769件，平均每天40多件。由于长期超负荷工作，雍正的身体严重透支，雍正七年年底，雍正大病一场，雍正八年五月初四，允祥去世，雍正更是痛哭流涕，身体更加虚弱。六月，雍正感觉自己不行了，他召见张廷玉、鄂尔泰、允禄、允礼、弘历、弘昼，口授遗诏内容，但并没有说让谁接班，因为此事必须到自己死后才能揭秘。

此后一年雍正的身体都不好。雍正九年十月初三，雍正说："自上年以来，朕躬违和，调理经年，近始痊愈，医家皆言尚宜静摄，不可过劳。因思怡亲王仙逝之后，朕悲情难遏，曾亲奠数次，颇觉精力勉强。"①

这次大病长达两年，经过精心调养，雍正到雍正九年年底时身体好了很多，于是依旧夙兴夜寐，最终，过劳而死，驾崩于圆明园。

笔者认为，雍正死亡的主因是长期以来劳累过度，加之服用丹药，此外雍正不好运动，他不像父亲康熙和儿子乾隆那样好骑马射箭打猎。从画像看，青年雍正尖嘴猴腮，当皇帝后则发福，或许与他不喜运动有关。加之雍正滥用补品，雍正十三年（1735）《太医院用人参药档》记载这年正月到八月宫中用掉的人参达230多斤，按照惯例四等和四等以上的人参是专供皇帝、皇后、太后服用的，这类人参占其中不小比例，此时太后、皇后都已不在，因此这些最好的人参应该都是雍正服用了。具体雍正用了多少斤人参不清楚，但几十斤终归会有的，半年多下来几十斤人参，一方面能让人短期内看起来精力充沛，另一方面最终也会掏空人的元气。袁世凯的女儿袁静雪在《我的父亲袁世凯》中说袁世凯经常"一把一把地把人参、鹿茸放在嘴里嚼着吃"②。最后袁世凯59岁就死于尿毒症。

康熙不喜欢吃人参，雍正爱吃人参；康熙好运动，雍正不喜欢运动；康熙从不吃丹药，雍正吃丹药；康熙劳逸结合，雍正每

① 《清世宗宪皇帝实录》卷111，《清实录》第8册，中华书局1985年版，第472页。

② 中国人民政治协商会议全国委员会文史资料研究委员会编：《文史资料选辑》第74辑，文史资料出版社1981年版，第168页。

天只睡4个小时，结果，雍正注定没有他父亲长寿。毕竟，13年如一日的超负荷工作，任何人都是吃不消的。这便是对于雍正猝死的最合理解释。

雍正的死亡之谜已经揭晓，本文最后，让我们对雍正盖棺定论。先来看看前人对雍正的评价。法国伏尔泰在《路易十四时代》中提到雍正皇帝时说："新帝雍正爱法律、重公益，超过父王。帝王之中无人比他更不遗余力地鼓励农事。他对这一于国民生计不可缺少的百艺之首亟为重视。各省农民被所在州、县长官评选为最勤劳、能干、孝悌者，甚至可以封为八品官。……农民有权在省总督衙门中就座，并与总督大人同餐共膳。农民的名字用金字书写在大堂之上。"[①]

萧一山《清代通史》："世宗刚毅明察，纯系政治家之作风，任法尚廉，吏道澄清，库藏充裕，海宇乂安。倘使厥年克永，可为吾国政治变换一种积极性质，扫除数百年来颟顸无为之消极思想，社会亦不全停滞而不进矣。无奈宵旰不遑，求治太切，颇不易得社会之谅解，遂致有暴崩之传说。"[②]

杨启樵《雍正帝及其密折制度研究》说："康熙宽大，乾隆疏阔，若不是雍正整饬，清朝恐早就衰亡了。""有人说他雄猜阴鸷，是否如此姑且不论，但在位十三年中，宵旰焦劳，勤于庶政确是事实，在政治上有一定的贡献。但为期过短，遽尔暴卒，留

---

① ［法］伏尔泰：《路易十四时代》，吴模信、沈怀洁、梁守锵译，《汉译世界学术名著丛书》，商务印书馆1982年版，第600、601页。伏尔泰把朱元璋给农民告密的特权安在了雍正身上，实则史无其事。

② 萧一山：《清代通史》第一册，华东师范大学出版社2005年版，第12页。

下尚未完成的任务；即使已经施行的，由于'人亡政息'，反而引起流弊的也有。正如遗诏中所说：'志愿未竟，不无微憾。'他如果像乃父康熙那样的寿考，多活十一年，政局就会不同；要是像儿子乾隆那样的长命，多活三十一载，政治上变化之大，自不在话下——夸大地说，也许因而改易了此后中国的命运，亦未可定。"①

最后，该表达笔者对雍正的看法了。雍正是一位伟大的政治家，他具备作为一个政治家的几乎所有的智慧、手段、素质。雍正的政治生涯是在险象环生、危机四伏的紧张状态中匆匆过去的，他严肃、刻板，政治上和心理上的需要使他自始至终为政治所吸引，这也是他挺过来的原因，他是典型的政治动物。

他城府极深，明察秋毫，见微知著，洞若观火，冷静沉着，可以说，这是一个对于从政而言非常完美的性格。他天生有一种适合从政的感觉，他相信自己的感觉，他的感觉也真的很准。

雍正是一个铁腕人物，果决、大胆、严酷、雷厉风行。他容不得自己的意志受到来自任何方面的压抑和制约，也同样不能容忍别人的意志强加于己。他永远是强硬的，一生中除了对父亲康熙外，对任何人都是绝对强势。任何敢于违抗他的意志的人都会承受血的代价。

一方面雍正一直以大无畏的精神来推进改革，不畏惧任何艰难险阻；另一方面，雍正十分怕死，一次地震就能把雍正吓得惊慌失措。雍正八年（1730）八月十九日，北京发生地震，根据当

① 杨启樵：《雍正帝及其密折制度研究》，上海古籍出版社2003年版，第279、280页。

时出使中国的朝鲜大臣李枢记载，太和殿的一角都被震掉了，死了两万人，雍正"乘船幕处，以避崩压"。这是说雍正在地震后先是躲到船上，以为只是地震，不会水震，然后又住在临时搭建的帐篷里，可见其惊慌失措。朝鲜皇帝从李枢那里得知雍正的失态后说："以万乘之主，作此举措，可谓骇异矣。"①之所以如此，就在于雍正认为，自己是大清帝国不可或缺之人，他生怕自己的突然死亡会导致国家混乱，导致他的改革半途而废，因此他就会表现得如此惊慌失措。

在雍正看来，只要对国家稳定有利，只要对自己的统治地位有利，所有事，再难，他都全力以赴地去做，只要符合这两个标准中的一个，便不择手段去做。对于他来说，重要的在于目的而不是手段，因此，他的一些手段或许并不光彩，但他得到了一个自己满意的结果。

正如罗尔斯的《正义论》所言，有两种正义，程序正义和实质正义，就程序正义而言，雍正做的截然相反，是他杀死了儿子弘时，虐死了兄弟允禩、允禟、允禵，逼死了自己的"恩人"年羹尧，凡此种种，不一而足。雍正能说出"朕之心可以对上天，可以对皇考，可以共白于天下之亿万臣民"，皇考很可能就是被他害死的，他却能说出这种话，有人因此说雍正虚伪。从现在看来，雍正比较符合马基雅维利主义下的实质正义（此种正义指的是在专制社会范畴下的制度正义）人格，即为了一个伟大的目的，可以不择一切手段。

---

① 吴晗：《朝鲜李朝实录中的中国史料》下编卷八，中华书局1980年版，第4437页。

历史证明，公平正义的推行在古代中国，往往需要不公平的非正义的手段，当有大志者以非正义手段夺取权力后，才能用自己手中的权力来消灭世道的不公。

在古代中国，成大事者要有学者的功底、无赖的精神、伟人的胸怀、谋士的心机、商人的思维、演员的演技、运动员的身体、间谍的谨慎、圣人的谦虚、外科手术医生的严谨、清教徒一样的道德。这一切，雍正除了没有圣人般的谦虚外，其他一应俱全，自然，他能够排除一切障碍，赢得胜利。

康熙晚年国库几近空壳，吏治腐败极为严重，储位之争不可收拾，是雍正扭转了这一切，为儿子乾隆的日后大肆挥霍创造了物质基础。美国思想家亨廷顿说自己是信仰民主的马基雅维利，而雍正则可以称之为用马基雅维利主义的手段来实现自己治国平天下理想的政治家，也就是以霹雳手段，显菩萨心肠。

然而，雍正所追求的，是皇权达到极致，人民之间的散沙化、原子化达到极致，也正因此，导致了中国近代转型之艰难。鱼可以变成鱼汤，但是鱼汤已经不可能变成鱼了。用雍正在《朋党论》中的话说，大臣之间莫说结党，连朋友都不能做，所有人只能为皇帝当差办事。就在雍正去世3个月后，1736年1月19日英国发明家瓦特出生，他发明了蒸汽机，开启了英国工业革命，世界由此从科技上走向近代化，而同时期的中国则由于闭关锁国，万马齐喑，从此逐渐落后于世界大潮。

杨启樵说如果雍正能有康熙的寿命或有乾隆的寿命，中国命运将可能改变。的确是可能改变，如果雍正再活31年，活到儿子乾隆的89岁寿命，一定会把中国专制社会达到我们更难以想象的高度，这只会导致中国近代的转型更加艰难，旧制度对于新制度的反扑更加激烈，中国转型过程中死亡的人数更加庞大。不怕皇帝懒惰，只怕皇帝勤奋却走错了方向。就治国理政而言，思路清晰远比卖力苦干重要，心态正确远比现实表现重要，做对的事情远比把事情做对重要。

虽然从走向现代化的角度看雍正，他的治国努力方向背离了事物发展规律，但是就个人而言雍正的确是非常成功的。对雍正而言，没有能不能做，只有想不想做，想做的，一定做成功，起码在活着的时候成功，这一点比他儿子乾隆强了很多。历史上像他那样性格的人也许很多，但是能像他那样义无反顾地去做，而且做得如此好的，则凤毛麟角。可以说，他是一个在一条几乎不可能走的栈道上勇敢前行，最终达到巅峰的人。

雍正，毁君誉君，其惟后世，知君罪君，其惟春秋！

Part 15

乾隆的除夕：国家仪式空间图景下的政治用意（上）

18 日

1738年2月

关键词 乾隆　除夕　大宴　封笔　乾清宫

　　《延禧攻略》许多人都看过，从乾隆元年到乾隆十三年富察皇后去世，每一个春节都是乾隆与富察氏在一起过，乾隆十年魏佳氏（魏璎珞原型）被封为贵人前，基本上是见不到乾隆的，那么乾隆与富察皇后在一起如何度过春节？按照惯例，除夕这天乾隆为何只能睡3个半小时？清朝除夕紫禁城灯光秀究竟情况如何？清宫包饺子在下锅前是如何摆放？此文根据起居注、奏折、实录、清代笔记、膳底档等各种史料还原乾隆的除夕生活。

乾隆二年①除夕（1738年2月18日），卯正二刻（6:30）：早膳。乾隆早膳吃什么呢？《故宫辞典》记载除夕这天的早膳食谱："黄米饭一品（盘），燕窝挂炉鸭子、挂炉肉、野意热锅各一品，燕窝芙蓉鸭子热锅一品，万年青酒炖鸭子热锅一品，八仙碗燕窝苹果脍肥鸡一品，青白玉碗托汤鸭子一品，青白玉碗额思克森鹿尾酱一品，金镟碗碎剔野鸡一品，金镟碗清蒸鸭子、鹿尾攒盘各一品，金盘蒸肥鸭一品，金盘羊乌叉一品，金盘烧鹿肉一品，金盘烧野猪肉一品，金盘鹿尾一品，珐琅盘竹节卷小馒首一品，珐琅盘蕃薯一品，珐琅盘年糕一品，珐琅葵花盒小菜一品。"②总共21道菜，其中主食4道，小菜1道，肉16道，没有蔬菜水果，显然很不健康。与富察皇后一起吃完早饭，乾隆要举行封笔仪式了。

巳初（9:00）：封笔仪式举行，意思是从现在到正月初一，就不再用御笔了，让御笔也歇歇，其实是皇帝自己想放假。当然，也有来紧急军情的时候，比如乾隆十二年除夕（1748年1月29日），也是乾隆与富察氏在一起的最后一个除夕的下午4点，突然传来大小金川的急报，清军一支部队在与大小金川交换俘虏时中了埋伏，全军覆没。乾隆已经封笔，于是他就口述旨意，让军机大臣来写，这样就可以变通了。考虑到元旦应言吉事的禁

---

① 笔者之所以选乾隆二年十二月三十日来考察，在于雍正十三年八月二十三日雍正驾崩，古制虽曰守孝三年，实际执行为守孝27个月，至此时，守孝期解除。雍正十三年和乾隆元年除夕，因在国表，未举行娱乐活动，此次方为乾隆的第一个常态化春节。

② 万依主编：《故宫辞典》，文汇出版社1996年版，第355、356页。

忌，乾隆帝命人在初二日这一天，才将这一军情奏折发还。①除夕封笔元旦开笔礼节起源于雍正元年，本来一直是皇帝封笔开笔，然而到了清末戊戌政变后，光绪形同虚设，封笔仪式改为慈禧来举行。中国第一历史档案馆馆藏档案中有光绪二十七年除夕未时，慈禧太后封笔的记载。该件档案红纸黑字，自右而左依次为："光绪二十七年除夕封笔大吉，未时伺候。老佛爷写，大吉、宜春、鸿禧、迎祥、四季平安、平安如意、风调雨顺、国泰民安、福寿久长、体健身康……天地长春、景星照堂、慈航渡福。"②

巳初二刻（9:30）：从这个时间开始，一直到下午4点，这6个半小时，乾隆可以午休，可以玩，可以养精蓄锐，总之没有什么规定的国家仪式，毕竟除夕夜只能睡3个半小时，此时先休息。

申正（16:00）③：乾隆在乾清宫举行除夕大宴，这顿饭才是真正的团圆饭、年夜饭，其他妃子、皇子们都来。根据《乾隆元年至三年节次照常膳底档》记载，这天晚宴的大桌子都要从库房里请出来，叫金龙大宴桌，擦这个桌子都不用抹布，而是从银库里找出黄锻金龙镶宝石桌刷，用它来刷桌子上的灰尘。这个金龙大宴桌两边摆放花瓶，中间是四个松棚果罩，铜镀金嵌珐琅镶料石透雕护拦里面放的是各种果品。叫松棚是因为绿色丝线搓成松

---

① 刘厚生主编：《爱新觉罗家族全书》第五册《家法礼仪》，吉林人民出版社1997年版，第295页。

② 邹爱莲：《从"元旦开笔"看清帝治世思想的变化》，《清史参考》2013年4月1日。

③ 本时段据章乃炜、王蔼人：《清宫述闻初续编合编本》，紫禁城出版社1990年版，第598页。

枝覆盖于顶面。

皇帝面南而坐，松棚果罩在桌子南北向的正中间，以此为基础，远离皇帝的方向放的是三排五列的点心，点心在金龙座盘上，最远处是两个果盒。以松棚果罩为中心，靠近皇帝的方向，依次是：苏糕鲍螺四品（鲍螺指的并不是鲍鱼和海螺，而是海产品晾干后磨成粉做成的点心），果盅八品，然后是40道菜。40道菜中以肉为主，清朝的皇帝一般很少吃海鲜，偶尔会吃一些鱼，都是松花江上进贡来的银鱼以及鲟鳇鱼，海鲜一般只有海参，所有菜全部都是用铜胎掐丝珐琅盘以及各种碗碟装盛。40道菜之外，再靠近皇帝的则是奶饼子（满语叫敖尔布哈），与其并列放着的是奶皮一品。最靠近皇帝面前的一排是金匙象牙筷，小菜三品，金色小碟盛放的青酱一品。以上这一桌子都是乾隆一个人面前的。

富察皇后坐在皇帝往南左手边方向的一个桌子，娴妃、嘉妃、陈贵人跟皇后一样坐在皇帝左边，高贵妃、纯妃、海贵人、裕常在坐在皇帝右边的桌子。再往南就是各位皇子的桌子。除夕吃团圆饭，大臣们都在自己家过年，不用来宫里一块吃。

酉初（17:00）[①]：太监总管喊"恭请万岁爷升座！"皇帝和富察皇后这时才最后来，而娴妃、高贵妃、纯妃等人则已经在此等了一段时间，不知她们在此时段是否有唇枪舌剑，当然，这些对话在各种史料里是不会记载的。

开饭之后，先是进汤，这点跟西餐一样。乾隆面前的汤用对

---

① 本时段据徐海荣主编：《中国饮食史》卷五《明清》，华夏出版社1999年版，第361至363页。

盒盛放，左面这一盒是燕窝红白鸭子腰汤膳一品，粳米一品；右面这一盒是燕窝鸭腰汤一品，鸭子豆腐汤一品。妃子们喝的汤跟乾隆不一样，但无论是富察氏，还是高贵妃，汤都一样，皇后与贵妃之间平等，都是一碗粳米饭，一品羊肉卧蛋粉汤。

喝完汤后，开始上奶茶。奶茶喝完后开始转宴。转宴就是把宴席上各类菜品从皇帝桌前开始，在陪桌上转一遍，让妃子们、皇子们也都享用一下万岁爷桌前的菜，转宴之后再上酒。

太监走到桌子东侧跪着在地上给乾隆斟酒，而后把酒杯跪举给乾隆。乾隆在丹升大东乐声中进第一杯酒，而后后妃依次饮酒。清朝皇帝，除咸丰、同治外，无人酗酒，乾隆也饮酒有度，不会多喝，这点比元朝强多了。元朝忽必烈是正月二十二日去世，元成宗铁穆耳是正月初八去世，元武宗海山是正月初八去世，元仁宗也是死于正月，连续四个皇帝死于正月，下一位元英宗硕德八剌是被刺杀而死，不然也可能死于正月。之所以如此，很有可能是因为元朝皇帝每到正月就连续宴饮一个月，无节制饮酒，酒精在体内蓄积中毒而死。有鉴于此，清朝皇帝饮酒有度，纵然除夕，也不多喝。

乾隆、富察氏等人喝完酒之后，再上果茶，来解酒，果茶上完，除夕年夜饭就结束了。总之，除夕年夜饭包括汤、奶茶、正餐、酒、果茶五个部分。果茶喝完，太监会传乾隆的旨意，把吃剩下的菜品赏给自己的十六叔庄亲王、十七叔果亲王、五弟和亲王弘昼（启功先生的祖先）、张廷玉、鄂尔泰等人，等于说没吃完的也不会浪费。

戌初二刻（19:30）：晚饭结束，饭后，大家一起看庆隆舞，庆隆舞又叫马虎舞，当然，这跟马马虎虎没关系。该舞蹈分为两个阵营，一方头戴兽面具，身披兽皮，扮作老虎等动物；另一方身穿满族服装扮作狩猎者，或者扮作马，马虎舞的名字就是这么来的。最后狩猎者把猎物抓住，马把虎逮着，就算结束。值得一提的是，跳庆隆舞的人都是二品三品的满族官员，毕竟，能跟皇帝一起过除夕的怎么可能是外面的普通戏子。①

除夕夜故宫也要竖起灯笼杆，高五六米，顶端扎松枝或小红旗，高悬红灯，从除夕一直亮到正月十六。②这样看来故宫灯光秀并不是现在才有的。

亥初（21:00）：一切活动结束，这时乾隆爷与富察氏不看春晚，他们该睡觉了，除夕这天乾隆每年都会自己过，绝不临幸任何人，因为到子正一刻十分（0:25）乾隆就要起床，换言之，除夕夜乾隆只能睡3个半小时，也是很痛苦。不过与转天正月初一相比，这天已经算很轻松的了。

---

① 小横香室主人：《清朝野史大观》，河北人民出版社1997年版，第125页。

② 刘厚生主编：《爱新觉罗家族全书》第五册《家法礼仪》，吉林人民出版社1997年版，第295页。

Part 16
乾隆的正月初一：
国家仪式空间图景下的
政治用意（下）

19

1738年2月

日

关键词 乾隆　正月初一　大宴　开笔
太和殿

正月初一太和殿大宴都有哪些人有资格前来蹭吃蹭喝？有哪些人能坐在皇帝面前的VIP区域？乾隆在早膳后为何要坐狗拉雪橇一般的冰上拖床去北海拜佛？皇帝又是如何给皇子压岁钱的？此文根据起居注、奏折、实录、清代笔记、膳底档等各种史料还原乾隆的正月初一。这天清宫以乾隆为核心的各个空间图景在国家层面体现了天下朝贡体系各藩属国的臣服，在宗教层面体现了儒释道三教合一，在民族层面体现了满汉蒙回藏五族各自的生态位，在家庭层面看似繁文缛节的仪式，实际上是强化爱新觉罗家族凝结力的举动。

乾隆三年正月初一（1738年2月19日）[1]子正一刻十分（0：25）：乾隆起床，洗漱更衣。而后乾隆举行开笔仪式，除夕上午被封起来的笔现在要打开，乾隆先用朱笔书写，再用墨笔书写，写的都是吉祥话或者春联，然后赐给皇子或大臣们，由于乾隆初政时对人才的渴求，乾隆二年至四年的文字中都有"贤才汇征，为邦家光"的语句。乾隆十二年至二十五年，乾隆于大小金川、西北用兵，这段时期乾隆帝的开笔文字多祈求战争顺利，如乾隆十四年"早平金川，奏凯班师，大吉"；乾隆二十年"天下太平，远夷归化……四海宾服，九州丰乐"；乾隆二十四年"平定回部，大吉大利……早开捷音，如期应愿"。至乾隆二十五年，已经彻底平定新疆，乾隆当年开笔文字为"二十五年元旦，天下太平，万民安泰……武成功定，休养生息"。而自乾隆二十七年开始，开笔文字固定为："宜入新年，万事如意，三羊开泰，万象更新，和气致祥，丰年为瑞。"自后再未更改，直至嘉庆二十五年，59年的正月初一这段文字都照抄不误。再往后同治、光绪的开笔大典，往往是大臣拟好后，小皇帝抄写，皇帝已经没有自主意识了，清朝也江河日下。[2]

丑初二刻（1：30）：乾隆出吉祥门，坐4人抬的轿子到钦安

---

[1] 乾隆在乾隆三年正月初一的日程，除下文明确出注者外，均据以下资料合编而成，《乾隆帝起居注》第3册，广西师范大学出版社2002年版，第1页；《清高宗纯皇帝实录》卷60，《清实录》第10册，中华书局1985年版，第1页；徐海荣主编：《中国饮食史》卷五《明清》，华夏出版社1999年版，第356至358，363至366页；《乾隆元年至三年节次照常膳底档》，故宫博物院藏。

[2] 邹爱莲：《从"元旦开笔"看清帝治世思想的变化》，《清史参考》2013年4月1日。

殿去祭拜真武大帝，而后到斗坛（澄瑞亭）祭祀斗母，再到天穹殿磕头行礼，然后进景和门，到乾清宫西暖阁稍事休息。这一切都是他自己完成，此时富察皇后还在睡觉。

丑正（2:00）：乾隆乘16人抬的轿子出乾清门，到奉先殿祭祀列祖列宗，而后原路返回乾清宫，到乾清宫西侧的弘德殿，换4人抬的亮轿到养心殿天地香亭，焚化天地三界神画像、黄钱、金银元宝形状的冥币等。

寅初（3:00）：乾隆从养心殿吉祥门乘坐4人抬亮轿到坤宁宫磕头后，步行至乾清宫东暖阁拈香，而后到乾清宫东庑孔圣人像、北五所御药房药王像前磕头，之后回到乾清宫喝奶茶，再后到弘德殿吃饺子。清朝时人们通常在除夕子时（11点至1点）吃饺子，不过皇帝必须向他的祖先和神明表示敬意后，才能吃饺子，因此他只有在正月初一凌晨3点多才能吃饺子。清宫包饺子必须有褶，不能有捏光边的"和尚头"，意思是不能把日子过秃了。饺子里也要包进去几个铜钱，谁吃到谁就会有财运。码放饺子时要横竖排行，意思是来年财路四通八达，切忌摆成圆圈。所以大家年夜饭包饺子摆放时要注意，一定不能摆成圆圈。①

寅正（4:00）：乾隆乘大礼轿出乾清门到长安左门外的皇堂子（满人萨满教祭祀场所）祭祀，乾隆在此带着蒙古王爷、六部尚书、军机大臣们一同吃祭神肉，也叫跳神肉。祭肉中以髀肉为吉。没错，就是《三国志》里刘备在上厕所时看到自己髀肉复生

---

① 刘厚生主编：《爱新觉罗家族全书》第五册《家法礼仪》，吉林人民出版社1997年版，第295页。

后痛哭流涕的髀肉，也就是猪大腿内侧靠近大腿根的肉。乾隆亲自用御刀切割肉骨，切下来的肉自己吃，王公大臣们也都自己切自己吃，一会儿就吃没了[1]。吃完肉后乾隆由原路返回乾清宫，再乘坐4人抬的轿子出隆福门，到中正殿、建福宫、重华宫三处拜佛。至此，乾隆已经拜了道教的真武大帝、儒家的孔子、佛教佛像、能保佑身体健康的药王孙思邈、列祖列宗，神和死人都拜完了，该拜活人了。

卯正一刻（6:15）：乾隆乘坐4人抬的亮轿出隆福门，到乾清宫西暖阁稍事休息，而后步行到母亲孝圣宪太后所住的慈宁宫。不坐轿子表明自己对母亲的敬畏，到慈宁门外，乾隆要率领皇后（富察氏在两个小时前起床，花一个小时穿戴好一身行头）、诸王、贝勒、在京一二品大臣、将军一起向皇太后行礼，给皇太后拜年，其余四品及以上文武百官也不能在家睡觉，而是在午门外行礼、遥祝。

辰初（7:00）：乾隆乘16人抬画轿出乾清门至中和殿，在中和殿升座（步行走到宝座上），内大臣、侍卫、内阁、翰林院、六部领导在此给乾隆拜年，而后再到太和殿升座，诸王贝勒、文武百官、蒙古王爷、朝鲜、安南、琉球使臣全都在太和殿给乾隆拜年。

辰正（8:00）：在太和殿接受大家拜年后，乾隆回到乾清宫，皇后富察氏带着高贵妃、娴妃、纯妃、嘉妃向乾隆拜年，而后皇

---

[1] 昭梿：《啸亭杂录·续录》卷一，《清代史料笔记》，中华书局1980年版，第377页。

长子永璜（10岁）带着皇二子永琏（8岁）给乾隆拜年，其他孩子都还不会走路，所以没来。这两拨拜年结束后，乾隆坐轿子出凤彩门，到重华宫，接受贵人、常在拜年。清宫后妃分为八级：皇后、皇贵妃、贵妃、妃、嫔、贵人、常在、答应，皇后富察氏带着前五个等级的女孩向乾隆拜年，贵人、常在在第二拨拜年，至于答应，压根没资格给乾隆拜年。

巳初（9:00）：这波拜年结束后，乾隆进早膳。早膳后，乾隆乘坐8人抬暖轿出神武门，至大高殿（景山西侧）磕头，然后到承光殿码头（团城西侧）乘坐冰上拖床，一路滑到河西码头，到北海西北岸的弘仁寺、阐福寺拜佛。之后乘坐冰上拖床回到承光殿码头，上岸至景山寿皇殿对先祖画像瞻仰礼拜，磕头后从神武门回到重华宫。有清一朝鲜见记载正月初一这天皇帝在北海两个码头之间坐船的，都是坐冰上拖床，可见清朝平均气温比现在要冷。

午正（12:00）[1]：在太和殿摆大宴，来的有领侍卫内大臣、领銮仪卫大臣、各大学士、军机大臣、六部和理藩院在京四品及以上官员、豹尾班侍卫、起居注官、贝子及以上的爱新觉罗们、蒙古王爷和台吉、所有驸马、在京的所有维吾尔族伯克，以及朝鲜、安南、琉球等所有外国使臣，总共210桌，太和殿殿内能摆105桌，殿外摆105桌。

---

[1] 本时段据崑冈等修、刘启端等纂：《钦定大清会典事例》卷515，卷528，《续修四库全书》第806册，上海古籍出版社2002年版，第177、178、179、182、183、313页。

最靠近皇帝的位置，坐的是各大学士、军机大臣、六部尚书、侍郎、豹尾班侍卫、起居注官、爱新觉罗家族所有亲王郡王、所有驸马、蒙古王爷和台吉、西藏达赖喇嘛和班禅额尔德尼的贡使、维吾尔族伯克。

此后的位置距离皇帝就越来越远了，太和殿前檐下的东西两侧坐的是理藩院尚书、侍郎，督察院左都御史等人。太和殿前丹陛上的御道正中，南向设一黄幕，黄幕下设大铜火盆两个，上面放大铁锅两口，一口盛肉，另一口装水备温酒。丹陛上共设43张桌子，所有二品以上世爵、侍卫大臣、内务府大臣，还有前面提到的跳庆隆舞的大臣都在这吃。

再往南，也就是再往皇帝外侧，丹墀内设皇帝的法驾卤簿，两翼卤簿外，各设8个蓝布棚子，棚子下是三品四品京官的桌子，他们因为在太和殿外了，所以要在棚子里，以免赶上下雪天出现炒面就雪的情况。在这些三四品官更往南的左手边（西侧）才是外国使臣吃饭的桌子，他们也在蓝棚子底下，乾隆三年春节来的有朝鲜、安南、琉球3个国家，此外还有一些藩部。至于富察皇后和高贵妃她们，因为早晨已经跟皇帝一起吃过早饭了，中午就不一起吃了，这一顿太和殿大餐，吃饭的是男人，上菜的是太监，看不见一个女人。

这210张桌子总共要用100只羊，100瓶酒。

等太监喊着"吉时已到"的声音后，乾隆皇帝从乾清宫出发来到太和殿，与此同时午门奏乐，乾隆登上太和殿的宝座后，音乐停止，太和殿外院内响鞭三下，三品四品京官和外国人因为在两边的蓝棚子底下，所以不会被鞭子打中。就是在这三声鞭响的太和殿前广场，1900年八国联军攻陷北京后在此举行耀武扬威的阅兵式，1945年日本投降时在此举行了血洗耻辱的北平受降。太和殿见证过中国的光荣与梦想，也目睹过中国的躁动与茫然。

三声鞭响后，这210桌客人都一起向乾隆三跪九叩，而后先上茶，上茶时奏"海宇升平日之章"；紧接着上酒，与此同时奏"玉殿云开之章"；然后再上菜，吃正餐，此时奏"万象清宁之章"。《啸亭杂录》记载，大家一边吃，一边看着舞蹈，这些舞蹈都是男人来跳，没有一个女子，他们穿一品朝服，"舞于庭阶，歌者豹皮褂貂帽，用国语奏歌，皆敷陈国家尤勤开创之事"①。这个舞蹈叫喜起舞。这些舞蹈在殿内的105桌能看到，在殿外的105桌就看不到了，那么殿外没有VIP座位的人怎么办呢？又不可能看大屏幕，没关系，乾隆给他们准备了自己昨天晚上才看过的庆隆舞，让那些人再表演一遍。

这两段舞跳完，"吹笛人员进殿"奏蒙古乐曲，而后就是"朝鲜、回部各掷倒伎人，金川番子番民等陈百戏"，表演杂技。

等大家都吃得差不多了，三声鞭响，乾隆从太和殿宝座走下来，回宫。

申初（15：00）：乾隆回到乾清宫后，太监已经准备好了许多个"如意"钱包，交给乾隆，乾隆把这些钱包分发给皇子和公主们。今年才是乾隆继位的第二年，许多幼儿还在襁褓中，皇子能

---

① 昭梿：《啸亭杂录·续录》卷一，《清代史料笔记》，中华书局1980年版，第392页。

来的只有两个，因此乾隆压岁钱没发多少，此后随着孩子增多，压岁钱就越来越多，只要在16岁以下，就有压岁钱。这个钱包口袋里的"如意"通常有金如意、银如意、玉如意和银钱。发完压岁钱后乾隆步行回到养心殿。

酉初（17:00）：进酒膳。这一轮吃完后，就该写春联了。清代满族对联和汉族春联不尽相同，清朝皇家春联都是白纸墨书，乾隆开始有一些春联的白纸镶上了红边、蓝边，顺治康熙时期皇室春联多用满文书写，雍正以后的春联多用汉文书写。汉族民间则与现在一样，都是红纸墨书，而不是用白纸。写完春联，并赏赐完之后，乾隆每年在大年初一这一天都会抄一遍《心经》，来让自己静心，毕竟明天开始就又要继续治国理政了，该收心了[1]。抄完《心经》，差不多已经快9点了，乾隆昨天才睡了3个半小时，今天工作了20个半小时，应已疲惫不堪，于是赶紧就寝。大年初一这天就结束了。

皇帝过春节，与老百姓过年不同，满满的仪程安排不仅有欢乐喜庆的节日氛围，每一件礼仪活动还体现了政治用意。具体而言，包括国家层面、宗教层面、民族层面、家庭层面四个层面的政治用意。就国家层面而言，朝鲜、安南、琉球参与了正月初一的拜年与大宴活动，此后暹罗、缅甸、苏禄国（菲律宾苏禄群岛）、南掌（老挝）、哈萨克、布鲁特（吉尔吉斯人）、廓尔喀、布噜克巴（不丹）、哲孟雄（锡金）、巴达克山（阿富汗巴达克尚

---

[1] 刘厚生主编：《爱新觉罗家族全书》第五册《家法礼仪》，吉林人民出版社1997年版，第268、269页。

省）、浩罕（乌兹别克斯坦）、爱乌罕（阿富汗）等国也相继参加过清朝皇帝在正月初一太和殿的大宴，参与大宴的国家在清政府眼中就是纳入天下朝贡体系的成员。概因所有与会者必须三跪九叩，只要三跪九叩，就从肉体上代表了你在心灵上的臣服。到光绪年间清末新政时期，太和殿大宴时，上述许多国家因为已被西方列强吞并，无法前来，而日本、英国、俄国等国也应邀参与大宴，此时握手礼取代了三跪九叩礼，清朝主导下的天下朝贡体系已经解体，春节大宴的政治意义由万邦来朝转化为民族国家间的外交活动。

就宗教层面而言，正月初一这天乾隆之所以凌晨1：30就要出发，就是为了祭拜儒家、佛教、道教三教神明，以表明清朝三教合一，没有偏袒，此外还要到皇堂子祭祀和吃祭肉，表明不忘本。清朝历代帝王，努尔哈赤、皇太极信仰萨满教，顺治先倾向天主教后信仰佛教，康熙在各教派保持超然地位。雍正对佛教有极高研究水准，亦好道教炼丹。乾隆对佛教、道教都不感冒，他刚继位时曾一度禁止剃度僧人，废除度牒制度，以种种措施限制佛教[1]，由于受到全国抵制，只得作罢。对于道教，乾隆把龙虎山张天师的正一真人品级从正二品降到正五品[2]，以示贬抑。嘉

---

① 详见赖永海主编：《中国佛教通史》第13卷，《凤凰文库·宗教研究系列》，江苏人民出版社2010年版，第131至145页。

② "元时赐号天师，明太祖曰，天有师乎？改授正一嗣教真人，秩视二品……隆庆初内外臣工俱言张氏所言多不法，无益于世，有害于民，其世袭不合典制，宜革。遂改为上清观提点，秩五品。"《鸿胪寺卿梅毂成奏为道流滥厕班联观瞻有碍恳请敕部定议以肃朝仪事》，乾隆七年九月初四，中国第一历史档案馆，档号：04-01-14-008-08，缩微号：04-01-14-001-2049。

庆、道光、咸丰、同治、光绪皆对各教持超然地位。溥仪倾向佛教。无论哪个帝王，哪怕乾隆这样平日对佛教道教持一定敌视态度的皇帝，在正月初一这一天，仍然要毕恭毕敬地对各教神明行跪拜礼。平日好恶会影响国家对该宗教的扶持或贬抑，而到春节这一大吉大利之时，世俗意识大于宗教意识的清朝帝王谁也不想找不痛快，谁也不想得罪神明，就算不信佛教，也要临时抱佛脚。此外，还有一点值得注意的是，乾隆在正月初一这一天拜了儒释道三教神明，其中佛教拜的是汉传佛教，那么藏传佛教呢？其实清宫每年过年就是从喝藏传佛教寺庙煮熟的腊八粥开始的。每年腊八雍和宫都举行煮粥活动，煮粥时喇嘛们围着锅念经，每年在雍和宫用于煮粥的银子有10万两，足见雍和宫的粥有多豪华。煮好后，乾隆会下令，把一部分腊八粥送到太庙、寿皇殿供奉，其余就分给嫔妃、皇子和大臣们了。此外还要把一少部分粥用于供中南海的果树，把果树割开一个口子，洒上点腊八粥，以祈求果树多结果实。①

就民族层面而言，清朝皇帝是满人和汉人的皇帝，是蒙古人的博格德汗，是藏人的金轮法王，在藏人眼中是文殊菩萨转世。平日高高在上的满人高层官员，也要在春节庆典上跳"庆隆舞"，愉悦大家。汉人官僚和服务人员在春节典礼上鞍前马后，体现自己的位置。蒙古王爷通常在承德觐见皇帝，难得有机会进入紫禁城的蒙古王爷亦借此机会狂欢。藏人达赖喇嘛和

---

① 详见金梁：《雍和宫志略》第九章《雍和宫的腊八粥》，《西藏学汉文文献丛书》第三辑，中国藏学出版社1994年版。

班禅额尔德尼的贡使也在前排就座，体现其地位。至于朝鲜人、新疆回部民族、四川大小金川的羌族等其他民族也被邀参加宴会，与皇帝同乐，但显然所处地位被排在了后面。

就家庭层面而言，按照惯例，平日一贯"吃独食"的皇帝也要在除夕晚上的年夜饭中与自己的所有女人、孩子团聚在一起吃饭，在正月初一拜过神明和列祖列宗后也要给自己的母亲拜年，而后晚辈再给皇帝拜年。这看似繁文缛节的举动，实际上是强化爱新觉罗家族"凝结核"的举动。

总体而言，除夕和初一这两天清宫以乾隆为核心的各个空间图景分别体现了国家层面、宗教层面、民族层面、家庭层面的政治用意，借节日来筑牢朝贡体系，协和各教关系，增强族群纽带，和谐家庭气氛，这才是清朝春节之真正意义。

17
Part

达瓦齐献俘：
七年战争与乾隆平定阿睦尔撒纳之关系

20
日

1755年11月

关键词 阿睦尔撒纳 准噶尔 七年战争 乾隆 达瓦齐

借准噶尔汗国内乱之际，乾隆平定阿睦尔撒纳，一举解决清朝三代世仇。此文依据《大清会典》，还原清代战争获胜后献俘仪式。阿睦尔撒纳之乱不是静态的、孤立的叛乱，为保证在七年战争中心无旁骛对普鲁士作战，俄国女皇伊丽莎白一世给了阿睦尔撒纳大批武器和金钱，指使他与大清作战，这才是动乱原因。此战牵制了大清全部精锐部队，保证了俄国远东大后方的绝对安全。腓特烈大帝因为伊丽莎白一世突然去世，使得自己在关键时刻死里逃生的命运路径给了希特勒希望，使得他在二战罗斯福去世后误以为转机来临。库克船长发现澳大利亚，马戛尔尼来华直接间接都与这场战争相关，这才是丘吉尔所说的"第一次世界大战"。

乾隆二十年十月十七日（1755年11月20日），北京紫禁城南，午门。金辇、玉辂、黄罗伞盖、大纛、法驾卤簿、丹陛卤簿、丹墀卤簿、前部大乐、各种兵器……陈列在午门城楼和城下御道两旁。领侍卫内大臣率领侍卫身着彩服立于午门楼观两翼，护军统领率领士兵站在午门台阶上，均佩刀环卫。两只大象在午门外如闲庭信步一般走来走去，不时用长鼻子卷起路边的草叶送进嘴里吃，看得出它俩是经过驯化的，面对上千清军、官员、兵器、阵仗，丝毫不紧张，也不发怒，貌似在等待着一出好戏的到来。

突然，布设在角楼前夹御道左右的静鞭一声巨响，甩至地上震得大象的腿都抽搐了一下，午门上的钟声准时鸣起。大象仿佛听到命令一般，放下刚要卷进嘴里的草，肃然而立，献俘大典即将开始。

身着龙袍衮服的乾隆皇帝乘坐銮舆出来，到午门楼下后，从金辇徐徐走下，而后登上午门城楼。

赞礼官高声喊道："进献俘虏！"丹陛大乐奏响，所奏乐曲为《庆平章》，押解降虏的将校在鸿胪寺卿的引导下望阙行礼，俘虏跪在午门前御道西北方向的金鼓下，向乾隆皇帝行三跪九叩礼。俘虏不是别人，正是准噶尔部可汗达瓦齐。按照清朝制度，在向皇帝献俘的前一天，俘虏要被押到太庙和社稷坛，以告诉列祖列宗和社稷，此次战争大清已经取胜。

兵部尚书跪奏："平定准噶尔，生获俘囚达瓦齐，谨献阙下请旨。"

乾隆凛然威严地俯视着这一切，朗声说道："所献俘囚达瓦齐免交刑部，与其属下头人俱交理藩院安顿。"

刑部尚书跪应："嗻！"①

兵部官员把达瓦齐交给理藩院。达瓦齐被赦免，那就从天安门出，送入理藩院；如果没被赦免，那就押送刑部，等待处决。这就是大清的献俘大典。②

康熙雍正两代人都没能彻底解决新疆问题，乾隆刚继位，便与准噶尔部议和，乾隆四年（1739）规定了盘踞新疆的准噶尔部与大清位于今蒙古国的喀尔喀蒙古的边界，并准许准噶尔部大汗噶尔丹策零来西藏"熬茶"（做藏传佛教活动），此后7年，大清与准噶尔部和平相处。

乾隆十年（1745）噶尔丹策零病死，他有3个儿子：喇嘛达尔扎是婢女所生，策旺多尔济那木扎尔是正妻所生，所以由他继

---

① 清宫电视剧里回话有的说"喳"，有的说"嗻"，其实"喳"来自蒙古语，是元朝时传入中国的，发音为ja，"嗻"是清代使用，来自满语，发音为je，因此清代应该说"嗻"，而不是"喳"。曾813珠：《试析清代朝臣受命应答之辞——"嗻"》，《西昌学院学报（社会科学版）》2016年第1期，第125至128页。

② 清朝制度规定："内地剿贼不献俘，惟外夷献俘。"据李元度：《国朝先正事略》卷20《王文僖公事略》，岳麓书社1991年版，第602页。只有重大战争胜利后生擒重要敌酋才举行献俘典礼，康熙三次御驾亲征噶尔丹，因未生擒噶尔丹，未行献俘礼。有清一朝，献俘典礼除此次外，只举行过4次，分别为：雍正二年（1724）闰四月初十献青海罗卜藏丹津麾下三头目，乾隆二十五年（1760）正月初十献小和卓霍集占首级及其部下（生俘与死馘并献），乾隆四十一年（1776）四月二十八日献大小金川索诺木，道光八年（1828）五月十二日献张格尔。本次献俘典礼描写据允裪等敕撰：《乾隆大清会典》卷35，《影印文渊阁四库全书》第619册，台湾商务印书馆1986年版，第278至280页。

承汗位，幼子策妄达什。策旺多尔济那木扎尔为人残暴，倒行逆施，在位5年后于乾隆十五年（1750）被达尔扎挖出双眼后杀死，达尔扎继位。达尔扎的母亲是婢女，出身卑贱，众人不服。此时主要觊觎汗位的有3个人：大策凌敦多布[①]的孙子达瓦齐[②]，策妄阿拉布坦的外孙、拉藏汗的孙子阿睦尔撒纳，小策凌敦多布的孙子达什达瓦。此三人想一起立噶尔丹策零的幼子策妄达什为可汗，但是达尔扎提前得知情报，先下手为强，把策妄达什、达什达瓦都杀了，达瓦齐和阿睦尔撒纳幸免于难。二人随即反攻，将达尔扎杀死。由于达瓦齐比阿睦尔撒纳先赶到准噶尔汗国首都伊犁，所以达瓦齐成为可汗，阿睦尔撒纳决定先认同既成事实，拥护达瓦齐，与此同时暗中积蓄力量，到处抢占准噶尔汗国境内所有非达瓦齐嫡系的部落地盘，准噶尔汗国大乱。

在混乱中，杜尔伯特部大台吉车凌、车凌乌巴什、车凌孟克（史称三车凌）率领部落归降大清，乾隆十九年（1754）初夏，三车凌率领自己的台吉（贵族）、宰桑（宰相）来承德避暑山庄，得到了乾隆的接见，乾隆从他们口中得知了准噶尔部已经是人心离散，一片大乱，于是乾隆决心借机剿灭准噶尔部，一劳永逸地解决问题。

---

① 此人于康熙晚年入侵西藏，雍正时期在和通淖尔之战大败傅尔丹，善于用兵。

② 此人"体极肥，面大于盘，腰腹十围，膻气不可近"，他在被乾隆下令赦免后，"日惟向大池驱鹅鸭闹其中，以为乐而已"，一次他跟随乾隆打猎，乾隆下马，想坐一会儿，铺地毡子还没送来，而皇帝不可能直接坐在土地上，这时"达瓦齐辄手捧落叶堆于地，请上坐"，乾隆大笑，赏给他银币。《赵翼全集》第3册《檐曝杂记》卷一，凤凰出版社2009年版，第15页。

大臣们除傅恒因为在大小金川之役没过瘾而支持乾隆用兵外，其他人大都反对乾隆用兵，因为此前一个大小金川之役面对5000敌人、纵深200里的地区就耗费了2000万两白银，兵锋屡挫，面对强大的有100万人口、200万平方公里的准噶尔部，怎么打得赢？但乾隆力排众议，力主要打。

在剿灭准噶尔部的问题上，乾隆的确具有战略眼光。他火速调兵遣将准备发起对准噶尔部的决战，兵力部署如下：满洲八旗兵1.3万人，蒙古八旗中的索伦兵、巴尔虎兵8000人，察哈尔兵4000人，土默特部蒙古兵1000人，阿拉善盟、哲里木盟、昭乌达盟等蒙古兵1.1万人，汉人绿营兵1.1万人，共计4.8万人。其中汉人占四分之一，比起雍正九年与准噶尔部作战时汉人占大多数相比，这次主要以蒙古骑兵为主，战斗力的确强了很多。

乾隆决定在乾隆二十年（1755）秋季用兵，但就在此时，阿睦尔撒纳与达瓦齐火并，战败后阿睦尔撒纳率辉特部、讷默库率和硕特部①、班珠尔率杜尔伯特部②降清，乾隆让他们火速来承德会面。乾隆十九年（1754）十一月，乾隆与阿睦尔撒纳会面。

乾隆之所以秋季用兵是因为秋高马肥，此时可以节约草料运输成本，阿睦尔撒纳提出：清军战马可以节省成本，准噶尔部也同样如此，因此这个所谓的优势是两军都有，就不成优势，在准

---

① 此指准噶尔汗国辖区内的和硕特部，和硕特部主要在青海，早已在平定罗卜藏丹津时被大清降伏。

② 此指准噶尔汗国辖区内的杜尔伯特部，杜尔伯特部在康熙中期就已归降大清，主要在额尔齐斯河一带活动。

噶尔部草料充足的情况下，即便清军获胜，也未必能跑得过准噶尔部的战马，毕竟，天山的战马比起清军的蒙古马论起冲刺要更强。此外，一旦秋季无法结束战斗，到了冬季，大雪封山，清军根本无法在新疆待下去，只得撤军，于是达瓦齐必然会再反攻。现在大清调兵遣将的消息准噶尔部应该已经知道了，既然如此，将部署提前到明年春天进攻，出其不意，定可获胜。[1]

乾隆一听，顿觉阿睦尔撒纳言之有理！他下令把秋季发起攻势改为春季，把大量汉族绿营兵、满洲八旗兵、蒙古兵从攻击阵列撤销，改为以阿睦尔撒纳和三车凌的部队为主力。乾隆的意图很明显，借刀杀人，让准噶尔部的投降者和准噶尔部自相残杀，然后渔翁得利。

乾隆下令任命班第为定北将军，阿睦尔撒纳为定边左将军辅之，陕甘总督永常为定西将军，萨拉尔为定边右将军辅之，刚来降的和硕特部和杜尔伯特部随北路，三车凌随西路，兵分两路进攻伊犁。北路军阿睦尔撒纳于乾隆二十年（1755）二月十二日出发。

面对清军大军压境，准噶尔各部纷纷投降，五月初二，清军进入伊犁，雍正年间在青海叛乱后逃到伊犁的罗卜藏丹津被生擒，乾隆把他软禁在北京，没有杀他。达瓦齐率9000人逃跑到格登山[2]，五月十四日阿玉锡率22个精兵前去侦察达瓦齐行踪。阿

---

① 魏源：《圣武记》，中华书局1984年版，第151页。

② 今新疆伊犁哈萨克自治州昭苏县以西60公里，距离中国与哈萨克斯坦边境不足50公里。

玉锡本来就是准噶尔部人，雍正十一年（1733）时因在部落内犯事，要被砍断胳膊，他在行刑的前夜挣脱铁链，投奔了喀尔喀蒙古的清军。阿玉锡趁夜突入敌营，横矛斯杀，达瓦齐的部队都在睡觉，迷迷糊糊就被砍死不少，自相践踏，一片大乱，阿玉锡趁乱将其击溃，杀敌2000多人，4000人投降，但达瓦齐还是率2000人跑了。达瓦齐逃到乌什城，被乌什城城主霍集斯俘获后献给大清。

准噶尔部被平定，这是乾隆"十全武功"中的第二个。这次平定准噶尔部后，乾隆对伊犁正式定名。伊犁，《汉书》叫伊列[①]，《新唐书》叫伊丽[②]，在此时有伊犁、伊里、迤里三种称谓，乾隆最后将其确定为伊犁，取对准噶尔部犁庭扫穴之意。

乾隆对准噶尔部实行札萨克制度，每部落设盟长、副将军各一人，但凡有事，必须向清朝派去的大臣报告，各台吉属下人员必须上缴赋税。就在乾隆陶醉在胜利的喜悦时，已经被封为双亲王（拿两份亲王俸禄）的阿睦尔撒纳突然造反了！

之所以如此，还真不是清朝处置不当，而是阿睦尔撒纳贼性难驯，早在阿睦尔撒纳来投降时，户部尚书舒赫德和二等公策楞就对阿睦尔撒纳的忠诚度表示怀疑，建议将阿睦尔撒纳的部队留在原地待命，把他们的家属迁到几千里外的戈壁以南的苏尼特与

---

① "北击伊列，西取安息"，《汉书》卷70《陈汤传》，浙江古籍出版社2000年版，第919页。

② "围弓月城，方翼引军战伊丽河"，此即伊犁河。《新唐书》卷124《王方翼传》，总第13册，中华书局1975年版，第4135页。

四子王旗接壤之地①。舒赫德之所以主张这样，是因为阿睦尔撒纳的两万人需要的粮草是贫瘠的喀尔喀蒙古不能满足的，乾隆下令把他们安置在乌里雅苏台（今蒙古国扎布哈朗特）附近，而这一带后勤补给很弱，一旦被阿睦尔撒纳得知虚实，他就会轻视清朝，很可能再反叛。

乾隆却当即下令将策楞和舒赫德革职，抄家，把二人的儿子也革职，发配到宁古塔②给披甲人为奴。乾隆这样做，完全是为了取悦阿睦尔撒纳，让他放心。

阿睦尔撒纳在替大清征讨准噶尔部时，不穿清朝官服，不用清朝将军印，而是用和达瓦齐相同的准噶尔"浑台吉"菊花形小红印。他故意隐瞒他降清的事实，而是让准噶尔各部误以为他是跟大清平起平坐的关系，只要灭达瓦齐后，他就会成为准噶尔部可汗。

在生擒达瓦齐后，阿睦尔撒纳向班第提出，要选一个"合适"的人来当厄鲁特蒙古总可汗，他说：此前乾隆想以噶勒藏多尔济为准噶尔总可汗的提法会导致准噶尔部不服，最好的办

---

① 属于今内蒙古，在呼和浩特东北300公里，距离阿睦尔撒纳所在的新疆东部要穿过半个蒙古国。

② "发遣宁古塔给于披甲人为奴"这句话在清宫戏里经常出现，其实并没有哪座塔叫宁古塔，宁古塔是宁古塔将军的治所，即今黑龙江东部海林县，相传此地曾被兄弟六人占据，满语称"六"为"宁古"，"个"为"塔"，所以叫宁古塔。据吴振臣：《宁古塔纪略》，载李兴盛主编：《江南才子塞北名人吴兆骞资料汇编》，黑龙江人民出版社2000年版，第293页。"披甲人"也不是指身披战甲的边疆军人，满洲旗人按地位分为阿哈、披甲人、旗丁，阿哈是奴隶，血统上祖上多为汉人、朝鲜人，披甲人是满洲征战中生擒的投降者，地位高于阿哈，旗丁才是纯满洲女真人。

法是从乾隆十年去世的噶尔丹策零的亲戚中选一个不论何姓，只要能镇得住各部的人来当总可汗。其实就是暗示着，让自己来当总可汗。

班第听阿睦尔撒纳一说，迅速明白过来，当即否决："皇上早已规定厄鲁特蒙古四部各封一个可汗，如果有人生出新想法，在策妄阿拉布坦直系亲属外选人，不仅违背圣意，也会让准噶尔部不服。"元朝明朝时的蒙古各部有必须是成吉思汗黄金家族才能当大汗的传统，准噶尔部也同理，必须是准噶尔可汗的嫡亲才能当可汗，阿睦尔撒纳虽然血亲也不远，但毕竟是策妄阿拉布坦的外孙，非嫡亲，所以不行。

班第把此次阿睦尔撒纳的野心原原本本上奏乾隆，乾隆迅速警觉，下令让阿睦尔撒纳来承德觐见，然后想借机将其拿获。可是在达瓦齐被生擒后，乾隆就下令撤走清朝大军，以准治准，幻想准噶尔汗国下属的四部（杜尔伯特部、和硕特部、辉特部、绰罗斯部）能像喀尔喀蒙古四部那样自治。因此乾隆只给班第留了500士兵，其中察哈尔兵300人，喀尔喀兵200人。

由于乾隆派来的人不断催阿睦尔撒纳进承德觐见，他知道，乾隆已经知道了自己要造反的事，于是干脆一不做二不休，反了！八月十九日，阿睦尔撒纳率两万多军队公开反清。八月二十四日班第、参赞大臣鄂容安（鄂尔泰的儿子）、定边右副将军萨拉尔才得知阿睦尔撒纳造反的消息，赶忙率500人撤退。八月二十九日，500人才逃到距离伊犁两百多里的乌兰固图勒，就被追上。

萨拉尔见势不妙，拍马就跑，还真冲出去了，一看主帅有一人溜之大吉，500士兵中的440人也都跑了。这下班第和鄂容安带着仅有的没跑出去的60人就只能坐以待毙了。班第叹息道："今日我们白死了，于国事无补，辜负圣上重托！"说罢二人拔剑自刎。

在得知班第和鄂容安被包围的消息后，一直强调大臣要为国捐躯的乾隆，却在十月二十三日指示，二人不要轻易自杀：

> 以朕初意准噶尔危乱之余，甫经安定，若屯驻大兵，恐多惊扰，是以但命伊等驻劄办事，兵少力弱，为贼所困，非失守封疆可比。伊等或相机脱出，或忍死以待大兵，方为大臣举止。若谓事势至此，惟以一身殉之，则所见反小矣。鄂容安素称读书人，汉苏武为匈奴拘系十九年，全节而归。阿睦尔撒纳固不足比匈奴，我大清又岂汉时可及。自当爱惜此身，以图后效，恐伊等以失守罹罪，不识大义，遽尔轻生。[1]

这道诏书显出了乾隆通情达理的人性化一面，乾隆承认了，完全是由于自己的误判，导致班第和鄂容安身陷险境，因此二人不必自杀，苏武可以被匈奴拘留19年不死，最终回大汉报效国家，你二人也可以学习苏武，"忍死以待大兵"就是暗示二人可以暂时投降，等待乾隆大军过去，或许二人还可以当内应。

---

[1] 《清高宗纯皇帝实录》卷499，《清实录》第15册，中华书局1986年版，第285页。

然而二人并不知道乾隆的诏书，当场殉国一个月后，乾隆才得知消息。乾隆痛哭流涕，日后乾隆平定准噶尔部后，将此次包围班第和鄂容安的克什木、巴郎抓到二公的陵前，当场割下耳朵后砍头献祭，为了羞辱临阵脱逃的萨拉尔，乾隆让萨拉尔在现场看二人被杀的惨状。不过乾隆也知道自己在此事上犯的错误，所以萨拉尔临阵脱逃捡了条命，乾隆也没杀他。

在商讨班第和鄂容安二公的谥号时，因为鄂容安是翰林，所以内阁就拟定了文刚和文烈两个谥号，乾隆亲自将其谥号定为刚烈。

其实此时阿睦尔撒纳的形势也不太妙，虽然他造反了，但是他的老婆、子女、哥哥班珠尔（杜尔伯特部首领）都因为所在地距离清军大营太近，被生擒后押解北京。原定被乾隆封为准噶尔部可汗的噶勒藏多尔济和和硕特部大台吉沙克杜尔曼济、辉特部大台吉巴雅尔、此前最早归降的三车凌全都在阿睦尔撒纳反叛后站在了清朝这边，来承德避暑山庄朝见乾隆，阿睦尔撒纳的两个哥哥齐木库尔和普尔普也站在乾隆这边，表示愿意为清朝效力剿灭阿睦尔撒纳。

由于准噶尔部反复无常，此时乾隆应该做的是派大清喀尔喀蒙古铁骑和归降的准噶尔部军队各一半来剿灭阿睦尔撒纳，作战时以准噶尔部为主力当炮灰，灭阿睦尔撒纳后，再相机行事。可是乾隆完全以归降的准噶尔部为主力，派出的对大清十分忠诚的喀尔喀蒙古兵很少，乾隆封噶勒藏多尔济为绰罗斯汗、车凌为杜尔伯特可汗、沙克杜尔曼济为和硕特部可汗、巴雅尔为辉特部可汗。乾隆还把已经被生擒的达瓦齐放出来，在北京赐给他豪宅，封他为和硕亲王，让他写信招降自己的旧部。达瓦齐很高兴，本以为必死无疑，居然还能得到重用，达瓦齐很是卖力，而达瓦齐的旧部看到他的书信后，许多也都决定投降。

乾隆主要失策在兵力配备和用人上，清朝军队只派出5000人，而准噶尔各部则有两万人以上，主帅定西将军永常是个懦夫，为了躲避与阿睦尔撒纳交战，他居然上奏要撤到新疆最东部的哈密，乾隆下令将其革职，以策楞为定西将军，玉保、富德、达尔当阿为参赞大臣，哈当阿为定边左副将军，扎拉丰阿为定边右副将军。

在准噶尔各部凌厉的攻势下，乾隆二十一年（1756）二月，大军收复伊犁，阿睦尔撒纳跑了。可是一路上都是准噶尔部在打，那么清朝军队表现如何呢？

这年正月清军5000人抵达特克勒河，距离阿睦尔撒纳仅一日路程，阿睦尔撒纳派人跟清军编瞎话，说台吉诺尔布已经将阿睦尔撒纳生擒，马上押送过来。玉保相信了谎言，并将此告诉策楞，由策楞上奏给乾隆。乾隆很高兴，但后果很严重。阿睦尔撒纳借机逃出生天，越过库陇葵岭，进入哈萨克。乾隆与雍正一样，有发达的特务谍报系统，他很快得知真相，大怒，下令逮捕策楞和玉保，任命达尔当阿为定西将军，与哈当阿一起抓捕阿睦尔撒纳。

可是达尔当阿同样是草包。达尔当阿越过准噶尔与哈萨克的边境后，击败阿睦尔撒纳的残兵，眼看距离阿睦尔撒纳只有二三里时，阿睦尔撒纳派一个哈萨克人来报，说哈萨克人已经将阿睦尔撒纳绑了，马上送给大清，请大清军队不要深入哈萨克的地盘。于是达尔当阿不再进兵，结果又让阿睦尔撒纳跑了。

永常、策楞、达尔当阿，三个定西将军都是颟顸之辈，这一切都被准噶尔部看在眼里。七月，与阿睦尔撒纳关系密切的喀尔喀车臣汗部郡王青衮杂布率先叛变，很快当初与阿睦尔撒纳一起来降的讷默库也叛变。到乾隆二十二年（1757）三月，绰罗斯汗噶勒藏多尔济、辉特部可汗巴雅尔、阿睦尔撒纳的兄弟普尔普、和硕特部可汗沙克杜尔曼济的弟弟明噶特纷纷造反，此外造反的部落首领还有一个叫尼玛①的。得知准噶尔部纷纷反叛的消息后，乾隆在心中对准噶尔部下了斩尽杀绝的念头。

阿睦尔撒纳本来在哈萨克还在考虑自己下一步往哪逃，得知准噶尔各部降而复叛的消息后，他从哈萨克赶回来与各部会合，自立为准噶尔部可汗。此前被乾隆逮捕的策楞和玉保则被准噶尔部逮住后乱刀砍死。

乾隆二十一年（1756）十一月二十三日乾隆下令："厄鲁特等似此辜恩背叛，必应尽行剿灭！"乾隆这次调大清最能征善战的几个将领来剿灭准噶尔，命喀尔喀亲王成衮杂布为定边将军，由北路珠勒都斯发起进攻，兵部尚书舒赫德（由于他在阿睦尔撒

---

① 藏语太阳之意。

纳叛变事件的先见之明，乾隆把他由户部尚书调任兵部尚书）为参赞大臣，户部尚书阿里衮[①]、一等公明瑞（傅恒的侄子）为领队大臣，定边右副将军、领侍卫内大臣兆惠等一起作为西路军从额林哈毕尔噶发起进攻。

这两路军队虽然只有七千多人，但这是由索伦兵、喀尔喀蒙古和汉族绿营兵里最精锐骨干组成。为了一劳永逸地剿灭准噶尔部，乾隆令汉族绿营兵进军途中即随时留驻屯田，并招募维吾尔族农民一起耕种。

阿睦尔撒纳自立为可汗，各部落对他也不服，准噶尔部在乾隆大军压境之下陷入混战，绰罗斯汗噶勒藏多尔济被侄子扎那噶尔布杀死，阿睦尔撒纳与尼玛一起来打扎那噶尔布。清军趁乱各个击破，阿睦尔撒纳的兄弟普尔普、辉特部可汗巴雅尔、和硕特部可汗沙克杜尔曼济、尼玛、扎那噶尔布等人先后被清军斩杀，阿睦尔撒纳则再次逃入哈萨克。

面对大清精兵强将的犁庭扫穴，哈萨克知道，大清此次不抓住阿睦尔撒纳决不罢休，于是联系大清，只要捉到阿睦尔撒纳，一定将其送给大清。阿睦尔撒纳得知后，赶忙逃入俄国，俄国西伯利亚总督将其保护起来，并派人对大清说阿睦尔撒纳掉进河里淹死了。乾隆回复说："直属荒唐。"可是，阿睦尔撒纳在俄国待了两个月，便得天花死了。这时是乾隆二十二年八月二十日（1757年10月2日，俄历9月21日），他死于托博尔斯克以东20俄

---

① "衮"这个字在藏语、蒙古语名字里常见，是藏语神的意思。

里（1俄里=1.0668公里），为避免腐烂，他的遗体被放在库杜斯克酒厂地下室里冷藏。①阿睦尔撒纳一死，俄国人就把他的尸体交给了大清。乾隆不放心，派几个已经得过天花且认识阿睦尔撒纳的喀尔喀亲王齐巴克雅喇木丕勒等人来查看尸体。最后亲王确认是阿睦尔撒纳，才向乾隆复命。由此，乾隆"十全武功"中的第三个告成。不久，南疆大小和卓木叛乱，亦被乾隆平定，是为"十全武功"之四。

这场与准噶尔部的战争，是从康熙二十九年（1690）开始到乾隆二十三年（1758）结束，加上对南疆回部的平定，共历时70年。大清开国时，从辽宁宁远推进到中缅边境只用了顺治这一朝18年，而对准噶尔部一个部落的战争居然打了70年三代人，足见准噶尔部之强悍。

就在1755年到1759年乾隆与达瓦齐、阿睦尔撒纳、大小和卓木作战的同时，被丘吉尔在《英语国家史略》中称为真正的"第一次世界大战"的七年战争在全球范围内打响，这场万里之遥的战争其实也影响着"十全武功"的战局。七年战争中，普鲁士和英国结盟，对抗奥地利、俄国、瑞典、法国、西班牙。1756年战争爆发，英国在欧洲大陆主要给普鲁士出钱，基本不派兵，英国以海军在全世界与法国、西班牙作战。在北美的作战中一开始英国不敌法国，日后成为美国国父的华盛顿当时正在英军服役，他曾率领其部队向法国投降。英国通过了海军切断法国本土

---

① ［俄］尼古拉·班蒂什·卡缅斯基编著：《俄中两国外交文献汇编（1619—1792）》，中国人民大学俄语教研室译，商务印书馆1982年版，第308、309页。

到各殖民地的补给线，由于补给线断了，导致全球法国殖民地都难以为继，英国陆续夺取了法国在北美加拿大和密西西比河流域的殖民地、印度殖民地，西班牙的殖民地古巴、菲律宾，英国在全世界殖民地战争中大获全胜，法国、西班牙的海外殖民地损失惨重。奥地利的盟国只有俄国最强大，为保证心无旁骛的对普鲁士作战，俄国女皇伊丽莎白一世给了阿睦尔撒纳大批武器和金钱，指使他与大清作战，这也是阿睦尔撒纳在战败后逃到俄国的原因。此战牵制了大清全部精锐部队，保证了俄国远东大后方的绝对安全。

虽然，法国、西班牙的海外殖民地输得一塌糊涂，但是在欧洲大陆，英国基本不派兵，法国、西班牙、俄国、瑞典、奥地利从四个方向进攻普鲁士，普鲁士渐渐不支，1760年支持战争的英王乔治二世去世，新上任的乔治三世不支持这场战争了，与此同时一直支持普鲁士腓特烈大帝的英国首相威廉·皮特也被罢免。在没有英国支持下，普鲁士单挑法国、俄国、奥地利、瑞典、西班牙，腓特烈大帝随时准备自杀。

这时，命运跟腓特烈大帝开了一个玩笑，1762年俄国女皇伊丽莎白一世去世，新上任的彼得三世是腓特烈大帝的铁杆粉丝，他一上任就宣布与普鲁士结盟，并说自己人生最大愿望就是在腓特烈大帝手下当一名普通士兵。由于俄国与普鲁士结盟，瑞典便也退出战争。此时的形势对腓特烈大帝逐渐有利，英国鉴于自己在海外殖民地的大获全胜，不愿再打，于是和法国、西班牙媾和，法国将自己在加拿大的殖民地和在美国除路易斯安那以外的殖民地全部割让给英国，此外也把自己在印度的殖民地割让给英国。英国则将古巴和菲律宾还给法国的盟友西班牙。

腓特烈大帝的天赐礼物彼得三世只在位半年便被杀害，新上任的就是领导三次瓜分波兰、并将克里米亚正式划归俄国版图的叶卡捷琳娜二世，她自然不像彼得三世这么疯癫，她宣布俄国退出战争。英国、西班牙、法国已媾和，俄国、瑞典退出，普鲁士和奥地利便于1763年正式议和，战争结束。

这场战争影响了中国版图的重构，若不是俄国指使阿睦尔撒纳反叛，乾隆未必借此机会全取新疆；若不是彼得三世被杀，叶卡捷琳娜二世未必能继位，土尔扈特部也未必会因为叶卡捷琳娜二世竭泽而渔的征兵压迫而回归中国。

英国在北美、印度取得的胜利是以增加税收作为经济支柱的，由于在北美殖民地增加税收，却不给北美殖民地人英国议会席位，于是北美殖民地以"无代表权不纳税"为由于1776年7月4日宣布独立，美国独立战争开始，由此，美国诞生。

法国由于路易十五在这场战争中输得很惨，且高昂的军费都是靠征税，最终引发了1789年法国大革命。

普鲁士则由此强势崛起，日后政治强人俾斯麦以普鲁士为根基一统德国。20世纪德国在两次世界大战中之所以敢以一敌众，就与腓特烈大帝在七年战争中的表现有关，希特勒在1945年罗斯福去世时认为美国会退出战争，德国会得救，也与此战中伊丽莎白一世突然去世，彼得三世继位有关。

英国在这场战争中为了生产各种军需品而快速提高生产力，从而引发第一次工业革命，英国生产出大量产品需要倾销，需要更多殖民地。1770年英国库克船长在航行中发现了澳大利亚，便宣布这片土地属于英国。英国一开始将澳大利亚作为流放犯人的地方，1788年1月26日，英国军队和其押送的犯人在澳大利亚建立了第一个殖民区，这一天后来被澳大利亚人定为国庆日，这个殖民区就是悉尼。澳大利亚除了土著居民外几乎没什么人，它只能作为英国的原材料生产地，而无法成为英国产品倾销地，于是乔治三世1792年派出了马戛尔尼来华，希望把中国作为英国的产品倾销地，这次来访与乾隆帝擦出了火花。当然，这是后话。

18
Part

乾隆下令征集图书：《四库全书》与法国《百科全书》之比较研究

7
日

1772年2月

关键词 乾隆　四库全书　狄德罗
纪晓岚　百科全书

　　修《四库全书》时发生多起文字狱，并不能单纯看作是乾隆的吹毛求疵，实质上是华北华中官僚揭发检举江浙官僚，从而让他们丢官丧命后，让华北华中官僚取而代之的行为，满人只是作为仲裁者而已。此文从主编个人差异、编纂过程差异、书籍结局和影响三个方面来论述《四库全书》与法国《百科全书》之区别。《百科全书》当世红极一时，而今无人问津，中国《四库全书》当世藏之深阁，而今成为文献显学，只继往，不开来，永远不会成为弄潮儿，但也不会被彻底淘汰。英国的《不列颠百科全书》以其保守主义、自由主义理念得以成为常青树，永远不独占鳌头，也不会落伍。三部书，三种文化理念，自然是三种国运。

鉴于《永乐大典》中的两部有一部毁于李自成战火,另一部也有散佚,安徽学政朱筠提出辑佚《永乐大典》,得到乾隆支持,与此同时乾隆也下令向社会各界征集图书,一方面可以保存濒临散佚的典籍,另一方面也可借此机会了解有哪些书可能危害清廷统治,借机将其禁毁。乾隆三十七年正月初四(1772年2月7日),乾隆公开下令求书,浩大的《四库全书》的准备工作提上日程。为了鼓励大家上交各种珍本善本,乾隆制定奖励政策:上交图书500种以上的,赐给《古今图书集成》一部,上交图书100种以上500种以下的,赐给《佩文韵府》一部。[①]

在征集书的过程中,乾隆下令销毁了大量他认为不利于清朝统治的书籍,根据郭伯恭《四库全书纂修考》引用陈乃乾《禁书总录》的统计数字,全毁2453部书,抽毁402部书,毁版50部,销毁石刻书24部,累计2929部书[②]。连宋应星的《天工开物》都不知道什么原因就被禁毁了。除了焚毁书籍,乾隆还系统地对明代档案进行了销毁。现存明代档案只剩3000余件,其余不少于1000万份明代档案被销毁了,这对后人研究明史造成了巨大打击。

乾隆下令所有禁书都不得在发现地焚毁,而是要一经发现就将其封存,然后以快马火速送至北京,在北京焚烧。贵州巡抚韦谦恒没有理解乾隆的用意,他上奏说:违禁图书太多,何必费人费力千里迢迢送至北京,不如在本地直接销毁。不料乾隆大为光

---

① 除明确标注的参考文献外,本文亦参考林硕《从〈四库全书〉与〈百科全书〉比较透视十八世纪中欧文化差异》,首都师范大学硕士学位论文2011年。

② 数字是陈乃乾据乾隆四十七年英廉《全毁抽毁书目》,乾隆五十三年军机处奏《禁毁书目》及其他一些资料相加而成。

火，他批示："何不解事，糊涂至此！""所办实属乖谬！"为此乾隆专门发布上谕，说：贵州等地文化不发达，百姓心思幼稚粗鲁，这些违禁书籍也许不会出现私下传播的情况。至于江浙等省，人们一听到有禁书，一定激起他们的好奇心，千方百计会弄来偷看。韦谦恒你本身是江南人，居然没有想到这一点？随后乾隆将韦谦恒革职。①

由于收集的书越来越多，乾隆三十八年（1773）闰三月十一日，乾隆第一次提出要编纂《四库全书》。《四库全书》的书籍来源包括六大类：武英殿等各处的政府藏书、清朝前期政府编纂图书、各省采进本、私人进献本、社会通行但政府没有的书、《永乐大典》。以这六类为基础，便开始了《四库全书》的编纂工作。

《四库全书》在征集图书时发生多起文字狱，但文字狱其实并不完全是大家想象的那样。乾隆日理万机，没时间去读文人的文集，康雍乾三朝文字狱，其实大多是汉人打小报告，揭发检举后，乾隆再借题发挥的。江浙、徽州一带人擅长考试，通过科举成为朝廷命官，朝堂之上江浙皖出身的人占相当一部分，其他地区的人考试考不过江浙的人，于是就买他们的文集，从中找问题，来打小报告。从顺治到乾隆时期，汉族进士共13775人，其中籍贯在东部（山陕交界黄河、巫山、雪峰山一线以东）地区的有12223人，占88.7%；其中江苏、浙江、湖南、江西、湖北、安徽这6个长江中下游省份有6182人，占东部地区的50.6%；这

---

① 中国第一历史档案馆编：《纂修四库全书档案》，上海古籍出版社1997年版，第446页。

其中江浙两省有3777人，占长江中下游地区的61.1%。文字狱发生率与进士考中率完全成正比。从顺治继位到乾隆退位，中国共有文字狱158起，其中在中国东部144起，占总数90.6%；其中长江中下游6省共92起，占东部63.9%；江浙两省占47起，占长江中下游地区51.1%[①]。88.7%、50.6%、61.1%，与90.6%、63.9%、51.1%的分布趋势大同小异。因此，清朝文字狱，实质上是华北华中官僚揭发检举江浙官僚，希望能在他们丢官丧命后，由华北华中官僚取而代之的行为，满人只是作为仲裁者而已。毕竟，下面斗得越欢，皇帝的仲裁者身份才越稳定。

《四库全书》共保存3470部书，36275册，79018卷，2290916页[②]，除了收入《四库全书》的书籍外，乾隆还下令将没有收入《四库全书》的书进行存目，不刻印传播，只是登记在册，《四库全书存目》共有6819部书，94034卷（这6819部书有409部书无卷数记载，此卷数为刨去409部书后的总卷数）。

下面我们就从主编个人差异、编纂过程差异、书籍结局和影响三个方面来论述《四库全书》与法国《百科全书》之区别。

一、纪晓岚与狄德罗：乾隆蓄养的"倡优"与法国共和的旗帜

《四库全书》历任正总裁共16人，包括永瑢、永瑆、刘统勋、

---

① 朱竑、安宁：《清代顺、康、雍、乾时期文字狱的地域分异研究》，《地理科学》2011年第1期，第9、10页。

② 郭伯恭：《四库全书纂修考》，《民国学术文化名著》，岳麓书社2010年版，第105页。

阿桂、于敏中、和珅等，不过这些正总裁多是挂名，实际工作还是由总纂官来完成。当过总纂官的有纪晓岚、陆锡熊、孙士毅三人，在此我们以纪晓岚为研究对象，看他与《百科全书》主编狄德罗在人生经历、学术生涯等方面的区别。

现在的北京西城区珠市口大街241号就是纪晓岚故居——阅微草堂，在纪晓岚到来前是岳钟琪的故居。乾隆三十三年（1768）因为盐案亏空之事纪晓岚向亲家报信，乾隆将其发配新疆。乾隆三十六年（1771），因筹划编修《四库全书》的需要，在刘统勋举荐下，纪晓岚从乌鲁木齐调回北京，乾隆三十八年（1773）起任《四库全书》总纂官，从此开始了他人生中对中国历史影响最大的这段岁月。陆以湉《冷庐杂识》卷一记载纪晓岚的学生刘权说："四库全书开馆，吾师即奉命总纂，自始至终，无一息之间。不惟过目不忘，而精神实足以相副。经手十年，故撰此表，振笔疾书，一气呵成，而其中条分缕晰，纤悉具备，同馆争先快睹，莫不叹服。"①这虽然是学生对老师的评价，然确为客观之论，并非溢美。纪晓岚在编修《四库全书》期间可谓是遍读人间书，他在《自题校勘四库全书砚》中写道："汗青头白休相笑，曾读人间未见书。"②

许多书都记载"河间纪文达公酷嗜淡巴菰③，顷刻不能离，

---

① 陆以湉：《冷庐杂识》，《历代笔记小说大观》，上海古籍出版社2012年版，第38页。

② 《纪晓岚文集》第1册，河北教育出版社1991年版，第509页。

③ tabacco，菲律宾的烟草。

其烟房最大，人呼为'纪大烟袋'"①。还好，纪晓岚在修《四库全书》抽烟时没有酿起火灾，不然后果不堪设想。

长期高强度伏案工作，使得纪晓岚需要大量能量，他喜欢吃高热量的肉类。《啸亭杂录》卷十记载，纪晓岚"今年已八十，犹好色不衰，日食肉数十斤，终日不啖一谷，真奇人也"②。一天能吃几十斤肉肯定是夸张，但纪晓岚生性嗜肉，很少吃素，则是普遍记载。《清朝野史大观》卷九记载："公平生不谷食，面或偶尔食之，米则未曾上口也。饮时只猪肉十盘，熬茶一壶耳。"③一壶茶就下十盘猪肉，这种吃法在中国古代文人中实属凤毛麟角。

纪晓岚身体肥胖，抽烟，疯狂吃肉，不喜欢吃菜，纵欲无度，14年如一日地编纂《四库全书》，伏案工作，无论哪一条都是让人短命的，纪晓岚却活了82岁，究其原因，估计有如下几点：一是纪晓岚性格幽默，心态较好；二是纪晓岚睡眠质量高，鲜有夜不能寐、辗转反侧之时；三是纪晓岚是"神行太保"，虽然胖，但并不代表不好运动。有此三点，纪晓岚能活到82岁就不稀奇了。

纪晓岚在编纂《四库全书总目提要》时充分展现了自己未尽的才情，他有经邦济世之念，但乾隆除让他编书外，在政治上并

---

① 以下书籍有纪晓岚抽烟记载，陈其元：《庸闲斋笔记》卷五，《清代史料笔记丛刊》，中华书局1989年版，第112页；孙静庵：《栖霞阁野乘》，《民国笔记小说大观》第三辑，山西古籍出版社1997年版，第40页；李伯元：《南亭笔记》卷五，《民国笔记小说大观》，山西古籍出版社1999年版，第107页。

② 昭梿：《啸亭杂录》，《清代史料笔记丛刊》，中华书局1980年版，第353页。

③ 小横香室主人：《清朝野史大观》，河北人民出版社1997年版，第1043页。

不太重用他。乾隆南巡骄奢淫逸，纪晓岚曾强谏，乾隆说："汝一书生耳，何敢妄谈国事？朕以汝文学尚优，故使汝领《四库》书，实不过以倡优蓄之耳，汝何敢妄谈国事？"①士可杀不可辱，士大夫领袖在乾隆眼中居然成了被蓄养的倡优，这就是乾隆时期中国文人的真实地位。这样的地位是被文字狱杀出来的，知识分子是一个国家的良心，良心被如此蔑视，自然清帝国的衰落不可避免。

纪晓岚是人在新疆，被乾隆召来编纂《四库全书》，《四库全书》的编纂是纪晓岚在执行乾隆的个人意志。与之相反，《百科全书》则是完全代表了狄德罗的自由意志。1745年巴黎书商普鲁东（也有译成布列顿、勒伯勒东，Breton）打算把美国人钱伯斯主编的《百科全书和艺术与科学百科辞典》译成法文出版，这部书在1728年出第一版，时隔近20年，在日新月异的18世纪，许多自然科学内容已经过时，有鉴于此，狄德罗有了编纂《百科全书》的念头。他亲自担任主编，力邀数学家达朗贝尔担任副主编，此外伏尔泰、卢梭、孟德斯鸠、孔多塞、魁奈、孔狄亚克、爱尔维修等人为此书撰稿，可谓阵容强大。1751年《百科全书》第一卷上市，全名为《百科全书，或科学、艺术、技艺详解辞典》。由于此书许多内容危及法国专制统治，1752年第二卷上市后，法国国民议会即下令将该书查禁，在法国政府逼迫下，达朗贝尔辞去副主编职务。1764年狄德罗发现普鲁东为了使书顺利通过检查，删除了部分条目，他大为震怒，认为这样书会成为"平

---

① 许指严：《南巡秘纪》，《民国史料笔记丛刊》，上海书店出版社1997年版，第156页。

庸而无价值的拼凑"，他很生气地说："它花去了我20个春秋，远远没有使我富有，数次使我要离开祖国和失去自由，消耗了我本可更为有益、更为光荣的一生。"①

1766年，出版商普鲁东直接被抓进监狱了。迭遭打击之下，狄德罗仍旧坚持工作，到1772年，在长达27年的辛苦付出后，《百科全书》终成完璧，包括17卷文字，11卷图版，共28卷，71818个条目，2885幅插图，其中狄德罗撰写了1139个条目。②

与四库馆臣优渥的待遇相比，狄德罗在编纂《百科全书》时的待遇可谓寒酸。书商们每个月只能支付给狄德罗100里弗，当狄德罗在咖啡馆写作时，他的妻子只能用干面包充饥，狄德罗27年时间作此书，才得到8万里弗③，伏尔泰说："陆军部的一个供货人一天还能赚2万里弗呢！"④路易十六的王后玛丽·安托瓦内特在1776年买的一个耳环就值34.8万里弗（相当于45万美元）⑤，相当于狄德罗27年编书工资的4倍多，足见狄德罗之窘迫。

此外，与《四库全书》纪晓岚和其他编纂人员是上下级关系不同，狄德罗与其他编纂人员是同事关系，其他人是因为友情或

---

① ［法］安德烈·比利：《狄德罗传》，张本译，商务印书馆1984年版，第317页。

② ［美］达恩顿：《启蒙运动的生意：〈百科全书〉出版史（1775—1800）》，叶桐、顾杭译，生活·读书·新知三联书店2005年版，第7页。

③ ［美］达恩顿：《启蒙运动的生意：〈百科全书〉出版史（1775—1800）》，叶桐、顾杭译，生活·读书·新知三联书店2005年版，第16页。

④ ［苏联］阿·阿·阿基莫娃：《狄德罗》，赵永穆等译，知识出版社1984年版，第221页。

⑤ ［英］迈克尔：《远国的凤冠：八位皇室新画像》，亚太译联国际翻译公司译，中山大学出版社2018年版，第105页。

一起共事的志趣才参与撰稿,因此许多人常拖稿不交,狄德罗也没办法。卢梭回忆,狄德罗希望每个撰稿人在接到本卷条目编写任务后3个月内交稿,但每次卢梭都是唯一如期完稿的人。[①]

就是在这样恶劣的条件下,狄德罗顶住一切压力,最终让《百科全书》问世。恩格斯在《〈社会主义从空想到科学的发展〉英文版导言》中说:"在他们由以得名的巨著《百科全书》中,他们大胆地把这一学说应用于所有的知识对象……它的影响很大,在大革命爆发时……竟给予法国共和党人和恐怖主义者一面理论旗帜,并且为《人权宣言》提供了底本。"[②]

二、《四库全书》与法国《百科全书》的编纂过程:寓征于禁与兼容并包

一方面《四库全书》保存了华夏大批典籍,另一方面,《四库全书》也把许多很有价值的书籍仅列入存目,拒绝收录。比如余继登《典故纪闻》、朱元璋《明太祖宝训》、明朝思想家王廷相《慎言》《雅述》、记载元顺帝许多他书不载事迹的权衡《庚申外史》、吕坤《呻吟语》、陈继儒《狂夫之言》、唐甄《潜书》、宋慈《洗冤录》、元朝家庭百科全书《居家必用事类全集》、戚继光《止止堂集》、颜元《存性编》《存学编》《存治编》《存人编》、李塨《恕谷后集》、辛弃疾《美芹十论》等很有价值的书都仅被列入存目。

---

① [法]卢梭:《忏悔录》,范希衡译,《汉译世界学术名著丛书》,商务印书馆2009年版,第418、419页。

② 《马克思恩格斯选集》第3卷,人民出版社1975年版,第395页。

顾炎武的《天下郡国利病书》是非常经典的战略地理著作，但乾隆怕人们读此书后造反，于是不许此书收入《四库全书》。顾祖禹的《读史方舆纪要》是比《天下郡国利病书》更经典的战略地理著作，1894年甲午战争时日本参谋本部对于此书有深入研究，制定作战计划都要参考此书的内容，乾隆甚至未把此书列进存目。明代兵书有1023部，10716卷，但《四库全书》仅收5种，55卷[1]，占明代兵书千分之五，未收者有相当一部分被禁毁。

乾隆制定了收入《四库全书》书籍的统一标准，以此标准选定哪些书该列入《四库全书》后，就该印刷了，但是此前印《古今图书集成》的铜活字版都已经被熔化后铸成铜钱了，这套近8万卷的书，如果排版印刷成本太大，反不如人工抄写成本低，所以乾隆决定人工抄写此书7部。

值得一提的是，《古兰经》最初定本也是抄写了7部。穆罕默德生前并没确定《古兰经》定本，到第三位哈里发奥斯曼时已经各种版本层出不穷，于是奥斯曼组织人将《古兰经》确定版本，而后将此本传抄7部，分别放在麦加、麦地那、大马士革、库法（伊拉克南部）、巴士拉、也门、巴林[2]。《古兰经》和《四库全书》都是传抄7部，冥冥之中亦有暗合。

对抄写人员，乾隆令当场写字数行，品其字迹端正与否，择优录取。此外再从乡试落第生徒中挑选，择其试卷字迹匀净者予

---

① 许保林：《中国兵书通览》，解放军出版社2002年版，第74页。

② 默父：《阿拉伯帝国》，《世界帝国兴衰丛书》，三秦出版社2000年版，第131、132页。

以录用。这样，先后选拔了3826人担任抄写工作，保证了抄写《四库全书》的需要。为了保证进度，四库馆还规定了抄写定额：每人每天抄写1000字，每年有30天休假，合计抄写33万字，5年则抄165万字，多抄且质量好者也有奖励①。5年期满，抄写200万字者，列为一等；抄写165万字者，列为二等。按照等级，分别授予州同、州判、县丞、主簿等四项官职。发现字体不工整者，记过一次，罚多写1万字。《四库全书》每一部大约8亿字，抄写7部共56亿字，然而今天我们看《四库全书》，发现这3826人写的56亿字仿佛是一个人写的，其巧乃无法言说。

　　然而在抄写过程中，抄写人员根据乾隆的指示，也对中国典籍进行了篡改，如岳飞《满江红》名句"壮志饥餐胡虏肉，笑谈渴饮匈奴血"。"胡虏""匈奴"在雍正时期无事，但在乾隆时是犯忌的。于是抄写者把它改为"壮志饥餐飞食肉，笑谈欲洒盈腔血"。还有更荒谬的，辛弃疾的《永遇乐·千古江山》中的"斜阳草树，寻常巷陌，人道寄奴曾住"，被改作"斜阳草树，寻常巷陌，人道宋主曾住"。"寄奴"是南朝宋开国皇帝刘裕的小名，"宋主"可以说是他的尊称。"寄奴"二字并不犯忌，那么为什么还要改呢？原因只有一个，那就是用小名称呼帝王，被清廷进行过精神阉割的文人看到就感觉别扭，于是改为尊称。这是多么自觉的奴才态度！

　　难怪鲁迅说："现在不说别的，单看雍正乾隆两朝的对于中

①　中国第一历史档案馆编：《纂修四库全书档案》，上海古籍出版社1997年版，第77、78页。

国人著作的手段，就足够令人惊心动魄。全毁，抽毁，剜去之类也且不说，最阴险的是删改了古书的内容。乾隆朝的纂修《四库全书》，是许多人颂为一代之盛业的，但他们却不但捣乱了古书的格式，还修改了古人的文章；不但藏之内廷，还颁之文风较盛之处，使天下士子阅读，永不会觉得我们中国的作者里面，也曾经有过很有些骨气的人……清朝的考据家有人说过，'明人好刻古书而古书亡'，因为他们妄行校改。我以为这之后，则清人纂修《四库全书》而古书亡，因为他们变乱旧式，删改原文。"①

美国汉学家费正清在《美国与中国》中说："通过这个庞大的计划，掀起了一次文字狱。他们的目的之一是取缔一切中伤异族统治者的著作。编纂人在搜集珍本和全集以便收入这部优秀丛书的时候，就能够同时搜获一切应当禁止或销毁的异端著作……查禁的书籍包括研究军事和边疆事务的著作，带有反对夷狄语气的评著，以及赞颂汉族明朝的主要作品。大约共有二千三百二十部著作列为禁书。这是最大规模的思想统制。"②

抄写完之后下一步就是校对，清末李岳瑞在其笔记《悔逸斋笔乘》中提到乾隆御制、四库馆臣校订的武英殿版《二十四史》"惟《史》《汉》《国志》校勘无愧精审，《晋书》以次，则讹字不可枚举"。是四库馆臣的疏忽吗？不是。这是四库馆臣取悦皇帝的一种办法——故意留下些容易看出的错误，等待喜欢校书的乾

---

① 鲁迅：《且介亭杂文·病后杂谈之余》，《鲁迅全集》第6卷，人民文学出版社2005年版，第188、191页。

② ［美］费正清：《美国与中国》，孙瑞芹、陈泽宪译，商务印书馆1973年版，第81页。

隆看到后标出，再对馆臣降旨申斥，从而"龙心大悦"，觉得自己的学问也在"皆海内一流，一时博雅之彦"的四库馆臣之上。"然上虽喜校书，不过偶尔批阅，初非逐字雠校，且久而益厌。每样本进呈，并不开视，辄以朱笔大书校过无误，照本发印。司事者虽明知其讹误，亦不敢擅行改刊矣。"①乾隆爷看多了就看烦了，许多就看都没看，结果这些错误就没改，而皇帝亲自朱笔大书"校过"后，自然有错也没人敢改了，这就是《四库全书》收录的越是大家熟悉的书越是有一些很明显的错字的原因。

一方面《四库全书》保存了大量典籍，另一方面这样的抄写也使得大量典籍被篡改，时至今日，许多中国古籍都只能通过日本保留的善本才能得到准确的校勘，与此次大篡改有很大关系。

《四库全书》纯粹是乾隆的个人意愿，与之截然不同的是，《百科全书》是文化精英的自发行为。本来法国国王路易十五也想参与《百科全书》编纂，但狄德罗说："如果政府参与这项工作，工作就无法完成。君主一句话可以叫人在荒草中造出一座宫殿，但一部百科全书不能凭命令完成。"②

《百科全书》宣传思想启蒙、民主共和，在1752年出版到第二卷时就被君主专制的法国政府查封，迫于压力解禁后，1759年出版到第七卷时再次被查封。普鲁士国王腓特烈大帝③和俄国女

---

① 李岳瑞：《悔逸斋笔乘》，《民国笔记小说大观》第三辑，山西古籍出版社1997年版，第190、191页。

② ［法］安德烈·比利：《狄德罗传》，张本译，商务印书馆1984年版，第64页。

③ 腓特烈大帝曾说："我和我的人民达成了协议，我干我想干的事，而人民则说他们想说的话。"

皇叶卡捷琳娜二世都邀请狄德罗来本国继续出版《百科全书》，但是狄德罗依旧坚持在法国本土写作，最终法国国王迫于压力，只得再次解禁。《百科全书》在被禁的过程中越来越火，最终逼得政府让步，从客观上推进了社会民主。《四库全书》则是在政府的禁书过程中越改越多，最终把整个中国传统文化中不符合清朝统治的内容全部剔除。

与清帝国相同，编纂《百科全书》时的法国也是有文字狱的，1749年狄德罗就因为发表《论盲人书简》而被关押3个月，相比之下纪晓岚唯一一次被流放是因为给贪污腐败的亲家通风报信。"1666年法国正式设立王家检察官一职……表明王权将出版业置于君主的直接控制下。1685年路易十四通过最高法院指示巴黎大主教编制禁书目录……一切讽刺国王的小册子作者，违反禁令者和持有禁书者均遭逮捕、监禁、绞刑、火刑和车刑的严惩。1686年他下令巴黎出版商和书商的数量限制在36家以内，1688年限制波尔多为12家，1695年限制里昂为18家……从1710年到1715年……约6017种书受到检查，其中近一半是宗教题材，然后依次为文学、历史、地理、政治和法律；约11.5%未通过检查。从1700年到1707年，年均未通过率在12%。"[①]到《百科全书》的编纂时代，每年不给书号的书最多达到30%[②]。但是法国的专制王权毕竟没有清帝国编织得这么严密，加之法国知识分子一直

① 沈固朝：《欧洲书报检查制度的兴衰》，南京大学出版社1999年版，第130、131页。

② ［法］安东尼·德·巴克、弗朗索瓦丝·梅洛尼奥：《法国文化史》第3册《启蒙与自由：十八世纪和十九世纪》，朱静、许光华译，华东师范大学出版社2006年版，第52页。

以来的斗争精神，最终使得政府被迫让步。

伏尔泰为《百科全书》"文人"这一词条撰写的内容说:"他们通常具有比别人更多的独立精神;而其中那些出身贫寒的人，也不难在路易十四的各种机构中获得资助，以加强他们的独立地位，我们已再见不到过去那种出于自私和卑劣的动机而写的阿谀奉承的文字了。"①法国是再也见不到阿谀奉承的文字了，清朝则是难以见到独立人格的文字了。

与《四库全书》在编纂过程中舆论一律、寓征于禁不同，《百科全书》的编纂可谓是火花碰撞、兼容并包。编纂者既有狄德罗、卢梭这样出身平民者，也有霍尔巴赫男爵、孟德斯鸠男爵、海军大臣杜尔哥、法兰西科学院院士伏尔泰、路易十四的御医魁奈、法兰西科学院秘书孔多塞等，大家出身各异，观点各异，但狄德罗本着兼容并包的原则，将其兼收并蓄。

就在《四库全书》编纂开始之前一年，1772年28卷《百科全书》全部出版完成，法国一位伯爵对国王路易十五这样形容这部《百科全书》的广度:"陛下，您多么幸运，在您的统治下有人能够研究一切领域的知识，在这部书里，从别针的制作方法到铸造大炮和瞄准射击的方法，从无限小到无限大。"②这样编纂出来的一部书为随后的法国大革命提供了大量"弹药"，为西欧各国构建民族国家提供了坚实的思想基础。

---

① 〔法〕狄德罗:《狄德罗的〈百科全书〉》,〔美〕坚吉尔英译、梁从诫汉译，花城出版社2007年版，第304页。

② 〔法〕安德烈·比利:《狄德罗传》,张本译，商务印书馆1984年版，第139页。

三、《四库全书》与法国《百科全书》的结局和影响：束之高阁与热销万套

《四库全书》从乾隆三十八年（1773）开始编纂到乾隆五十二年（1787）7 部书全部抄写校对完，历时 14 年时间。乾隆下令把这 7 部书分藏在 6 座城市的 7 个地方，这样哪怕真的遭遇大祸，也不至于全毁。以下是这 7 部书的所藏地点和最后情况的列表。

阁名	清藏地	存毁情况	现藏地
文渊阁	北京故宫文华殿后	1933 年日寇陷热河,随故宫文物南迁至四川,1948 年运往台湾	台北市外双溪故宫博物院
文溯阁	沈阳故宫	1914 年运京,1925 年被索回沈阳,1931 年沦入日本人手,1945 年索回,1966 年因为中苏关系紧张,林彪下令将其迁往甘肃	甘肃省图书馆
文源阁	北京圆明园	毁于 1860 年英法联军火烧圆明园	无
文津阁	承德避暑山庄	1913 年被运往文华殿古物陈列所,1915 年拨给京师图书馆	中国国家图书馆
文宗阁	镇江金山寺行宫	1853 年太平天国攻陷镇江,焚毁	无
文汇阁	扬州天宁寺行宫	1854 年太平天国攻陷扬州,焚毁	无
文澜阁	杭州圣因寺行宫	1861 年太平天国李秀成攻陷杭州时被焚毁一半	浙江省图书馆

《四库全书》抄写了 7 套，狄德罗在"百科全书"这一词条写道："在他们看来，一部成功的百科全书……只能是一部深锁在御用藏书楼里的卷帙浩繁的手稿，除了国王，谁也不用想去读

的。那只能是一份国家文档,而不是供人使用的参考书。把一个国家所拥有的全部知识,即各种私人研究报告、发明创造、工艺流程、各类资源、贸易秘密、各种能给人以启迪的思想艺术以及所有的智慧都公之于世,这样做有什么好处呢?难道这个国家不正是靠着这些东西,才对其周围的竞争者取得优势的吗?"①这段话无疑是《四库全书》的最好注解,《四库全书》在北方的这4套被束之高阁,鲜有人阅读,在南方的这3套供读书人阅览,算是一定程度起到传播作用,但被阉割后的古书与清帝国的意识形态严丝合缝,士大夫难以从中汲取近代化思想。

与只抄写7套的《四库全书》不同,1789年法国大革命以前,《百科全书》共出了6个版本,印刷了大约24000套,在法国国内卖了11507套,在欧洲其他国家卖了12054套。②雷纳尔神甫在他的《文学通讯》里这样介绍《百科全书》:"《百科全书》是已有的法语著作中最首尾一致的、最具哲理的、最光辉的、最准确的、最言简意赅的、最出色的作品之一。"③美国富兰克林、宪法之父麦迪逊、"门罗主义"创始人门罗都购买了《百科全书》④,《百科全书》在成为法国大革命的思想武器的同时,也成

---

① [法]狄德罗:《狄德罗的〈百科全书〉》,[美]坚吉尔英译、梁从诫汉译,花城出版社2007年版,第189页。

② [美]达恩顿:《启蒙运动的生意:〈百科全书〉出版史(1775—1800)》,叶桐、顾杭译,生活·读书·新知三联书店2005年版,第36页。

③ [苏联]阿·阿·阿基莫娃:《狄德罗》,赵永穆等译,知识出版社1984年版,第137页。

④ [美]达恩顿:《启蒙运动的生意:〈百科全书〉出版史(1775—1800)》,叶桐、顾杭译,生活·读书·新知三联书店2005年版,第453页。

为了美国独立战争的精神武器。

当然，狄德罗的《百科全书》也有其明显缺陷。它思想激进，时代感非常强，19世纪以来就没有再版了。与狄德罗思路相反的思想相对保守的《不列颠百科全书》200多年来反而儿孙满堂，如今已经出到了第15版，1768年在苏格兰爱丁堡出版第一版第一卷，到1771年3卷出齐，第一版卖了3000套。二战激战正酣时，1941年《不列颠百科全书》版权被美国芝加哥大学买下，"不列颠"的版权改属美利坚，《不列颠百科全书》接力棒的转交也意味着文化霸权、政治霸权接力棒的转交，大英帝国的衰落不可避免，美国取而代之成为超级大国。《不列颠百科全书》到最新的1985年版已经达到32卷。其全文译成法文、德文、中文、日文、希腊文、西班牙文、葡萄牙文、匈牙利文、波兰文、土耳其文、韩文等多种外文版。而狄德罗《百科全书》除法文版外，再无其他全文版，只有西班牙文、英文、意大利文等几种文字的简编版。《百科全书》应该是客观地把知识进行重构，它不同于杂文或其他政论著作，时代感过强，反而会让其知识客观性大打折扣，狄德罗等人把许多词条都写成了政论，这就是狄德罗《百科全书》落伍的原因。

《百科全书》在18世纪轰轰烈烈，到19世纪就无人问津了，时至今日没有再版，《四库全书》在18世纪只有7套，然而1986年台湾商务印书馆将其影印了1000套，2012年北京出版社将其影印了1000套，2013年线装书局将其又影印了1000套，这些书出版后很快售罄，表明起码从出版角度，《四库全书》仍然活在21世纪,而法国《百科全书》已经死了,或许这才是历史的吊诡之处。

1771年《不列颠百科全书》第一版出齐,1772年法国《百科全书》第一版全部出齐,1773年《四库全书》开始编纂,此时美国尚未建国。英法中三大国同时编纂大书不是偶然,这是印刷术发达到一定程度,出版业发展到一定地步,国家和社会有重构知识需求的必然。不同的是,英国的百科全书以其保守主义、自由主义理念得以成为常青树,永远不独占鳌头,也不会落伍。法国激进猛冲的知识分子使得《百科全书》炫目一时,终究被淘汰。中国《四库全书》只不过是古代典籍大汇总,只继往,不开来,永远不会成为弄潮儿,但也不会被彻底淘汰。三部书,三种文化理念,自然是三种国运。

总之,法国《百科全书》的出版开启了一个伟大的时代,而《四库全书》只能是华夏文化在中国古代的最后一次总结。《百科全书》是对于知识的分门别类的重新厘定,而《四库全书》只是对书籍的抄写而已。法国《百科全书》吹响了思想解放的号角,《百科全书》的读者们领导了法国大革命和拿破仑战争,使得法兰西民族走向了有史以来的巅峰。编修《四库全书》而造成的大量血腥文字狱却使得所谓"康乾盛世"造成万马齐喑的局面,最终鸦片战争的悲剧不可避免。

19
Part

乾隆下令将关羽谥号由"壮缪"改为"忠义"：
清代的关公崇拜

9 日
1776年8月

关键词 乾隆　关羽　三国　晋商　格萨尔王

关羽在三国时评价并不高，刘禅给其"壮缪"恶谥，隋唐时佛教中国化，以关羽为伽蓝菩萨方开启神化关羽历程。北宋开始关羽被道教推崇，南宋时关羽经过了民族主义的选择性建构，元朝时青龙偃月刀成为关羽武器，明朝晋商将晋人关羽推向东亚全境，清代为打压岳飞，关羽终成武圣。从各行各业角度，关公崇拜是社会道德直觉的判断和共识的结果，忠义仁勇的英雄形象有着深厚的民意基础和广泛的社会认同，于是纵然妓院也供奉关公神像。关公崇拜在西藏也找到了格萨尔王这一同样红脸的对位，而今中国、朝鲜半岛、日本、越南、新加坡处处皆有关公信徒。

如果说在这个地球上，谁的塑像数量最多，可能除了耶稣以外，就是关公了，释迦牟尼可能都比不了关公。只有佛教供释迦牟尼（如来佛祖），道教和儒家都是不供释迦牟尼的。关公是唯一一个儒释道三教都供奉的神明，佛教中的伽蓝菩萨、道教中的三界伏魔大帝神威远镇天尊关圣帝君、儒家的武圣都是关公。现在北京城内应该也是关公的像最多，许多出租车司机车上都挂着关公，许多商店店铺也都供着关公，当然，商店对于关羽张飞只能供一个，供两个那就只能是关张了。剃头师傅也供奉关公，"问天下头颅几许，看老夫手段如何"。这就是剃头界的对联，还是蛮有关公的霸气的。[①]

一、清以前关公形象的层累建构——从名实相乖到三界伏魔大帝

为何关公的地位如此之高呢？《三国演义》中的关公形象是后世的层累构建，而《三国志》中对关羽其实也有许多极高的评价，比如关羽水淹七军一战，《三国志·关张马黄赵列传》就说关羽"威震华夏"，这是《二十四史》中唯一一次出现"威震华夏"一词，说的就是关羽。再比如"万人敌"一词，中国历史上最早说的是项羽，项羽学书不成，又学剑，也不成，说自己不学一人敌，要学就学能"万人敌"的本事。等于说项羽不是万人

---

① 除明确标注的参考文献外，本文亦参考蔡东洲、文廷海：《关羽崇拜研究》，巴蜀书社2001年版；侯文正、刘益龄主编：《关公文化旅游志》，山西人民出版社2006年版；胡小伟：《关公崇拜溯源》，北岳文艺出版社2009年版。

敌，项羽想学能万人敌的本领。而《三国志》和裴注中"万人敌"一词出现三次，一次是曹操谋士郭嘉说关羽张飞是万人敌[①]，一次是曹操谋士程昱说关羽张飞是万人敌[②]，再一次就是《三国志》作者陈寿评价关羽张飞为万人敌[③]。这三次万人敌全都是说关羽张飞，足见关羽之武艺。

关羽是蜀国历史上第一个可"假节钺"[④]的人，在生前的确有水淹七军、威震华夏的辉煌，但关羽死后的很长一段时间内，对他的评价并不高。比如刘禅在给关羽上谥号时，用的是"壮

---

① 郭嘉："备有雄才而甚得众心。张飞、关羽者，皆万人之敌也，为之死用。"陈寿：《三国志》卷14《郭嘉传》，中华书局1959年版，第433页。

② 程昱："刘备有英名，关羽、张飞皆万人敌。"陈寿：《三国志》卷14《程昱传》，中华书局1959年版，第428页。

③ "关羽、张飞皆称万人之敌，为世虎臣。"陈寿：《三国志》卷36，中华书局1959年版，第951页。

④ 节就是符节，钺就是斧钺，但假节和假节钺、假黄钺是三回事。假黄钺在假节钺以下，假节以上，曹休、陆逊曾假黄钺。假节就是在战时可以杀刺史、都督、州牧以下的所有违反军令的人，三国时蜀国只有张飞、马超、姜维3个人假节，蒋琬、费祎都达不到假节的地位，假节其实就是军事行动开始前一定要奏报，过程中可以先斩后奏。魏国历史上只有张辽、乐禁、张郃、徐晃、邓艾5个人假节。只有王及以上地位的人才有资格任命谁来假节，五子良将是曹操担任魏王后任命为假节的，诸葛亮等人也是刘备当汉中王后才被任命为假节的。吴国因为孙权到222年被曹丕册封为吴王，此前并不是王，所以周瑜、鲁肃、吕蒙都没有假节的权力，陆逊在夷陵之战后功高震主，因此吴国自始至终没有一个有假节钺权力的人。假节钺指的是可以代替天子征伐，对刺史、大都督（这个职位也是东汉末才有的）、州牧这一级别的人都可以斩杀，哪怕是自发举行军事行动，也可以先斩后奏。蜀国历史上只有关羽和诸葛亮两个人假节钺，因此关羽举行襄樊会战没有向刘备汇报，在制度上也是可以的。魏国历史上只有满宠、于禁、曹爽、曹真、曹休、司马懿可以假节钺，为什么于禁投降蜀国后曹操如此失望，原因即在此。在东汉末直至隋朝以前（隋朝废除虎符、符节之类），一个人要想篡权需要经过的步骤是：1.假节。2.假节钺、封公，通常是公一级才能假节钺，然而三国初年一切初创，关羽没来得及封公就被袭了，于禁没来得及封公就投降了。3.封郡王。假节钺往往是异姓大将来镇守边陲，但异姓再厉害，也不允许封王，这是刘邦以来立的规矩，郡王通常是宗室。4.封亲王，加九锡。下一步就可以篡位了。

缪"，根据《谥法》，"武而不遂曰壮，名实相乖曰缪"，意思是在刘禅眼中，关羽能打仗，但是最终战败；名声很大，却没做出那么大功业，是名实不副的一个人。按照诸葛亮的隆中对，荆州益州同时北伐，其实是有胜算的，然而关羽丢了荆州，就使得诸葛亮的战略布局彻底破产。现在许多人自称关羽后人，实际上根据《三国志》记载，由于关羽斩了庞德，所以庞德后人庞会在随邓艾灭蜀后对关羽后人灭族，因此现在关公是没有后人的[1]。

关羽死于荆州，荆州被吴国夺取，吴国自然不可能祭祀他，蜀国刘禅对关羽的评价很低，也没有给关羽立祠庙。那么何时开始有关公崇拜的呢？

关羽崇拜起源于南北朝时期，荆州一带南北战乱频仍，当阳等地百姓为关羽立祠庙，但这也只是荆州局部地区的行为。南朝齐、梁时期著名的道士陶弘景编撰《真灵位业图》，将数百名俗世的帝王将相神格化，其中有刘备、曹操、诸葛亮、司马懿，甚至有徐庶，唯独不见关羽。可见直到南北朝，关羽在世人心目中的地位根本不高，更别谈什么神仙。

到了隋唐，佛教为了与儒家争夺信众，开始佛教中国化、本土化历程，这就要从中国人中找一个符合佛教教义，而且能被中国人认同的人来供奉。忠义仁勇的关羽就成了佛教的伽蓝菩萨，当阳玉泉山关公显圣的故事就由此传扬。到唐肃宗时，因为安史之乱，国家多难，唐肃宗就想为古今名将立庙，希望他们能保佑大唐，他建立的古今六十四名将庙宇中就为三国时期的张辽、关

---

[1]　陈寿：《三国志》卷36，中华书局1959年版，第942页。

羽、张飞、周瑜、吕蒙、陆逊、羊祜、陆抗、王濬、杜预立庙。那时关羽的待遇也并不比其他人高。到了宋朝，盐政收入占国家财政比例很大，而今山西运城解州的盐池是当时中国最大的盐池，宋真宗在位时，解州地方官员突然奏报，解池自去年以来水少盐减，发生灾变，严重影响了国家的盐税收入，当地说法是盐池遭遇了邪神蚩尤作祟。宋真宗请龙虎山张天师来作法，张天师作法时召来解州本土大将军关羽，关公大战蚩尤，这才使盐池得以修复。时至今日，当地还有《关云长大破蚩尤》的戏文。

宋真宗时关羽地位迅速提升，关羽成为财神也是在这个时候，但此时的他还不能跟赵公明、比干、范蠡这几个财神并列，要到明初时在晋商的支持下，关公才与这些人加上五代十国第一英主柴荣并列为财神。财神当中，赵公明、关公是武财神，范蠡、比干是文财神，柴荣是官财神，管升官发财，所以大家再拜时可别拜错了。

宋徽宗崇信道教，关羽作为儒道都供奉的神明也得到了宋徽宗的敕封，他被封为义勇武安王。关羽生前是汉寿亭侯①，现在由侯至公、王，下一步就该开始对他的进一步神化了。南宋时

---

① 关羽被封汉寿亭侯，汉寿属于今湖南常德，200年曹操封关羽时此地尚属于荆州牧刘表。汉代郡国平级，国封王，郡国下一级为县，侯分为县侯、乡侯、亭侯，亭侯最低，因此关羽的爵位实际上不高。220年曹丕篡汉，汉寿命已绝，焉能汉寿？曹丕将此时地处吴国的汉寿改名魏寿，三国第一谋士贾诩就被封为魏寿乡侯，比关羽高一级。孙权见曹丕将自己辖区内的汉寿改名魏寿，颇为不满，于是将魏寿改名吴寿，取吴国寿祚永昌之意。蜀汉则不承认汉寿已终，故而，此时汉寿县被魏国称魏寿，蜀汉称汉寿，吴国称吴寿。280年晋灭吴，司马炎将其改回汉寿，时至今日，汉寿县名称犹在，汉亦为华夏主体民族族名，足见人心向背。

期,民族矛盾空前尖锐,北方金国大举南侵,这时儒家学者就要巧妙发掘历史资源,关羽作为南方政权对抗北方政权的英雄,又符合程朱理学的理念,于是当仁不让地享有极高地位。

元朝以前,关羽所用兵刃一直是模糊的,《三国志》说关羽"策马刺良于万众之中,斩其首还",刺应该是用枪,"斩"却是刀,关羽的具体兵刃没有确切记载。青龙偃月刀最早出自北宋《武经总要》,在此书中叫"掩月刀"①,书中有图像,其图样已经与《三国演义》中的青龙偃月刀无二。元代佚名《三国志平话》中青龙偃月刀成为了关羽的武器,甚至是关羽形象不可或缺的一部分。赤兔马在三国时就有,《三国志·吕布传》说:"布有良马,曰赤兔。"到《三国志平话》中赤兔马已经有了很详细的描写,但这匹马依然是吕布的,吕布死后就下落不明了。不过在元朝,的确已经有说法把赤兔马在吕布死后转给关羽了,马致远《般涉调·耍孩儿》:"这马知人义,似云长赤兔,如益德乌骓。"②

再往后,元末明初山西人罗贯中的《三国演义》横空出世,关羽作为他的老乡就被大大神化。在千里走单骑的基础上,又虚构出了过五关斩六将的内容,本来是被孙坚斩杀的华雄也移花接木到了关羽身上,成了温酒斩华雄。《三国演义》还"发明"了关羽的身高,让英雄更具象化,"身长九尺",一尺在东汉时是23

① 曾公亮:《武经总要前集·器图》,《中国兵书集成》第5册,解放军出版社、辽沈书社1988年版,第691页。

② 傅德岷、余曲主编:《元曲鉴赏辞典》,上海科学技术文献出版社2008年版,第111页。

至24厘米①，九尺即2.07米至2.16米，这就是《三国演义》中关羽的身高。《三国演义》中关羽四次中箭，第一次是过五关时在洛阳被韩福射中左臂，第二次是长沙之战时被黄忠射中盔缨根，第三次是襄樊之战中被庞德射中左臂，第四次还是在襄樊之战被曹仁手下弓弩手射中右臂，之所以屡次中箭，与他身材高大，目标太大，容易被射中有很大关系。

明朝时晋商纵横亚洲，山西商人自然愿意供奉自己的老乡，晋商就把关公崇拜远播欧亚。明朝时把岳飞尊为武圣，虽然关羽被万历皇帝封为"三界伏魔大帝、神威远镇天尊、关圣帝君"，但是还是亚于岳飞的。清军入关，残破的北京城百废待兴，多尔衮迅速下令修缮北京的许多关帝庙，现在北京的关帝庙基本都是清军入关后重建过的。岳飞打的就是八旗铁骑的祖先女真人，岂能继续供奉？于是在清朝统治者的弘扬下，关羽正式取代岳飞，成为武圣。

二、清前期的关公崇拜——战争加持者、百业守护神

清代哪怕皇帝都管关公叫关玛法，玛法就是满语爷爷的意思。雍正对于关公塑像的每一个环节都亲自批示，足见重视。雍正十二年（1734）二月初，雍正令造办处做一个关公的塑像。工匠先做了一个蜡样，雍正嫌关公脸做得不好，命改了拿来，又下旨："关夫子脸像特底〔低〕，仰起些来，腿甚粗，收细些，马棕

---

① 丘光明、邱隆、杨平：《中国科学技术史·度量衡卷》，科学出版社2001年版，第196页。

[鬃]少，多添些。廖化的盔不好，另拨好样式盔。钦此。"工匠根据雍正的批示改后，拿给雍正看，雍正又批道："关夫子的硬带勒得甚紧，再拨松些，身后无衣褶，做出衣褶来……持刀的从身手并上身做秀气着。"足见雍正的重视和细致，连硬带松紧和衣褶都有具体要求，使关公的形象更为逼真了。这次做完后雍正又批示："帅旗往后些，旗上火焰不好，着收拾。马胸及马腿亦不好，亦着收拾。"就这样反复打回去修改了一个多月，才终于入了皇帝法眼，说："甚好，准造，旗做绣旗。钦此。"①

雍正只是管一个关公像的塑造，到乾隆时，乾隆要管全天下对关公的称呼。乾隆修《四库全书》，对刘禅给关羽谥号为壮缪很不满意，乾隆四十一年六月二十六日（1776年8月9日），他下令，所有书中将关公称为壮缪的，一律改为"忠义"，以表对关公的敬佩②。乾隆年间文字狱盛行，有汉族大臣上奏说"关帝"谐音可以理解为把皇帝关起来，对陛下不吉利，语涉违碍，请改名，乾隆则坚决反对，表示"关帝"岂能改？③由于乾隆大力推广关羽，关羽形象深入人心，以至于都闹了笑话，"乾隆初，某侍卫擢荆州将军，人贺之，辄痛哭，怪问其故，将军曰：'此地以关玛法尚守不住，今遣老夫，是欲杀老夫也。'闻者掩口"④。被提升荆州将军的一个旗人，说关羽守荆州都守不住，何况自

---

① 朱家溍、朱传荣选编：《养心殿造办处史料辑览》第1辑《雍正朝》，故宫出版社2013年版，第416页。

② 《清高宗纯皇帝实录》卷1011，《清实录》第21册，中华书局1986年版，第576页。

③ 庄吉发：《清史论集》第一册，文史哲出版社1997年版，第150页。

④ 姚元之：《竹叶亭杂记》卷7，中华书局1982年版，第158页。

己,结果被人笑话。

在清代官修的各种方略里,我们都能看到,清朝军队在即将失败的关键时刻,会有关公显圣的情况,于是转危为安。比如1813年天理教起义,100多个农民打进了故宫,事后嘉庆对内阁说:"逆匪突入禁门时,恍惚之中,望见关帝神像。"[1]于是这100多人都被擒了。道光年间平定新疆张格尔叛乱,在阿克苏之战时,"陡起大风,尘沙飞扬,该逆等遥见红光烛天"[2],这又是关公显圣,最后叛贼被歼灭。这次"关公显圣"很可能是沙漠中飞沙走石下的海市蜃楼。太平天国运动期间,关公依然有"显灵"之时。闽浙总督庆端在咸丰九年(1859)十二月二十八日的奏折中说,咸丰八年(1858)十二月太平军几千人围攻福建宁洋县(该县已经撤销,现分属永安市、龙岩市),城内清军以寡敌众,之所以未失守,知县上奏,说是该县崇拜关帝已经200多年,太平军攻城时,"众人见城上旗帜人马甚多,枪刀挑列,炮声震地,关圣帝君着绿袍,状貌魁伟,往来指挥",太平军于是被吓跑。[3]此时的关公已经成为清朝军人的信仰。

国家和军队供奉关公,各行各业也供奉关公,据《关羽崇拜研究》归纳,皮革业、烟草业、裁缝业、厨师、酱菜园、豆腐业、屠宰业、糕点业、理发业、典当业、镖局、学校、养马的、挑大粪的、算命的等都供奉关公。连妓院也都供奉关公,"近来

---

① 《清仁宗睿皇帝实录》卷282,《清实录》第31册,中华书局1986年版,第850页。

② 《清宣宗成皇帝实录》卷132,《清实录》第35册,中华书局1986年版,第10页。

③ 《宫中档咸丰朝奏折》,台北故宫博物院档案,第01132号。

狭邪家多供关壮缪像，余窃以为亵渎正神，后乃知其不然。是名白眉神，长髯伟貌，骑马持刀，与像略肖，但眉白而眼赤，京师相詈指其人曰白眉赤眼儿者，必大恨成贸首仇，其猥贱可知。狭邪讳之，乃驾名于关侯"①。原来妓院供奉的"关公"虽然也骑马持刀，但是眉毛是白色，眼睛是红色，与关公还是有区别的。

关公成为国家武圣象征，各行各业的保护神，自然就不能再被戏子演来演去的，这样亵渎神明。"关帝升列中祀，典礼綦隆，自不许梨园子弟登场搬演，京师戏馆，早已禁革。"②不许演关公戏，但三国戏是京剧和各剧种主力，那么演三国戏时碰到关羽这个角色，该怎么办呢？"昔金章宗禁优人不得以前代帝王为戏及称万岁，最为得之。今都中演剧，不扮汉寿亭侯，或演三国传奇有交涉者，即以关将军平代之。"③看来，三国戏照常演出，只是有关羽出现时，统统换成关平。很难想象，桃园结义时"关平"代替父亲跟叔叔们结义，是何等感觉。

三、从章太炎和张勋复辟看近代关公崇拜

到了晚清时期，各种新思想层出不穷，对关羽的评价也趋向多元化，一贯标新立异的章太炎在《正葛》一文提出："如羽，世之虎臣，……功多而无罪状，除之则不足以压人心，不除则易

---

① 沈德符：《万历野获编》补遗卷四，文化艺术出版社1998年版，第989页。

② 杨恩寿：《词余丛话》卷2，六艺书局1932年版，无页码。

③ 周恩寿：《思益堂日札》卷9，"演剧宜禁"条，《学术笔记丛刊》，中华书局1987年版，第173页。

世所不能御，席益厚而将挈挠吾大政。故不惜以荆州之全土假手于吴人，以陨关羽之命，非媚之也。一国之柄，无出于二孔；出于二孔，其所举虽是，而宰相因以不能齐人心、一法令，则国已分裂矣。虽杀之而疆易侵削，终不以易内讧。"①章太炎认为关羽在守荆州时最后败亡，与诸葛亮的故意见死不救有很大关系。从水淹七军到关羽之死长达半年，诸葛亮却没派一兵一卒支援荆州，诸葛亮亲自制定了"跨有荆益"的战略，每当蜀国局势危急时诸葛亮总会出谋划策来化险为夷，然而在关羽荆州被围期间，裴注《三国志》中诸葛亮没有建言献策一次，这本身就很离奇。章太炎认为，因为关羽、张飞此时地位均高于诸葛亮，刘备与关张的关系比与诸葛亮更进一层。这对于一心欲谋求一人之下万人之上的诸葛亮来说，这个排他性极强的小圈子是他仕途的严重障碍。诸葛亮想控制蜀国，必须迈过关张这道坎。所以当荆州危机四伏时，诸葛亮一反常态地沉默了，他决定见死不救。

　　章太炎认为，在对待关羽的问题上，刘备与诸葛亮达成一致。章太炎认为刘备是想借孙权之手除掉关羽，为继承人刘禅扫清这个今后可能会跋扈的权臣。有人会问，用此方式除掉关羽代价是不是太大了？这也好解释，荆州本来是七个郡，到关羽败亡的219年时曹操占领南阳郡和南郡西部，孙权占领江夏郡、长沙郡、桂阳郡，刘备占领南郡东部、零陵郡、武陵郡。除了南郡东部经济发达外，零陵郡和武陵郡位于湘西，是当时荆州最不发达

---

① 章太炎：《訄书初刻本》，《章太炎全集》第3册，上海人民出版社2014年版，第84页。

的两个郡。刘备荆州军团后勤补给不能自给自足，需要益州军团的支持，这使得荆州成了刘备的一个大包袱，此时的荆州对刘备而言就是鸡肋。在扔掉鸡肋的同时铲除权臣关羽，岂不是物超所值吗？不过，章太炎的想法过于离奇，复兴汉室，以荆州为主力兵团灭曹北伐，益州策应是刘备集团既定战略，怎么可能为了刘禅而诛锄关羽呢？

　　晚清民国时期，西风东渐下，人们的思想观念有很大变化，但除章太炎外，其余鲜见如此另类之声，关公依旧被人崇拜。到了民国，哪怕张勋复辟选的日子都跟关公有关。1917年7月1日张勋正式拥立溥仪复辟，之所以在7月1日复辟，是因为7月1日是农历五月十三日，张勋最崇拜的人关羽就是这天生日①。不过，无论是《三国志》还是裴注，其实都没有记录关羽的出生日期，这一时间不过是后人为纪念起来方便而做的附会而已。关羽的出生日期各方记载有几种说法，具体到五月十三日，也有人说这不是关羽生日，而是他单刀赴会的日子。《燕京岁时记》记载："京师谚曰，大旱不过五月十三，盖五月十三乃俗传关壮缪过江会吴之期，是日有雨者谓之磨刀雨。"②单刀赴会前就要磨刀，关老爷磨刀时就会下雨。这只是民间关公崇拜的传说，实际上无论陈寿《三国志》还是裴松之《三国志注》中根本没有关羽单刀赴会的日期记载。

---

① "张择复辟之日，于阴历五月十三日，盖尤有深意存焉，因是日乃关圣诞辰。"天忏生：《复辟之黑幕》，《近代史料笔记丛刊》，中华书局2007年版，第93页。

② 富察敦崇：《燕京岁时记》，北京出版社1961年版，第65页。

四、中国西藏、日本、朝鲜、越南的关公崇拜

关公绝对不只是中原汉地的神明，藏传佛教也有他的位置，现在布达拉宫西面的关帝格萨拉康（拉康是藏语神殿的意思）还供奉着关公和格萨尔王，乾隆将其父亲的王府改建成雍和宫后，将关公封为雍和宫护法神，当时的三世章嘉呼图克图将关公成功引入藏地，并称关公是"统领中国大地的大战神"。关公因为跟格萨尔王一样，都是红脸，骑一匹红马，于是很自然的也被藏人信服。根据加央平措的研究，关公入藏，其形象经历如下转化：护法神与战神关帝→卫则姊护法神→尚论多杰东都→赤尊赞→格萨尔王与财神关帝→多闻天王→格萨尔王。被称为拉萨历史活字典的洛桑朗杰说："在清代，每年夏季都要把关云长的塑像请坐在轿子中，驻藏文武官员骑马列队，还有一部分人装扮成关云长左右将士，持刀带枪陪同轿子绕着八廓街转一圈，场面十分隆重，前来观看者自然很多。关云长坐骑红色战马（赤兔马）……于是藏族民众就联想到英雄格萨尔也坐骑赤红战马——枣骝神马，左右有相似战将围绕，藏族民众由此就逐渐将关云长称为格萨尔，张飞称为'晁通'，关平称为'嘉察'。"[1]

对关公的崇拜其实也深深植根于中国人的精神世界，小说中程昱对曹操说："云长傲上而不忍下，欺强而不凌弱。"[2]这就是

---

[1] 加央平措：《关帝信仰与格萨尔崇拜：以藏传佛教为视域的文化现象解析》，社会科学文献出版社2016年版，第46、47、55、56页。

[2] 罗贯中：《三国演义》第50回，商务印书馆2017年版，第308页。

中国人心中的英雄，当面对强者时表现出自己的勇气，面对弱者时表现出自己的宽容，那就是值得敬佩的人。不只是中国各民族，在朝鲜和韩国，也有不少关帝庙，关公显圣的记载也多次出现在朝鲜有关1592年抗倭援朝战争的记载中。在日本，大阪、横滨、长崎、神户、东京各地都有关帝庙，琉球也有关帝庙，琉球王宫里也供着关公，不过2019年10月31日被烧了。

在越南，也有一些关帝庙，主要是福建商人在此建立的会馆。在缅甸，供关羽的不如供奉诸葛亮的多，因为缅甸人认为诸葛亮南征孟获时也曾到过缅甸，为缅甸播下文明火种，所以缅甸有一些供奉诸葛亮的庙宇。

时至今日，关公已经是东亚文化圈的重要精神象征，全中国唯一一个以人名命名的机场就是山西运城的关公机场，足见今日关公之地位。

至此文写作时，关公已经遇害1800多年了，然而他的形象经过层累构建后，更加熠熠生辉。之所以如此，有以下几个原因。从统治者角度，关羽既可以作为忠义化身来推广，以使得忠君理念深入人心，也可以作为多民族、多族群共同认可的神明来维护民族团结、塑造共同体意识（史上关羽的所有记载中无任何违背民族团结的内容，这一点是其他民族英雄不具备的），有官方雄厚的财力支持与介入，关公的宣传力度自然是其他神明比不了的。从军人角度，关羽作为百战百胜的武圣可以激发军人的武德与斗志。从各行各业角度，关公崇拜是社会道德直觉的判断和共识的结果，忠义仁勇的英雄形象有着深厚的民意基础和广泛的社会认同。从传播文本角度，《三国演义》作为经典文本，这种非即时性的传播媒介让关公形象在千载之后仍可有让读者与之共通的悲欢。关羽形象，从武而不遂、名实相乖，到义薄云天、忠义千秋，其实就是陈寿《三国志》文本被不断解构后，在历朝历代的新语境下，重构出来的具有丰富思想资源的文化符号。各个阶层、族群、集团都能从这一人物形象中汲取维护自身合法性、抑制自身焦虑感的思想资源，1000个观众眼中有1000个哈姆雷特，14亿中国人心中也有14亿个关羽，也许这才是丰饶度极大的历史人物的真正伟大之处。

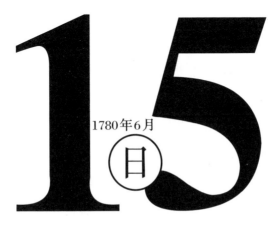

Part
20

和珅担任镶蓝旗都统：
清代巨贪的"理财"路径

15

1780年6月

日

关键词 和珅　贪污腐败　房地产
廓尔喀之役　藏文

1780年6月15日和珅同时担任军机大臣、御前大臣、理藩院尚书、户部尚书、镶蓝旗都统、崇文门税监、四库全书馆正总裁、领侍卫内大臣8个职位，他每日晨服珍珠，晚食猪背肉、猴脑、清炒驼峰，以保证有充沛精力处理政务。和珅长期利用职务之便贪污腐败，他以议罪银、放高利贷、负责圆明园和避暑山庄营建工程等方式敛财。和珅贪污所得主要用于投资房地产，仅在今北京二环以内，和珅就有35套房子，共1001间半，海淀区今北大一带和珅共有房屋1003间。和珅当国20多年，吏治败坏，然其人在国家统一上可圈可点，第二次廓尔喀之役用兵时军机处只有和珅一人兼通满汉蒙藏四种文字，于是各种诏谕都由和珅来翻译成蒙古文和藏文，为边陲安定作出了贡献。

100 days

　　乾隆四十五年五月十三日（1780年6月15日）大约凌晨4点，和珅在自己的宅邸起床，洗漱之后，准备吃早饭。"中堂每日晨起，以珠作食，服珠后，则心窍通明，过目即记，一日之内，诸务纷沓，胸中了了，不少遗忘。"①和珅每天早晨吃珍珠，有人会问，吃珍珠会不会中毒，李时珍《本草纲目》卷46给出了答案，珍珠"咸，甘，寒，无毒。镇心，点目。涂面，令人润泽好颜色。涂手足，去皮肤逆胪。……除小儿惊热，安魂魄"②。珍珠粉可增强免疫力、补充钙质、葆春延衰、改善睡眠、养肝明目、辅助降压，与可使人中毒的丹药成分毕竟不同，时至今日，珍珠粉也是一味中药，故而和珅长期服用亦无事。值得一提的是，和珅服用的珍珠比普通珍珠还要昂贵，"赤金为丸，剖之则大珠藏焉。重者一粒直二万金，次者直万金，最轻者犹直八千金"。

　　和珅吃完包含珍珠的早饭，穿好衣服，就要准备上朝了。他穿着一件纽扣全由西洋小钟表制成的衣服，其奢靡程度令人震惊。③和珅每到夏秋之际，腿病就要复发，在这个时段每次上朝前都要让人宰杀一条狗，然后剥皮绑在自己的膝盖上，这样才能坐轿子入宫④。如若爱犬人士见此史料，怕是会对和中堂大加恶感。和珅有严重的关节炎、风湿病，乾隆五十四年（1789）二月初五，和珅"右膝之筋肿且挛，转侧维艰，倍痛楚，呻吟待旦。

① 李孟符：《春冰室野乘》，世界书局1923年版，第35页。
② 李时珍：《本草纲目》卷46《介部二》，中医古籍出版社1994年版，第1056页。
③ 冯佐哲：《和珅评传》，中国青年出版社1998年版，第198页。
④ 冯佐哲：《和珅评传》，中国青年出版社1998年版，第209页。

……次日、三日忽下行，红肿如汤沃右股。延至四日，左膝头筋皆弛张……小筋历乱如弹丝，大筋决裂难手抴。夜不能寐，昼不能宁，呼号无诉如失祜"①。和珅有严重的腿病，行走困难，其他大臣上朝时，皆须步行进入紫禁城，和珅则"乘椅轿入大内，肩舆直入神武门"②，这一条后来成为了和珅的罪状，一方面说明和珅的确跛虐，另一方面也从一个侧面证明了他腿病的严重性。

和珅坐着八人肩扛的銮舆进入神武门后下来，步行到军机处上班。和珅身上兼任的职务太多，所以他每天上班的地点也不同，我们根据《清高宗纯皇帝实录》与钱实甫《清代职官年表》对和珅历次升擢的记载，爬梳一下他的官职履历。

和坤任职履历表

时间	政治官职	财政官职	军事官职	文化官职	其他
乾隆四十一年（1776）正月、二月		户部右侍郎			
三月至七月	军机大臣	户部右侍郎			
八月至十月	军机大臣	户部右侍郎	镶黄旗副都统		

---

① 和珅：《嘉乐堂诗集》，《清代诗文集汇编》第426册，上海古籍出版社2010年版，第668页。

② 赵尔巽等纂：《清史稿》卷319，总第35册，中华书局1976年版，第10756页。

续表

时间	政治官职	财政官职	军事官职	文化官职	其他
十一月	军机大臣	户部右侍郎	镶黄旗副都统	国史馆副总裁	
乾隆四十一年十二月至乾隆四十二年（1777）九月	军机大臣	户部右侍郎	镶黄旗副都统	国史馆副总裁	内务府总管
乾隆四十二年十月至乾隆四十三年（1778）二月	军机大臣	户部右侍郎	镶黄旗副都统、步军统领	国史馆副总裁	内务府总管
三月、四月	军机大臣	户部右侍郎、崇文门税监	镶黄旗副都统、步军统领	国史馆副总裁	内务府总管
五月	军机大臣	户部右侍郎、崇文门税监	镶蓝旗都统、步军统领	国史馆副总裁	内务府总管

续表

时间	政治官职	财政官职	军事官职	文化官职	其他
乾隆四十三年六月至乾隆四十五年（1780）三月	军机大臣	户部尚书、崇文门税监	正白旗都统、步军统领	国史馆副总裁	内务府总管
乾隆四十五年五月至乾隆四十七年（1782）七月	军机大臣、御前大臣、理藩院尚书	户部尚书、崇文门税监	镶蓝旗都统	四库全书馆正总裁	领侍卫内大臣
八月至十二月	军机大臣、御前大臣、太子太保	户部尚书、崇文门税监			领侍卫内大臣
乾隆四十八年（1783）正月至乾隆四十九年（1784）七月	军机大臣、御前大臣、太子太保	户部尚书、崇文门税监		国史馆正总裁、文渊阁提举阁事、清字经馆总裁	领侍卫内大臣

续表

时间	政治官职	财政官职	军事官职	文化官职	其他
乾隆四十九年八月至乾隆五十一年（1786）七月	军机大臣、吏部尚书、御前大臣、太子太保	崇文门税监		国史馆正总裁、文渊阁提举阁事、清字经馆总裁	领侍卫内大臣
乾隆五十一年闰七月至乾隆五十六年（1791）正月	文华殿大学士、军机大臣、御前大臣、太子太保			国史馆正总裁	领侍卫内大臣
乾隆五十六年二月至乾隆五十七年（1792）正月	文华殿大学士、军机大臣、御前大臣、太子太保			刻石经正总裁	领侍卫内大臣

续表

时间	政治官职	财政官职	军事官职	文化官职	其他
乾隆五十七年二月至乾隆五十八年（1793）正月	文华殿大学士、军机大臣、御前大臣、太子太保			翰林院学士	领侍卫内大臣
乾隆五十八年二月至乾隆六十年（1795）十二月	文华殿大学士、军机大臣、御前大臣、太子太保			翰林院学士、教习庶吉士	领侍卫内大臣，兼管太医院、御膳房事务
嘉庆元年（1796）正月至五月	文华殿大学士、军机大臣、御前大臣、太子太保		正黄旗领侍卫大臣	翰林院学士	

续表

时间	政治官职	财政官职	军事官职	文化官职	其他
嘉庆元年六月至嘉庆二年（1797）八月	文华殿大学士、军机大臣、御前大臣、太子太保		镶黄旗都统	翰林院学士	
嘉庆二年九月至嘉庆三年（1798）十二月	文华殿大学士、军机大臣、御前大臣、太子太保、		镶黄旗都统	翰林院学士	刑部尚书

今天的和珅同时担任军机大臣、御前大臣、理藩院尚书、户部尚书、镶蓝旗都统、崇文门税监、四库全书馆正总裁、领侍卫内大臣8个职位，他每天要先去军机处处理最重要事务，然后接受乾隆的接见。梁章钜《枢垣纪略》写道："辰刻军机大臣始入见，或不待辰刻而先召见，每日或一次或数次。……军机大臣至上前，豫敷席于地赐坐，承旨毕乃出，授军机章京书之。述旨毕，内奏事太监传旨令散，遂以次退直。"①辰刻就是早7点，这个时间和珅正在军机处与乾隆商量军国大事。此时的和珅虽然位高权重，但距离满朝文武排名第一，还要再努力6年。6年后，

① 梁章钜：《枢垣纪略》卷13《规制一》，《清代史料笔记》，中华书局1984年版，第135页。

乾隆五十一年闰七月二十四日（1786年9月16日）乾隆发布了一道上谕，对和珅的职位进行变动："和珅著补授大学士，管理户部事务。"①

清制，大学士共6个职位：保和殿大学士、文华殿大学士、武英殿大学士、文渊阁大学士、东阁大学士、体仁阁大学士，6个职位要空缺2个，通常只有4个人。保和殿大学士自傅恒死后直至清末就一直永久空缺，之前4个人是文华殿大学士蔡新、武英殿大学士阿桂、文渊阁大学士嵇璜、东阁大学士伍弥泰。近期蔡新因病退休，伍弥泰因病去世，乾隆下令由和珅担任文华殿大学士，梁国治担任东阁大学士，从此，在军机处仍旧阿桂排第一，但在大学士这个角度，和珅排满朝文武第一名。

排名决定位置，在军机处上班，阿桂位列首席，但每次上早朝（御门听政、叫大起儿）时，则以大学士排名，和珅站首位。阿桂为人正直，不愿党附和珅，每次上朝都站在距离和珅十几步的位置，而按照排名，他与和珅应该是挨着的。和珅知道阿桂的用意，每次故意与他搭话，阿桂都是漫不经心地回应，不卑不亢，也绝不撕破脸。②

清朝重臣中，除阿桂外，王杰也不党附和珅，就在和珅担任文华殿大学士4个月后，十二月十三日（1787年1月31日）梁国治去世，乾隆令王杰担任东阁大学士以补缺。梁国治其人非常有涵养，生平从无急言遽色，因此和珅就喜欢欺负他。《啸亭杂录》

① 《清高宗纯皇帝实录》卷1261，《清实录》第24册，中华书局1986年版，第972页。

② 梁章钜：《枢垣纪略》卷28，《清代史料笔记丛刊》，中华书局1984年版，第347页。

卷七记载，"在军机时，和相以其懦弱可欺，故意揶揄，至用佩刀剃公发以为嬉笑，公亦欢容受之"[1]。和珅居然用佩刀来给梁国治剃头，也足见其轻佻。老同事梁国治死了，新同事王杰就不那么好欺负了，一次和珅摸着王杰的手笑着说："何其柔荑若尔？"您的手怎么跟女人一样？王杰正色答曰："王杰手虽好，但不会要钱耳。"[2]一句话使得和珅大为尴尬。和珅喜欢开玩笑，《秦鬟楼谈录》记载和珅"躯干如中人，面白皙而事修饰，举止轻儇，不矜威仪，言语便给，喜诙谐……性敏，过目辄能记诵，每有所言，能悉举其事之本末"[3]。虽然个头中等，但是个标准的美男子，生性幽默，记忆力极佳，这就是和珅。

处理完军机处的事情后，就该出宫去位于今天天安门广场东部的户部了。和珅此时担任户部尚书，每次和珅来上班都是"盛况空前"。"和珅当国时，京朝官趋之若鹜。珅每至公署，司官夹阶立伺，惟恐后期，时称为'补子胡同'。"[4]

可以说每天处理户部事务、崇文门税监事项，才是和珅最快乐的时候，因为这几个职务直接跟钱有关。和珅利用一切职务之便来贪污腐败，连军机处都有专门机构供和珅收钱，和珅是收缴议罪银的负责人。议罪银制度从乾隆四十五年（1780）由和珅倡导并推行，到乾隆逝世时废止，议罪银是针对各省督抚、盐政、

---

① 昭梿：《啸亭杂录》，《清代史料笔记》，中华书局1980年版，第208页。

② 李春光纂：《清代名人轶事辑览》第二册，中国社会科学出版社2004年版，第975页。

③ 加持：《秦鬟楼谈录》，《小说月报》第5卷，第4号，1914年7月。

④ 朱克敬：《雨窗消意录》卷一，《近代湘人笔记丛刊》，岳麓书社1983年版，第96页。

织造、税关监督等大员而设，由军机处内设立的"密计处"负责。雍正和乾隆前期政治清明，到乾隆后期，法律如同一纸空文，地方大员只要不犯谋反罪，不犯文字狱，不跟这一文一武两项罪名沾边，那么他们犯事的话，只要交议罪银，就能免罪。罚银的数额视罪状的轻重而定。这些罚银归皇帝私人支配，不归国库。和珅作为乾隆皇帝的私人财务大总管，议罪银当然由他来负责。这就给他带来了几大好处：第一，可以贪污部分议罪银；第二，一旦有人犯罪，找他帮忙，他可以借此索贿受贿；第三，可以借此拉拢人际关系，但凡谁犯事都得找自己，如此，可以形成自己的势力。因为贪官们官官相护，其势力足以遍布朝野，也更有利于和珅贪污。议罪银平均每年5件，缴纳议罪银最少的一次是总管内务府大臣舒某，交了1550两，最多的是两淮盐政全德，一次缴纳38.4万两。议罪银收入的85%上缴内务府各库，也就是给乾隆或和珅挥霍，只有15%解往户部或给地方工程。①

和珅担任崇文门税务监督，崇文门税关是天下第一税关，和珅监督着每一位来往商贩、赶考士子和进京官员，无论你多大的官，都得从这过去，当然是以"纳税"的名义。本来，清朝税务规定，往来者随身携带物可以免税，可是这项规定是一纸空文，税关照收，一点也不能少，北京商民入城，为了省事，都在帽檐边插上两文钱，路过税关时，自己不用动手，直接由负责税关的人来取。这已成了惯例，否则就要扣下所携之物，极尽刁难之能事。曾有一位山东布政使进京，在崇文门税关前，税吏要他纳

---

① 冯佐哲：《和珅评传》，中国青年出版社1998年版，第78至83页。

税，他没钱，一气之下，干脆将行李都放在税关外，说："我赤条条一人，还要纳税吗？"[1]崇文门税关的税收，没有收到户部，而是收到和珅掌管的内务府，这样一来，和珅能不财源广进吗？

除了负责议罪银和崇文门税监，和珅同时还负责圆明园、避暑山庄等工程的扩建工作。也就是说，管钱的是他，花钱的也是他。这一管一花之中，自然有无数文章可以做，而且很难被别人发觉。

除利用职务之便以权谋私外，放高利贷也是和珅的发财路径。找和珅借钱必须用土地、房屋或其他硬核货作抵押，或者找实力很强的保人担保，定好利率，然后才可以借贷。只要把借贷手续一办，就可以利滚利的不断升值，哪怕是他的家人、仆从，找和珅借钱时和珅一样会放高利贷，绝不留情。这样使得不少人沦为和珅的世代奴仆，父子相继，永远无法还清。[2]

和珅为了敛财，还经营当铺、粮店、酒铺、古玩店、瓷器店、灰瓦店、柜箱铺、弓箭铺、鞍毡铺、小煤窑。此外，他还购置了80辆大马车，搞起了长途贩运。[3]

由于此前仅两次大小金川之役就耗费了7000万两白银，加之乾隆数次南巡，挥霍无度，国库亏空严重，和珅被乾隆委以如此多的职务，关键就在于和珅擅长理财。和珅的敛财技巧炉火纯

[1] 陈康祺：《郎潜纪闻三笔》卷二，《清代史料笔记》，中华书局1984年版，第681页。

[2] 研究清代高利贷情况，可参考刘秋根：《明清高利贷资本》，《东方历史学术文库》，社会科学文献出版社2000年版。

[3] 冯佐哲：《和珅评传》，中国青年出版社1998年版，第169页。

青，能为乾隆的无限挥霍提供财源。雍正十三年（1735）国库存银3453万两，到乾隆十三年（1748），因为第一次大小金川之役国库存银降至2746万两，至和珅当国前的乾隆四十年（1775）为6495万两，和珅当国期间乾隆四十二年（1777）为巅峰，达到8182万两。嘉庆元年（1796）起许多理财工作逐步不再由和珅负责，国库存银降至5658万两，加上镇压白莲教起义，到嘉庆七年（1802）国库仅剩1946万两。[①]

不过，在和珅疯狂聚敛的背后，是清朝整个官场的风气彻底糜烂，乾隆五十五年（1790）到中国进贡的朝鲜使臣回国后这样描绘大清朝："大抵为官长者，廉耻都丧，货利是趋，知县厚馈知府，知府善事权要，上下相蒙，曲加庇护。"[②]

虽然和珅势力遍布朝野，但和珅很聪明，他只是贪污，不干涉军政，不会对乾隆皇帝的统治造成威胁。他对军政的干预远不如明珠和索额图，所以乾隆皇帝能够容忍他。

看到这，读者可能还会有一个问题，虽然和珅不干预军政，但是和珅毕竟富可敌国，难道乾隆不知道和珅侵吞国库吗？为什么乾隆一直不查办和珅？其实，乾隆有乾隆的算计。乾隆让和珅

---

① 史志宏:《清代户部银库收支和库存统计》，福建人民出版社2009年版，第274至278页。看清朝历年国库存银数字，即可知国家财政状况，康熙六年为249万两，平定三藩之乱后逐渐恢复，康熙二十五年为2605万两，康熙朝巅峰为康熙四十七年，4718万两。白莲教起义使得清朝国库存银大跌，此后逐渐恢复，嘉庆二十五年为3121万两。因为鸦片战争等因素，道光二十三年降为993万两。对太平天国的战争使得清朝国库存银降至谷底，咸丰十年为118万两，仅为乾隆四十二年巅峰数字的1.4%。同光中兴有所恢复，光绪十七年为1038万两，甲午战后还马关赔款，到光绪二十五年又跌至478万两。

② 吴晗:《朝鲜李朝实录中的中国史料》第11册，中华书局1980年版，第4810页。

从全天下捞钱，而今后只要把和珅抄家，就可把全天下的银子收回来了，届时，你被抄家，人民拍手称快，高呼皇上圣明，我大清江山更稳。念你多年为朕敛财有功，朕不办你，等朕驾崩后，新皇帝再收拾你，那时，没有人会骂朕，只有人骂你，你一死，就成了大快人心事，而朕的儿子的皇位也更加稳固。

这就是乾隆的如意算盘，每天处理吏部、户部、崇文门税监等各种理财（贪污）事宜要花费和珅大量精力，这些都处理完后，和珅还要处理四库全书馆正总裁的工作，对和珅而言，这个职务的工作也是驾轻就熟，毫不费力。可以说和珅学问功底深厚，他也是从茕茕孑立的苦孩子成长的。和珅是福建副都统常保的儿子，副都统是大清正二品官，相当于现在的集团军副司令。本来少年和珅可以过着衣食无忧的生活，3岁那年母亲因为生和琳而难产死亡，9岁时父亲常保去世。作为正二品官员自然有三妻四妾，9岁的和珅和6岁的和琳没有了母亲的庇佑，结果就被父亲的其他妻妾和孩子欺负，幸得一位老家丁和父亲的一位偏房保护，和珅、和琳两兄弟才能免于被赶出家门。

满人非常重视教育，和珅自幼勤学，考上了北京旗人最好的咸安宫（位于今故宫内）官学，得以接受满八旗贵族教育。乾隆时期文学家袁枚在《答和希斋大司空》这样评价和珅："少小闻诗礼，通侯即冠军。弯弓朱落雁，健笔李摩云。罢猎随拈韵，安边更策勋。擎天兼捧日，兄弟各平分。"[1] "兄弟各平分"指的是

---

[1] 袁枚：《小仓山房诗集》卷35，《小仓山房诗文集》，上海古籍出版社1988年版，第980页。

和珅、和琳二人，此诗虽多溢美之词，但也一定程度反映了和珅的才华。

和珅在咸安宫官学读书期间除了苦学满语汉语外，还学会了蒙古语和藏语，论前三种语言，和珅跟乾隆水平差不多，若论藏语，和珅远在乾隆之上。在几乎所有以和珅为主人公的传记中都记载了这样一个故事，乾隆四十五年（1780）乾隆在承德避暑山庄过七十大寿，六世班禅派人送来一封亲笔书信，朝中无人能识，乾隆也看不懂，是和珅给翻译出来了。书信内容为："小僧自幼仰承文殊菩萨大皇帝恤养之恩，不胜尽数，非他人所能比。小僧乃一出家之人，无以极称，虽然每日祝祷文殊菩萨大皇帝金莲座亿万年牢固，并让众喇嘛等哗经祈祷，但仍时时企望觐见文殊菩萨大皇帝。庚子年为大皇帝七旬万万寿，欲往称祝，特致书大皇帝膝前，以达敝意。"[1]

其实这封信的内容来自驻藏大臣留保住在乾隆四十四年（1779）二月二十三日的奏报，二月初四留保住到日喀则扎什伦布寺见六世班禅时，六世班禅听闻宣读乾隆谕旨后，回复说："小僧自三四岁伊始，即仰承文殊菩萨大皇帝恤养之恩，不可胜数，无与伦比。小僧乃一出家人，无以报称，虽然每日祝祷文殊菩萨大皇帝金莲座坚固万万世，并令各寺庙众喇嘛等亦哗经祈祷，但仍时时企望觐见文殊菩萨大皇帝。今蒙文殊菩萨大皇帝洞察小僧心愿，施以鸿恩，又特派大臣传宣圣旨，颁给珍珠，小僧

---

[1] 此封书信出处非常多，以笔者目力所及，和珅翻译信件事以王辉、盛珂编著：《和珅传奇人生的成功与失败》为最早，中国档案出版社2001年版，第244页。

委实感激不尽，不胜欣忭。"①征诸各种史料、档案或当代学者研究成果②，可知没有任何记载表明是和珅翻译的这封书信，无论是六世班禅来之前对书信的翻译，还是来承德北京后的同声传译，都是由章嘉呼图克图和乾隆的皇六子永瑢负责，并非和珅负责③。一些为和珅写传记的清史作者为凸显和珅的语言才能，从而将六世班禅朝觐这一在清帝国构建的东亚天下朝贡体系中占举足轻重地位的礼仪事件安在和珅头上。

虽然和珅为乾隆翻译六世班禅的书信一事子虚乌有，但是和珅的确是懂藏语的。乾隆在《御制平定廓尔喀十五功臣图赞》的注释中说："去岁用兵之际，所有指示机宜，每兼用清汉文，此分颁给达赖喇嘛及传谕廓尔喀敕书，并兼用蒙古、西番字，臣工中通晓西番字者，殊难其人，惟和珅承旨书谕，俱能办理秩如。"④还说和珅对"清文、汉文、蒙文"精通，对"西番"文字也"颇通大义"。乾隆"十全武功"中的廓尔喀之役时，前线高级将领多为满人，文职官员多为汉人，军队为满八旗兵、汉族绿

---

① 《元以来西藏地方与中央政府关系档案史料汇编》第二册，中国藏学出版社 1994 年版，第 585 页。

② 《元以来西藏地方与中央政府关系档案史料汇编》第二册，嘉木央·久麦旺波《六世班禅洛桑巴丹益希传》，中国第一历史档案馆、中国藏学研究中心合编《六世班禅朝觐档案选编》（中国藏学出版社 1996 年版），此三书为六世班禅朝觐的原始资料，无任何和珅翻译的记载。张亚辉《宫廷与寺院——1780 年六世班禅朝觐事件的历史人类学考察》（中国藏学出版社 2016 年版）；王晓晶《六世班禅进京史实研究》（民族出版社 2013 年版）此二书为研究六世班禅朝觐的专书，亦无和珅担任翻译的记载。

③ 嘉木央·久麦旺波：《六世班禅洛桑巴丹益希传》，许得存、卓永强译，西藏人民出版社 1990 年版，第 513 页。

④ 铁保等纂：《钦定八旗通志·卷首·天章六》，台湾学生书局 1968 年版，第 526 页。

营兵、厄鲁特蒙古兵和藏军，任何重要军事命令都要用满文、汉
文、藏文、蒙古文四种文字来书写，本来皇六子永瑢懂这四种文
字，可是1790年永瑢即去世，第二次廓尔喀之役用兵时军机处只
有和珅一人兼通这四种文字，于是各种诏谕都由乾隆用汉语或满
语口述大意后，由和珅来翻译成蒙古文和藏文。由此可见，和珅
在维护国家统一的战争中也是立下大功的。

本文所研究的乾隆四十五年五月十三日（1780年6月15日）
这天，和珅也担任着理藩院尚书职务。无论对国内各藩部，还是
对外国，和珅在乾隆后期构建以北京和承德为核心的天下朝贡体
系的秩序中立下了汗马功劳。每天就这样军机处、户部、崇文门
税监、各文化部门、理藩院等工作忙下来，和珅难得有休息的日
子，到下班回家时，对和珅而言，该回哪个家也很成问题。

和珅堪称房地产大亨，除今恭王府位置的宅邸外，在京城内
还有西四驴肉胡同老宅、北长街会计司胡同住房（此处距离西华
门很近，和珅如需上早朝，此为最近住处）、平安里厂桥、前门
大栅栏铺面等，仅在今北京二环以内，和珅就有35套房子，共
1001间半①。在海淀区，淑春园（即今北大未名湖周边地区）属
于和珅，他在此共有"内房一千零三间，游廊楼亭共房三百五十
七间"②，这样算起来，是和珅为北京大学打下了早期的建筑与
规划格局。在承德避暑山庄外，和珅有房子165间半；在通州，
和珅有7套房子。除此之外，和珅在三河、蓟州、昌平、宛平、

① 《嘉庆诛和珅案·绵恩等折》，《史料旬刊》第7期，故宫博物院1930年版，天241。
② 《嘉庆诛和珅案·永锡等折》，《史料旬刊》第14期，故宫博物院1930年版，天490。

密云、顺义、文安、容城、天津、静海、青县、大城等地还有不少零散房屋。这些房屋的来源渠道很多，有乾隆赏赐的，有自己花钱买的，有自己盖的，有别人孝敬的等等。和珅把这些房屋租给住户、铺面、手工作坊等，每年有难以计数的房租可以收。

无论回到哪个家，等待和珅的晚餐都是珍馐美味。若说和珅的饭菜多是龙肝凤髓、豹胎麟脯、猩唇獾炙、象约驼峰，可能并不为过。他最喜欢的几道菜有双十猪背肉、生吃猴脑、清炒驼峰。双十猪背肉是赶着20头猪，然后在它们嚎叫逃跑的过程中宰杀，仅取其猪背肉一小块做成。生吃猴脑是敲碎猴子的天灵盖后用银色小匙取食，据说滋补健脑。清炒驼峰是选择健康的小骆驼，把滚烫的开水灌注入骆驼后背，取驼峰清炒做成，其余部位皆弃而不用。[1]

和珅每日珍馐美味，而和珅的家人们日飧薄粥，与和珅形成鲜明对比。和珅"赋性吝啬，出入金银，无不持筹握算，亲为称兑。宅中支费，皆出下官承办，不发私财，其家姬妾虽多，皆尤赏给，日飧薄粥而已"[2]。和珅应该数学不错，各种收入支出都自己用算盘来算。他虽然富可敌国，然而却是一个守财奴，他身边的人并不能得到多少好处。正因此，当和珅被嘉庆查办时，迅速墙倒众人推。

雍正时期，雍正帝雷厉风行，以各种手段反贪，然而中国史上最大贪污犯就出在雍正之子执政时，为什么会这样？权力导致

---

[1] 陈嘉欣编著：《中国豪富列传》，精美出版社1985年版，第209页。

[2] 昭梿：《啸亭杂录》卷十，《清代史料笔记》，中华书局1980年版，第314页。

腐败，绝对权力导致绝对腐败。没有权力，不会滋生腐败；没有权力，又无法惩治腐败，这是一个死结。在专制王朝时代，没有人解得开，因此雍正只能在他活着的时候禁止腐败，身后事他就管不了了。

中国专制制度是"臣尽死力以与君市，君垂爵禄以与臣市"①。君主可以卖爵位给你，如果君主不高兴，照样可以把你拿掉，把爵位给别人。专制社会官僚在这种体制下，一方面自己朝不保夕，优越的政治地位随时可能失去，另一方面现有的政治地位可以保障自己有优越的经济地位。于是有权不用，过期作废，趁着有权，玩命捞钱。

在清朝这样的专制政权中，不可能扎牢制度的铁笼子，因此雍正驾崩后，其反腐终成梦幻泡影，和珅这样的饕餮巨贪的出现就不足为奇了。

---

① 韩非著、陈奇猷校注：《韩非子新校注》卷15《难一》，上海古籍出版社2000年版，第851、852页。

本书主要参考书目①

一、清人著作

1.官修著作

《满洲名臣传》，国史馆原本，菊花书屋巾箱本。

中国第一历史档案馆整理：《康熙起居注》，中华书局1984年版。

《清世祖章皇帝实录》，中华书局1985年版。

《清圣祖仁皇帝实录》，中华书局1985年版。

《清世宗宪皇帝实录》，中华书局1985年版。

《清高宗纯皇帝实录》，中华书局1985、1986年版。

温达等撰：《圣祖仁皇帝亲征平定朔漠方略》，《影印文渊阁四库全书》第354册，台湾商务印书馆1986年版。

傅恒等敕撰：《平定准噶尔方略正编》，《影印文渊阁四库全书》第358册，台湾商务印书馆1986年版。

允裪等敕撰：《乾隆大清会典》，《影印文渊阁四库全书》第

---

① 本书参考资料较多，在此仅列引文实际引用者。因篇幅原因，参考论文从略。大类之下按所参考版本先后时间排列。

619册，台湾商务印书馆1986年版。

胤禛：《世宗宪皇帝御制文集》，《影印文渊阁四库全书》第1300册，台湾商务印书馆1986年版。

弘历：《御制文初集、二集、三集》，《影印文渊阁四库全书》第1301册，台湾商务印书馆1986年版。

托津：《回疆则例》，《中国边疆史地资料丛刊·综合卷》，全国图书馆文献微缩中心1988年版。

伊桑阿等修：《康熙大清会典》，文海出版社1993年版。

中国第一历史档案馆编：《雍正朝起居注》，中华书局1993年版。

《钦定理藩部则例》，天津古籍出版社1998年版。

《大清十朝圣训》，北京燕山出版社1998年版。

纪昀总纂：《四库全书总目提要》，河北人民出版社2000年版。

昆冈等修：《钦定大清会典事例》，《续修四库全书》第799至814册，上海古籍出版社2002年版。

《乾隆帝起居注》，广西师范大学出版社2002年版。

2.人物文集、全集

朱彝尊：《曝书亭集》，国学整理社1937年版。

郑成功、郑经：《延平二王遗集》，郑振铎辑：《玄览堂丛书续集》第120册，国立中央图书馆影印1947年版。

《年羹尧满汉奏折译编》，天津古籍出版社1995年版。

《董康法学文集》，中国政法大学出版社2005年版。

《张廷玉全集》，北京师范大学出版集团、安徽大学出版社

2015年版。

3.专著、文人笔记

萧奭：《永宪录》，《清代史料笔记》，中华书局1959年版。

慕寿祺辑著：《甘宁青史略》，广文书局1972年版。

黄叔璥：《台海使槎录》，沈云龙主编：《近代中国史料丛刊》，文海出版社1978年版。

昭梿：《啸亭杂录》，《清代史料笔记丛刊》，中华书局1980年版。

梁章钜：《浪迹丛谈》，中华书局1981年版。

阮旻锡：《海上见闻录定本》，福建人民出版社1982年版。

震钧：《天咫偶闻》，北京古籍出版社1982年版。

施琅：《靖海纪事》，《八闽文献丛刊》，福建人民出版社1983年版。

陈康祺：《郎潜纪闻初笔、二笔、三笔》，《清代史料笔记》，中华书局1984年版。

梁章钜：《枢垣纪略》，《清代史料笔记》，中华书局1984年版。

魏源：《圣武记》，中华书局1984年版。

六十七：《番社采风图考》，《台湾文献史料丛刊》，大通书局1984年版。

梁份：《秦边纪略》，《西北史地资料丛书》，青海人民出版社1987年版。

张秀夫主编：《提牢备考译注》，法律出版社1997年版。

刘献廷：《广阳杂记》，中华书局1997年版。

李伯元：《南亭笔记》，《民国笔记小说大观》，山西古籍出版社1999年版。

黄六鸿：《福惠全书》，《四库未收书辑刊》第三辑第19册，北京出版社2000年版。

何秋涛：《朔方备乘》，《续修四库全书》第741册，上海古籍出版社2006年版。

黄濬：《花随人圣庵摭忆》，《近代史料笔记丛刊》，中华书局2008年版。

二、民国学者著述、资料汇编

萧静山：《圣教史略》，张家庄胜世堂1917年版。

李孟符：《春冰室野乘》，世界书局1923年版。

《史料旬刊》第1至39期，故宫博物院1930年至1932年版。

张次溪：《燕京访古录》，中华印书局1934年版。

国立中央研究院历史语言研究所：《明清史料》甲编、乙编、丙编，商务印书馆1936年版。

刘锦藻：《清朝续文献通考》，王云五主编：《万有文库》，商务印书馆1936年版。

连横：《台湾通史》，《台湾文献丛刊》第128册，台湾银行1962年版。

孟森：《明清史论著集刊》，中华书局1986年版。

章乃炜、王蔼人：《清宫述闻初续编合编本》，紫禁城出版社1990年版。

徐凌霄、徐一士:《凌霄一士随笔》,《民国笔记小说大观》第三辑,山西古籍出版社1997年版。

李岳瑞:《悔逸斋笔乘》,《民国笔记小说大观》第三辑,山西古籍出版社1997年版。

萧一山:《清代通史》,华东师范大学出版社2005年版。

三、当代人所作资料汇编

《国朝史料零拾》,沈云龙主编:《近代中国史料丛刊续编》,文海出版社1966年版。

中国社会科学院历史研究所清史研究室编:《清史资料》第一辑至第五辑,中华书局1980至1984年版。

中国第一历史档案馆编:《清代中俄关系档案史料选编》第一编,中华书局1981年版。

厦门大学郑成功历史调查研究组编:《郑成功收复台湾史料选编》,福建人民出版社1982年版。

《宫中档乾隆朝奏折》,台北故宫博物院1982年版。

厦门大学台湾研究所、中国第一历史档案馆编辑部主编:《郑成功满文档案史料选译》,《清代台湾档案史料丛刊》,福建人民出版社1987年版。

《满文土尔扈特档案译编》,民族出版社1988年版。

《雍正朝汉文朱批奏折汇编》,江苏古籍出版社1989年版。

中国第一历史档案馆编:《康熙朝满文朱批奏折全译》,中国社会科学出版社1996年版。

中国第一历史档案馆编：《纂修四库全书档案》，上海古籍出版社1997年版。

刘厚生主编：《爱新觉罗家族全书》，吉林人民出版社1997年版。

中国第一历史档案馆编译：《雍正朝满文朱批奏折全译》，黄山书社1998年版。

朱家溍、朱传荣选编：《养心殿造办处史料辑览》第1辑《雍正朝》，故宫出版社2013年版。

四、当代学者著述

北京师范大学清史研究小组：《一六八九年的中俄尼布楚条约》，人民出版社1977年版。

庄吉发：《清代奏折制度》，台北故宫博物院1979年版。

邓孔昭：《台湾通史辨误》，江西人民出版社1990年版。

马汝珩、马大正：《漂落异域的民族——17至18世纪的土尔扈特蒙古》，中国社会科学出版社1991年版。

陈锋：《清代军费研究》，武汉大学出版社1992年版。

罗光：《教廷与中国使节史》，《罗光全书》第27册，台湾学生书局1996年版。

庄吉发：《清史论集》第1至23册，文史哲出版社1997至2013年版。

徐海荣主编：《中国饮食史》卷五《明清》，华夏出版社1999年版。

戴逸、李文海主编：《清通鉴》，山西人民出版社2000年版。

蔡东洲、文廷海：《关羽崇拜研究》，巴蜀书社2001年版。

杨启樵：《雍正帝及其密折制度研究》，上海古籍出版社2003年版。

黄一农：《两头蛇：明末清初的第一代天主教徒》，台湾清华大学出版社2005年版。

江仁杰：《解构郑成功——英雄、神话与形象的历史》，《文明丛书》，三民书局2006年版。

吴燕编著：《落霞：中华文明落后于西方的18个瞬间》，上海文化出版社2007年版。

冯尔康：《雍正继位新探》，天津人民出版社2008年版。

陈晓华：《四库全书与十八世纪的中国知识分子》，社会科学文献出版社2009年版。

胡小伟：《关公崇拜溯源》，北岳文艺出版社2009年版。

史志宏：《清代户部银库收支和库存统计》，福建人民出版社2009年版。

张升：《四库全书馆研究》，《国家哲学社会科学成果文库》，北京师范大学出版社2012年版。

张世明：《法律、资源与时空建构：1644—1945》，广东人民出版社2012年版。

陈维新：《清代对俄外交礼仪体制及藩属归属交涉：1644—1861》，《中国边疆研究文库二编》，黑龙江教育出版社2012年版。

成崇德：《清代边疆民族研究》，《明清史学术文库》，紫禁城出版社2015年版。

加央平措：《关帝信仰与格萨尔崇拜：以藏传佛教为视域的文化现象解析》，社会科学文献出版社2016年版。

五、外国人著述①

［波］爱德华·卡伊丹斯基著：《中国的使臣——卜弥格》，张振辉译，《国际汉学研究书系》，大象出版社2001年版。

吴晗编：《朝鲜李朝实录中的中国史料》，中华书局1980年版。

苏联科学院远东研究所等编：《十七世纪俄中关系》，黑龙江大学俄语系翻译组、黑龙江省哲学社会科学研究所第三室合译，商务印书馆1975年版。

［苏］纳罗奇尼茨基等：《远东国际关系史》，北京外国语学院俄语系首届工农兵学员译，商务印书馆1976年版。

［苏］兹拉特金：《准噶尔汗国史（1635—1758）》，马曼丽译，商务印书馆1980年版。

［俄］尼古拉·班蒂什·卡缅斯基：《俄中两国外交文献汇编（1619—1792）》，中国人民大学俄语教研室译，商务印书馆1982年版。

［苏］卡芬加乌兹、巴甫连科主编：《彼得一世的改革》，郭奇格等译，《苏联丛书》，商务印书馆1997年版。

［苏］马夫罗金：《彼得大帝传》，余大钧译，商务印书馆2013年版。

---

① 国名先后顺序按照其首字汉语拼音排序，每一国人著述再按照出版时间排序。苏联学者著作置于俄罗斯学者著作内。

[法]加恩：《早期中俄关系史》，江戴华译，商务印书馆1961年版。

[法]亨利·特鲁瓦亚：《彼得大帝》，齐宗华、裘荣庆译，天津人民出版社1983年版。

[法]安德烈·比利：《狄德罗传》，张本译，商务印书馆1984年版。

[荷]菲利普·梅：《梅氏日记》，江树生译注，台湾汉声杂志社，无出版年份。

江树生译注：《热兰遮城日志》，台南市政府2011年版。

[捷克]严嘉乐：《中国来信（1716—1735）》，丛林、李梅译，《西方早期汉学经典译丛》，大象出版社2002年版。

[美]恒慕义：《清代名人传略》，中国人民大学清史研究所译，青海人民出版社1990年版。

[美]达恩顿：《启蒙运动的生意：〈百科全书〉出版史（1775—1800）》，叶桐、顾杭译，生活·读书·新知三联书店2005年版。

[美]欧阳泰：《1661，决战热兰遮，中国对西方的第一次胜利》，陈信宏译，九州出版社2014年版。

[美]欧阳泰：《从丹药到枪炮：世界史上的中国军事格局》，张孝铎译，中信出版社2019年版。

[日]稻叶君山：《清朝全史》，中华书局1915年版。

[意大利]马国贤：《清廷十三年：马国贤在华回忆录》，李天纲译，《域外汉学名著丛书》，上海古籍出版社2004年版。

[英]约·罗伯茨：《十九世纪西方人眼中的中国》，蒋重跃、刘林海译，《西方的中国形象》，中华书局2006年版。